Relaxer

Collection «Réalisation»
dirigée par Jacques Lalanne
Ouvrages parus dans la collection

Du même auteur:
LES QUATRE CLÉS DE L'ÉQUILIBRE PERSONNEL
Quand il faut soigner sa vie
par Jacques Lafleur
et Robert Béliveau

CONTRÔLER OU INFLUENCER
par William Glasser

LES DROGUES POSITIVES
par William Glasser

L'ÉCOLE QUALITÉ
Enseigner sans contraindre
par William Glasser

MÉDECINS, DEVENEZ PARTENAIRES DE VOS PATIENTS
par Thomas Gordon
et Sterling Edwards

LE PARENT ENTRAÎNEUR
Quelle sorte de parent êtes-vous?
par Claire Leduc

LA THÉRAPIE DE LA RÉALITÉ
par William Glasser

UNE ÉCOLE POUR RÉUSSIR
par William Glasser

VIVRE ENSEMBLE
par William Glasser

Jacques Lafleur

Relaxer

Les Éditions
LOGIQUES

LOGIQUES est une maison d'édition reconnue par les organismes d'État responsables de la culture et des communications.

Nous remercions le Conseil des Arts du Canada et la Société de développement des entreprises culturelles du Québec pour leur appui à notre programme de publication.

Canadä Nous reconnaissons l'aide financière du gouvernement du Canada par l'entremise du Programme d'Aide au Développement de l'Industrie de l'Édition (PADIÉ) pour nos activités d'édition.

Révision linguistique: Chantal Tellier, Corinne de Vailly, Nathalie Prince
Mise en pages: André Lemelin
Graphisme de la couverture: Christian Campana
Photo de la couverture: Benoît Chalifour
Photo de l'auteur: Alain Comtois

Distribution au Canada:
Québec-Livres, 2185, autoroute des Laurentides, Laval (Québec) H7S 1Z6
Téléphone: (450) 687-1210, 1 800 251-1210 • Télécopieur: (450) 687-1331
Distribution en France:
La Librairie du Québec, 30, rue Gay-Lussac, 75005 Paris
Téléphone: (33) 1 43 54 49 02 • Télécopieur: (33) 1 43 54 39 15
Distribution en Belgique:
Diffusion Vander, avenue des Volontaires, 321, B-1150 Bruxelles
Téléphone: (32-2) 762-9804 • Télécopieur: (32-2) 762-0662
Distribution en Suisse:
Diffusion Transat s.a., route des Jeunes, 4 ter, C.P. 1210, 1211 Genève 26
Téléphone: (022) 342-7740 • Télécopieur: (022) 343-4646

Les Éditions LOGIQUES
1247, rue de Condé, Montréal (Québec) H3K 2E4
Téléphone: (514) 933-2225 • Télécopieur: (514) 933-3949
Site Web: http://www.logique.com

Relaxer

2e édition
Dépôt légal: Premier trimestre 1999
Bibliothèque nationale du Québec
Bibliothèque nationale du Canada

ISBN-2-89381-475-1
LX-554

Sommaire

Préface

Il m'arrive de regarder vivre mon chien. Une méthode très personnelle de relaxation. J'observe sa respiration – haletante au début, suivie d'une longue expiration – et ses étirements lents qui s'achèvent par un relâchement musculaire. Et les chats, je le sais, sont encore plus doués pour la relaxation. De même que pour la sieste. Mais ce sont des animaux. Les humains, eux, dépassé l'âge de raison, comme on dit, doivent tout apprendre: à vouloir relaxer, à y penser, à s'organiser… Bref, apprendre à vivre.

En prenant connaissance de cet ouvrage je me disais: «Un autre thème que je n'aurai pas à traiter dans un livre! Bravo… et merci!»

Au cours des vingt-sept dernières années, j'ai mis en chantier (ou considéré l'éventualité de le faire) au moins vingt-sept ouvrages que m'inspiraient les découvertes faites en flânant *Par 4 chemins*. Mais je n'en ai mené à terme que quelques-uns, mon activité de vulgarisateur m'entraînant toujours ailleurs… Je n'ai pourtant aucun regret (ou si peu) puisque, petit à petit, j'ai vu paraître des livres qui abordaient la plupart de ces thèmes. Des livres écrits par d'autres, il est vrai. Mais bien souvent, je le reconnais, avec plus d'art et de maîtrise que je n'aurais pu le faire.

Dans le présent ouvrage sur la relaxation, l'auteur fait le tour complet de la question en traitant à la fois des aspects physiques, psychologiques et spirituels. Encore une fois, bravo… et merci.

Je veux rappeler en passant que le développement psychospirituel suppose une démarche non pas *additive* mais *soustractive*. Je m'explique: il s'agit non pas d'ajouter à ce que vous êtes mais plutôt de soustraire les tensions, les pensées et les émotions négatives, l'objet poursuivi se trouve déjà en vous, ou mieux: étant vous tel que vous êtes au-delà du vacarme du monde et du mental. C'est en quoi la relaxation telle qu'elle vous est présentée dans cet ouvrage représente une véritable discipline d'éveil.

Le reste dépend de vous: comme pour tout dans la vie, ce qui compte c'est la motivation.

Jacques Languirand C.M.

P.-S. Je profite de l'occasion pour dire l'admiration indéfectible que je porte à Jacques Lalanne, le directeur de la collection qui a alimenté depuis nombre d'années et avec une telle constance, la réflexion et la démarche d'un grand nombre de lecteurs — moi le premier.

Avant-propos

Relaxer, c'est simple. *Très* simple.

Et cela fait du bien. *Beaucoup* de bien.

Dans ce livre, vous allez trouver toutes sortes de méthodes de relaxation. En les expérimentant, vous apprendrez *comment* vous détendre. De plus, de nombreuses explications vous aideront à comprendre à quel point la relaxation joue un rôle essentiel dans la santé et le bien-être. Vous apprendrez donc également *pourquoi* il est très avantageux de relaxer.

Cependant, même quand on sait combien il est simple de se détendre et à quel point cela fait du bien, il reste difficile d'intégrer des périodes de relaxation dans notre quotidien. La vie «courante» nous pousse vers tellement d'autres choses qui semblent plus urgentes qu'on relègue constamment notre bien-être tout au bas de notre liste de priorités. En fait, on prend soin de nous… quand il nous reste du temps, ou quand on va tellement mal qu'on ne peut pas faire autrement! C'est pourquoi nous nous intéresserons non seulement à la relaxation elle-même, mais aussi à toutes sortes de moyens de l'intégrer concrètement dans notre vie.

J'aimerais vous aider à consacrer du temps à votre santé et à votre paix intérieure… même quand votre vaisselle n'est pas faite. J'aimerais même vous montrer comment vous pouvez vous détendre *pendant* que vous vous adonnez à l'une ou l'autre de vos activités quotidiennes. Il vous suffit de:

1. Vouloir vraiment.
2. Savoir comment.
3. Prendre les moyens d'y penser.
4. Vous organiser.

Si vous avez ce livre entre les mains, c'est que *vous voulez* au moins un peu vous détendre: c'est un bon départ. Ce que vous découvrirez vous aidera à soutenir ce désir et à le traduire dans une pratique concrète qui vous convienne.

De nombreux exercices, des plus brefs aux plus élaborés, vont vous montrer *comment* relaxer. Vous trouverez également une multitude de «trucs» et d'applications concrètes de ces méthodes qui ne demandent pas de temps et que vous pourrez donc insérer dans votre quotidien sans rien déranger.

Pour vous aider à *penser* à relaxer pendant votre lecture, deux signaux vous inviteront régulièrement à vous détendre, ne serait-ce que quelques secondes. Le premier est sur le rabat de la couverture; c'est un signet qui a été conçu pour vous faire penser à consacrer une minute à approfondir votre respiration, chaque fois que vous prenez votre livre et que vous le laissez. Si vous acceptez de faire cette brève pause (c'est-à-dire si vous *voulez vraiment* relaxer), elle vous permettra de diminuer quelque peu la tension que vous ressentez et vous apprendrez de surcroît à intégrer un autre extraordinaire moyen de diminuer votre niveau de stress: s'ar-rê-ter.

Le second rappel, c'est ce petit symbole:

Il reviendra périodiquement vous inviter à détendre votre front, votre mâchoire et vos épaules, le temps d'une inspiration profonde et d'une longue expiration. On commence tout de suite? Ça prend si peu de temps…

Vous pourrez vous *organiser* pour agrémenter beaucoup d'autres moments «ordinaires» de votre vie, en disposant stratégiquement vos propres signaux dans votre environnement quotidien. Ils vous rappelleront de prendre ici et là le temps de respirer, de décontracter quelques-uns de vos muscles, d'adopter des attitudes apaisantes ou d'utiliser d'autres moyens de détente qui *vous* conviennent. Peu à peu, vous en prendrez l'habitude, franchissant ainsi un premier pas.

Une stratégie globale d'harmonisation intérieure inclut cependant des exercices de relaxation plus longs ou encore des exercices de méditation, laquelle est une version spirituelle de la relaxation. Pour arriver à faire une place durable à ces exercices qui demandent du temps, il est tout aussi nécessaire de s'organiser.

Lire le menu peut nous séduire, mais cela ne nous nourrit pas: il nous faut manger! Pour que ce livre vous soit vraiment utile, il est essentiel que vous *expérimentiez* les exercices qui y sont proposés. Ces derniers vont de certaines pauses très courtes à quelques méthodes de méditation inspirées, en passant par les outils de relaxation qui ont été développés en médecine et en psychologie: méthodes de respiration, massages, autosuggestion, etc. Vous trouverez également une foule d'applications instantanées de la relaxation et vous apprendrez même à élaborer vos propres méthodes, que vous vous concocterez «sur mesure». Si vous avez déjà appris à méditer ou à relaxer avec d'autres méthodes que celles qui sont présentées ici, votre lecture pourrait être une bonne occasion d'en reprendre la pratique.

En choisissant les méthodes qui vous conviennent le mieux ou en créant les vôtres, vous vous donnerez de bons outils pour diminuer votre niveau de stress. Ils vous aideront à prévenir un grand nombre de problèmes physiques et psychologiques, ainsi qu'à vous soulager progressivement d'une bonne partie des symptômes de stress dont vous souffrez déjà. Ces effets bénéfiques ne sont cependant ni magiques, ni immédiats: ils se développent plutôt doucement, quand on y met le temps. C'est comme l'exercice physique: on ne peut pas en ressentir les véritables bienfaits dès la première séance!

Vous pourrez aussi utiliser la relaxation et la méditation comme outils de développement personnel et spirituel; vous trouverez ici un point de départ qui, je l'espère, vous incitera à poursuivre. La relaxation peut nous soulager de certains de nos maux, mais si on veut aller plus loin et l'utiliser pour développer une plus grande paix intérieure, il faut en faire une priorité: cela signifie qu'il faut consacrer du temps à la pratique *chaque jour, pendant longtemps*, tout en développant des attitudes et une façon de vivre qui soient favorables à la paix intérieure et au développement personnel ou spirituel.

Les objectifs de la pratique

L'expression «stratégies d'harmonisation intérieure» désigne l'ensemble des méthodes dont la pratique amène un apaisement physique et mental qui, à son tour, est favorable à la santé physique et à l'équilibre psychologique. Des méthodes aussi différentes en apparence que le training autogène, l'anti-gymnastique, le yoga, la méditation transcendantale, le stretching ou le taï chi engendrent toutes dans l'organisme le même effet d'harmonisation. Nous verrons comment.

En pratiquant ces méthodes, on peut atteindre quatre objectifs:

1. Éviter d'accumuler de la tension

Si on prend cinq secondes pour étirer nos muscles toutes les 15 minutes quand on travaille à l'ordinateur, on a moins mal dans le dos et dans le cou à la fin de la journée… de la semaine, du mois et de l'année!

On peut ainsi appliquer l'une ou l'autre des huit clés de la relaxation (voir chapitre 3) à un bon nombre de situations de la vie quotidienne.

2. Rester plus calme devant les événements

Si on respire profondément à quelques reprises au moment où on constate que les enfants ont dépassé les bornes, on augmente de beaucoup nos chances de bien réagir au désordre: si on veut encore crier, on crie; mais si on découvre une façon de répondre plus fructueuse, on peut aussi la choisir...

Quand on répond consciemment à ce qui nous stresse plutôt que d'y réagir automatiquement et de réfléchir après coup, on diminue de beaucoup notre tension intérieure et on la maintient à un niveau où elle est créatrice plutôt que harassante ou destructrice. La vie étant remplie de ces moments où revenir à soi, ne serait-ce que quelques secondes, peut faire une grande différence, il est vraiment profitable de développer le réflexe de se détendre quand on sent monter notre tension inutilement.

3. Réduire les malaises et les maladies engendrés par le stress

Un grand nombre d'études scientifiques démontrent qu'en se réservant de 10 à 20 minutes pour relaxer ou pour méditer, une ou deux fois par jour, on diminue les symptômes physiques et psychologiques engendrés par le stress, dont la fatigue, l'anxiété, les sentiments dépressifs, l'insomnie, les migraines, les problèmes de concentration, l'irritabilité, etc. On n'arrive pas nécessairement à la santé totale et au bonheur parfait du jour au lendemain, mais notre état s'améliore vraiment. On peut aussi relaxer ou méditer pour *prévenir* les problèmes physiques et psychologiques qui surviennent inévitablement quand notre niveau de stress reste très élevé sur de longues périodes.

4. Se développer

Utilisées avec d'autres outils psychologiques ou spirituels, les méthodes de relaxation et de méditation permettent de mieux se connaître et offrent ainsi le meilleur appui qui soit pour se développer.

Vous choisirez selon *votre* motivation.

Ce livre constitue une synthèse. Au fil des ans, j'ai pratiqué et analysé un grand nombre de méthodes d'harmonisation intérieure. J'en ai ici simplifié l'étude et la pratique, en insistant sur les points techniques qu'elles ont en commun plutôt que sur ce qui les différencie. Par exemple, que l'on fasse de l'autosuggestion ou de la méditation transcendantale, on s'installe dans un environnement silencieux, on se détend, on reste immobile, on répète des mots ou des sons, on se concentre et, finalement, on accorde de l'importance à notre respiration. Les deux méthodes s'appuient sur des bases théoriques très différentes, et elles ne sont pas utilisées en vue du même objectif; mais, grâce aux points techniques qu'elles ont en commun, elles produisent toutes deux de la relaxation. C'est ce qui nous intéresse ici et nous étudierons un à un les huit éléments qui reviennent dans toutes les méthodes.

En comprenant bien ces éléments et en les combinant de façon traditionnelle ou inédite, vous pourrez progressivement améliorer votre état de santé et vous sentir plus en paix. Si vous êtes intéressé à mieux connaître et à approfondir quelques-unes des méthodes reconnues qui les utilisent, le chapitre 4 vous sera utile. Vous trouverez également, à la fin de cet ouvrage, une longue liste de livres portant sur ces méthodes.

Pour passer du désir d'harmonie à la réalité de la pratique régulière, il vous sera nécessaire de résoudre de nombreuses difficultés tant intérieures qu'extérieures. Les participants à un cours structuré en relaxation en retirent assez rapidement des effets positifs, mais une fois le cours terminé, la majorité cesse graduellement de pratiquer: les bienfaits disparaissent alors peu à peu. L'enthousiasme est utile à qui veut s'engager à fond dans un changement, mais il finit toujours par s'estomper quand il s'agit de concilier pratique à long terme et vie quotidienne. Nous verrons comment il est possible de changer cet emballement éphémère en motivation durable.

Si vous voulez diminuer votre niveau de stress, il vous faudra non seulement vous détendre, mais aussi apprendre à mieux vous connaître, changer peu à peu certaines de vos attitudes, mieux exprimer vos opinions et vos émotions et agir concrètement sur les situations qui vous troublent. Certains éléments de la pratique vous aideront à changer en vous et dans votre vie ce qui crée ou maintient de la dysharmonie; mais pratiquer une méthode, même la meilleure au monde, ne peut évidemment pas dispenser de trouver des solutions satisfaisantes aux problèmes qui nous stressent. Les changements intérieurs et extérieurs vont de pair. Nous verrons à ne pas l'oublier.

Après avoir expliqué en quoi consiste la relaxation et présenté de très nombreux avantages à relaxer et à méditer, je décrirai:

- Les huit clés dont sont constituées toutes les techniques de relaxation, et quelques moyens de les utiliser judicieusement dans la pratique formelle et vos activités quotidiennes.
- Comment pratiquer quelques méthodes éprouvées.
- Comment reconnaître vos tensions physiques et psychologiques.
- Comment choisir les meilleures méthodes pour *vous*.
- Comment créer vos propres méthodes.
- Comment intégrer la relaxation dans votre vie.
- Comment entretenir votre motivation pour pratiquer longtemps et avec plaisir.

Les chapitres 3 et 4 présentent de nombreux exercices de relaxation. Ils constituent une section pratique qu'il est avantageux d'aborder parallèlement à la lecture des autres chapitres.

Je souhaite que ce livre soutienne votre désir de prendre soin de vous et de consacrer du temps, quotidiennement et pour longtemps, à ces méthodes techniquement simples, dont la pratique améliore la santé et mène peu à peu à une plus grande paix intérieure.

Chapitre 1

Relaxer: un tour d'horizon

Deux plans stratégiques: la technique et l'organisation

Relaxer, au sens où on l'entend ici, consiste à utiliser une méthode déterminée pour aider son corps et son esprit à se détendre. Pour ce faire, on doit *s'entraîner sur le plan technique* et *s'organiser concrètement* en fonction des résultats que l'on désire obtenir.

Quand on limite nos objectifs à certaines applications concrètes de la relaxation qui ne nécessitent pas de séances de pratique formelle (périodes consacrées à la pratique d'une méthode de relaxation déterminée), il est relativement facile de s'organiser. Par exemple, il n'est pas nécessaire de tout bouleverser pour acquérir de nouvelles habitudes de travail qui permettent de relâcher régulièrement certaines contractions musculaires qui seraient autrement constamment présentes; on peut aussi diminuer le niveau de bruit habituel à la maison sans trop déranger notre quotidien. Il est ainsi possible de réduire notre tension de façon significative en modifiant simplement certaines de nos habitudes de vie.

Mais si, en plus, on désire arriver à se calmer dans certains moments de stress ou à soulager d'occasionnels maux de dos, la pratique demandera davantage de temps. La diminution de notre tension physique ou psychologique à des moments où on la sent élevée constitue un deuxième pôle de l'utilisation de méthodes de relaxation.

Dans le cas où on veut utiliser la relaxation comme traitement ou comme partie d'un traitement médical ou psychologique, il nous faut consacrer entre 15 minutes et une heure chaque jour à la pratique[1], selon la méthode utilisée, et ce, pendant toute la durée du traitement. Si le problème que l'on soigne est lié au stress, il faudra évidemment travailler à régler les situations qui l'engendrent, si on ne veut pas continuer à entretenir d'un côté la tension qu'on essaie de faire disparaître de l'autre.

Finalement, si on souhaite utiliser la relaxation non plus uniquement pour se calmer ou se soulager de certains symptômes, mais pour «vivre en paix», la pratique sera plus exigeante: *la relaxation ne devient harmonisation que par la pratique régulière.* La poursuite de cet objectif nécessite un plus grand engagement, puisqu'elle amène à pratiquer toute sa vie, comme on fait de l'exercice physique pour maintenir la forme.

Dans ce dernier sens, on peut considérer la relaxation ou la méditation comme des «investissements». Au lieu de passer tout notre temps en divertissements superficiels ou de courir à longueur de journée pour arriver à tout faire, on prend quelques minutes chaque jour pour se détendre ou pour se recueillir. Avec le temps, on devient plus calme, notre santé s'améliore, on se sent plus énergique. Non seulement a-t-on plaisir à pratiquer, mais «ça rapporte»! La relaxation ne fait pas que détendre: elle prédispose aussi à mieux utiliser ses forces.

On verra donc à s'organiser pour pratiquer en fonction des résultats que l'on souhaite.

---

1. Dans cet ouvrage, les mots «pratique» et «pratiquer», employés seuls, signifient «pratique d'exercices de relaxation» et «pratiquer des exercices de relaxation». Ils font référence à la mise en application de la relaxation.

Exercice 1
Adoucir notre environnement immédiat

On peut commencer à «s'organiser» en réduisant les stimulations irritantes ou inutiles dans notre environnement, et en prenant ensuite quelques secondes pour nous détendre.

Par exemple, avant de continuer à lire, on peut prendre soin de:

1. Choisir un endroit de la maison où on peut lire sans être dérangé par le va-et-vient ou les activités des autres.
2. Aérer la pièce.
3. Bien éclairer le livre, sans cependant s'éblouir, et réduire l'éclairage ailleurs dans la pièce de façon à pouvoir reposer nos yeux quand on suspend notre lecture pendant quelques instants.
4. Régler la température ambiante pour qu'elle soit confortable.
5. Baisser le son de la radio ou de la chaîne stéréo, et même l'éteindre (oui, ça s'éteint...).
6. Desserrer ou enlever les vêtements qui gênent notre respiration ou contraignent certaines parties de notre corps.
7. : insérer une toute petite parenthèse: respirer profondément tout en détendant le front, la mâchoire et les épaules.

✓ Applications au quotidien

- Réaménager l'environnement à la maison ou au travail pour qu'il soit moins irritant et plus agréable.
- Apprivoiser le silence et la solitude.
- Penser au confort quand on choisit des vêtements.

Pourquoi pratiquer?

L'harmonisation intérieure touche trois aspects inséparables de la vie:

1. Le biologique.
2. Le psychologique.
3. Le spirituel.

1. Au point de vue *biologique*, la relaxation réduit la tension de l'organisme et soutient les mécanismes de santé. Concrètement, les stratégies d'harmonisation intérieure sont utilisées en médecine, tant pour le traitement des maladies que pour la prévention, et ce, autant en matière de santé physique que de santé mentale.

2. Au point de vue *psychologique*, la réduction du niveau de stress améliore le fonctionnement intellectuel, favorise l'équilibre émotionnel et permet de mieux se connaître. Lorsqu'on s'ouvre à notre vie intérieure, on accueille nos émotions plutôt que de les refouler, ce qui mène peu à peu à une certaine paix.

De plus, les exercices de relaxation permettent aux deux hémisphères du cerveau de mieux travailler ensemble, ce qui favorise l'intégration des capacités logiques et créatrices. On devient moins exclusivement rationnel et logique: on développe aussi notre créativité et notre intuition, tout en améliorant notre fonctionnement intellectuel.

On répond ainsi de façon plus harmonieuse aux situations auxquelles on est confronté. Quand on est trop tendu, on risque de se bloquer, ou de dire certaines choses et de faire des gestes qu'ensuite on regrette; au contraire, quand on est plutôt détendu, on s'exprime plus clairement et on agit de façon plus adaptée à chaque situation; on évite ainsi d'être obsédé par ce qu'on aurait dû dire ou faire, ce qui est une autre source de stress inutile.

3. Au point de vue *spirituel*, les stratégies d'harmonisation intérieure éveillent à des perceptions plus subtiles. La raison retrouve peu à peu sa place de guide dans le monde de la matière, du temps et de l'espace. La dimension immatérielle de l'être peut ainsi mieux s'insinuer dans la conscience.

Les méthodes de relaxation et de méditation sont ainsi des outils concrets pour soutenir notre santé «physique», pour améliorer notre vie «psychologique» et pour nous ouvrir au monde «spirituel». Toute stratégie d'harmonisation intérieure a simultanément des effets positifs sur ces trois plans, *qui sont par nature indissociables*, même si les médecins et les psychologues nous recommandent le plus souvent de «relaxer», alors que les traditions spirituelles nous invitent à «méditer».

La relaxation et la méditation ne peuvent être dissociées l'une de l'autre que sur le plan théorique. En ce qui concerne les moyens techniques, elles sont identiques. D'un point de vue pratique, que l'on veuille s'aider à régulariser notre tension artérielle, diminuer notre anxiété ou mieux nous éveiller à la présence de Dieu ou à la nature du Bouddha, on peut donc choisir indifféremment des techniques de relaxation ou de méditation. Les adeptes de la méditation transcendantale ont ainsi une tension artérielle plus normale que les non-méditants (Benson et Klipper, 1976), et les personnes qui pratiquent une technique de relaxation peuvent vivre tout autant d'expériences intérieures intenses que celles qui méditent.

Exercice 2
Ajuster notre posture

Après avoir modifié quelque peu notre environnement extérieur à l'exercice 1, on se tourne maintenant vers soi. Relaxer consiste, entre autres, à laisser nos muscles se détendre. Prendre une posture qui permet de relâcher notre musculature se révèle une bonne façon d'y arriver, et ce, autant dans nos séances de pratique que dans nos autres activités.

1. Prendre conscience de notre posture actuelle. Permet-elle un maximum de décontraction?
2. Éviter de croiser les jambes.
3. Bien s'appuyer pour décontracter le bassin et le bas du dos.
4. Dégager la nuque et les épaules.
5. Tenir notre livre avec un minimum d'effort.
Prendre conscience de notre posture dans nos activités quotidiennes et la rectifier dans le but de détendre les muscles inutilement contractés permet de vivre avec moins de tension.
6.

✓ **Applications au quotidien**

- Comment réaménager notre environnement ou nos habitudes pour que notre musculature en souffre moins? Par exemple, en disposant de chaises dont la hauteur nous convient, en réglant le siège de l'auto pour pouvoir conduire sans tension excessive dans le dos ou dans les jambes, en gardant le dos droit sans cependant se crisper, en tenant le combiné du téléphone d'une façon qui nous évite d'avoir le cou tordu (parfois pendant des heures), en pliant les genoux quand on ramasse des objets par terre, en évitant de faire le même geste trop longtemps ou de garder la même position de longues minutes sans bouger, etc.

Stress et stratégies d'harmonisation intérieure

Toutes les méthodes d'harmonisation intérieure tirent leur origine de la médecine occidentale traditionnelle, des médecines «alternatives», de la psychologie ou du monde spirituel. Depuis quelques années, ces disciplines se rapprochent.

Par exemple, les médecins psychosomaticiens considèrent que la vie émotive compte pour beaucoup dans l'apparition des maladies, et ils en tiennent compte dans le traitement qu'ils proposent à leurs patients. Non seulement beaucoup de chercheurs et de cliniciens reconnus en psychologie (Jung, Maslow, Gendlin, May, etc.) ont-ils souligné l'importance de la spiritualité dans la vie psychologique, mais il existe aussi une école de psychologie, dite «transpersonnelle», qui est basée sur la relation avec plus grand que soi. De plus en plus de médecins reconnaissent le rôle néfaste que joue un haut niveau de stress sur le corps et encouragent leurs patients à consulter des psychologues ou à relaxer. Certains médecins combinent des moyens biologiques, psychologiques et spirituels pour traiter les maladies (par exemple, pour les maladies coronariennes, voir Ornish, 1990). De plus en plus de professionnels de la santé travaillant dans des hôpitaux enseignent des techniques de méditation aux patients qui leur sont envoyés par les médecins (Kabat-Zinn, 1990). Des prêtres trouvent dans des techniques développées en psychologie des façons concrètes de vivre la spiritualité (Campbell et McMahon, 1985). Des scientifiques poursuivent des recherches qui démontrent à quel point les croyances religieuses ont un effet sur la santé (Wallis, 1996). Ce sont des exemples de ces rapprochements.

Directement ou non, tous travaillent à développer des moyens de réduire le stress. Les traditions spirituelles, la médecine, la psychologie et les médecines alternatives proposent en effet des pistes pour mieux vivre, ainsi que des solutions au mal de vivre ou aux maladies. Bien que leurs façons de voir divergent et que la plupart des méthodes qu'elles préconisent pour réduire la souffrance ou recouvrer la santé soient très différentes, elles poursuivent cependant des buts communs. Toute souffrance résulte d'un déséquilibre. Le stress, c'est précisément cette tension qui se crée quand on est en déséquilibre; il se manifeste par des symptômes physiques, psychologiques ou existentiels. L'apprivoiser mène à davantage d'harmonie.

Exercice 3
Étirer pour détendre

Nos muscles se détendent quand on les étire doucement. Sans changer de position physique:

1. Lever lentement les bras au-dessus de la tête, en inspirant.
2. Monter le plus haut possible, très doucement, *sans se faire mal.*
3. Tenir quelques secondes.
4. Tout en expirant, dessiner très lentement un grand cercle avec les mains, et laisser les bras retomber de chaque côté.
5. Bien relâcher les bras et les mains, et laisser les épaules et la nuque se décontracter.
6. , c'est-à-dire respirer profondément, détendre le front, la mâchoire et les épaules.

✓ **Applications au quotidien**

- S'étirer le matin avant de se lever, le soir avant de dormir.
- Prendre l'habitude d'étirer les muscles qui vont être sollicités pour un effort particulier: par exemple, avant le jogging, avant de pelleter. Les étirer aussi après l'effort.
- Étirer très doucement les muscles qui font mal, là où on ressent des points de douleur.

Attendre un miracle ou *travailler* agréablement, avec de bons outils?

Les stratégies d'harmonisation intérieure ne nous mènent pas à la santé, à la joie de vivre ou à l'illumination du jour au lendemain. *Les changements profonds sont rarement rapides.* On peut cependant évoluer, mûrir et trouver dans chaque journée des occasions de progresser, comme n'importe quel artiste. Lentement, exercice après exercice, quelque chose se transforme en nous, jusqu'à ce que le changement soit non seulement apparent, mais durable. Ces transformations ne sont cependant pas miraculeuses et elles s'effectuent plus lentement qu'on ne le souhaiterait.

Les exercices d'harmonisation intérieure ne peuvent pas résoudre nos problèmes d'argent ni rendre notre conjoint ou nos enfants plus communicatifs ou plus rationnels. Aimer et être aimé reste difficile. Même si on pratique la relaxation ou si on médite, le monde du travail continue d'exiger l'impossible jour après jour et les tâches ménagères ne s'effectuent toujours pas toutes seules. Il fait encore froid l'hiver et la voiture continue d'avoir périodiquement besoin de réparations. Même si tout cela est évident pour notre esprit logique, ça l'est moins pour le petit enfant en nous qui croit au miracle... surtout quand un petit coup de baguette magique ferait bien notre affaire.

Beaucoup d'écoles de relaxation ou de méditation arrivent malheureusement à faire croire que les méthodes qu'elles proposent vont tout régler, comme par enchantement. Mais, comme les miracles promis ne se produisent pas, même s'il y a amélioration, on délaisse la pratique, un peu plus mal dans notre peau qu'avant, déçu.

Les techniques qu'on laisse ainsi de côté n'étaient pas forcément inadéquates; le problème, c'est qu'on recherche trop souvent des stratégies d'harmonisation intérieure avec l'espoir que tout va s'arranger sans qu'on n'ait rien d'autre à faire que de les pratiquer. *C'est une illusion.*

Une nouvelle technique de respiration ne pourra pas changer ce que l'ancienne n'a pas réussi à transformer. Il vaut toujours mieux changer l'attitude avec laquelle on pratique que la couleur, le chakra, le mot ou la formule sur lesquels on se concentre. Aucune méthode n'est *en elle-même* plus miraculeuse qu'une autre. Il y a simplement des méthodes qui nous conviennent davantage. La paix intérieure ne vient ni d'un mantra, ni du yoga, ni du stretching. *On découvre l'harmonie en nous, jamais dans une méthode.*

Quand on pratique et qu'on s'instruit des théories qui soutiennent l'une ou l'autre des méthodes de relaxation, on améliore notre santé et on voit peu à peu nos problèmes autrement: on les aborde alors différemment. La résolution de quelques-unes de ces difficultés concrètes amène une plus grande sérénité, qui favorise à son tour la santé et l'utilisation plus féconde de la tension, déjà moins grande, que l'on ressent. Il y a donc ici un effet d'entraînement très positif. Mais ce n'est pas la méthode elle-même qui fait le travail extérieur: c'est chacun de nous, mieux outillé.

Les stratégies d'harmonisation intérieure sont ainsi de très bons *outils.* On peut les utiliser pour se détendre et pour se calmer au besoin, pour prévenir les maux physiques ou psychologiques et pour s'aider à guérir, ainsi que pour se développer. Mais n'importe quel outil doit être manié par une *personne:* il n'a pas de pouvoir en lui-même. Quand on sait s'en servir, il nous rend de précieux services. Cependant, il n'agit pas tout seul et il ne peut en aucun cas nous aider à effectuer des tâches pour lesquelles il n'est pas conçu. Il est donc bon de commencer par apprendre à se servir de ces méthodes et, ensuite, de rester réaliste quant aux résultats qu'on peut en attendre.

Il vaut sans doute mieux détendre les épaules, décrisper la mâchoire, respirer profondément et «être présent» aux arbres et aux oiseaux en attendant l'autobus que de se tordre le cou toutes les deux secondes pour voir s'il arrive, tout en râlant contre le service de transport en commun et la température. C'est une façon simple de se faire du bien. Se réserver régulièrement de 15 à 30 minutes par jour pour pratiquer des techniques plus élaborées en est une autre. Cela aide à trouver davantage de motivation et d'énergie pour mieux agir sur ce qui nous stresse, mais il demeure important d'agir sur les causes de ce stress. S'arrêter, s'entraîner à vivre davantage ici et maintenant, observer ses pensées, prendre du temps pour soi, laisser vivre ses émotions, détendre le corps et l'esprit, ralentir, c'est cependant déjà se préparer à agir sur sa vie extérieure. Les attitudes qui prévalent dans la pratique finissent par se transposer dans la vie.

On guérit rarement d'une maladie chronique simplement en relaxant, mais une pratique régulière peut nous soulager de notre souffrance, réduire l'intensité, la fréquence et la durée de nos symptômes de stress, et finalement, nous apaiser. Plus calme, plus ouvert, on souffre moins et on guérit mieux. On ne guérit pas à tout coup, on ne guérit pas de tout, mais on guérit mieux d'une panoplie impressionnante de maux (voir chapitre 2).

La pratique aide à:

1. Réduire la tension physique, ce qui a un effet positif sur tous les malaises et toutes les maladies dans lesquels le stress joue un rôle.
2. Réduire la tension psychologique, ce qui aide à retrouver ou à garder un certain calme: on se sent mieux et on agit plus efficacement.
3. Mieux se connaître soi-même.
4. Se développer sur le plan spirituel.

On ne peut évidemment pas changer le cours des événements en pratiquant une méthode de relaxation. Les rentrées d'argent ne s'améliorent pas, les autres ne se conforment pas davantage à nos attentes. Plus calme, on peut cependant mieux organiser nos finances personnelles, mieux conclure avec les autres des ententes satisfaisantes, et mieux agir sur les situations de la vie qui nous stressent… ou avec lesquelles on se stresse.

Exercice 4
Détendre volontairement quelques muscles

Pour relaxer, on peut diminuer volontairement les tensions musculaires qui se sont installées malgré nous.

1. Détendre lentement le front... les sourcils... les joues... la mâchoire... la langue... la gorge... la nuque... les épaules... les yeux... et laisser les bras reposer quelques instants sur les cuisses.
2. Fermer les yeux pour mieux laisser aller les muscles ainsi relâchés, le temps de quelques respirations[1].

Le relâchement du visage amène souvent à lui seul un certain apaisement intérieur.

✓ **Applications au quotidien**

- Prendre le temps de détendre nos muscles au lit avant de dormir, pendant le bain ou lors d'autres activités où la position de notre corps le permet.
- Apprendre à n'utiliser que les muscles dont on a besoin pour effectuer certains mouvements: par exemple, soulever un poids n'exige pas de tension dans la mâchoire.
- Penser à détendre au lieu de tendre: plisser les yeux n'aide en rien à être plus attentif, relever les épaules ne protège pas du froid, se laisser pleurer fait plus de bien que de se contracter pour s'en empêcher.

1. Dans ce contexte, le mot «respiration» désigne un cycle inspiration/expiration.

Des mondes si étranges…

La plupart des livres qui nous promettent la paix intérieure nous projettent dans un monde très différent de celui dans lequel on vit tous les jours. Tout devient un peu magique. On se dit: «Voilà enfin la méthode que je cherche», et on est saisi d'un intense désir de pratiquer là, tout de suite, et pour le reste de nos jours. Du moins pendant quelque temps…

Dans beaucoup de ces ouvrages, on apprend que des choses extraordinaires sont à notre portée, pour peu qu'on veuille bien consacrer quelques minutes, chaque jour, à des exercices très simples: ainsi, on pourra bientôt jouir d'une paix profonde et d'une santé inaltérable, pour ne citer que les effets spectaculaires les plus représentatifs. Du yoga à la méditation zen, en passant par le training autogène, la méthode Feldenkrais ou celle de Coué, ces pratiques désarmantes de simplicité devraient nous mener à une sérénité indestructible et à une santé parfaite.

Par exemple:

> Quand on sait relaxer, il suffit de quelques minutes par jour pour assurer à son corps et à son esprit une détente parfaite, largement bénéfique et infiniment productrice. La relaxation, c'est la protection indispensable de l'homme moderne contre un monde agité et sans cesse exigeant.

On serait bien fou de s'en passer! Seulement quelques minutes par jour…

Apprenons à revenir sur terre et à voir le côté plus pragmatique de la chose. La détente du corps et de l'esprit est augmentée par la relaxation, mais elle est habituellement bien loin d'être parfaite. De plus, on s'attend à beaucoup trop de changements en beaucoup trop peu de temps. On veut des résultats extraordinaires en quelques semaines, sinon en quelques jours, le tout sans rien changer à notre vie, et on se laisse facilement séduire par ces promesses de paix, de bonheur et de santé. Cependant, contre toute attente, notre fatigue résiste toujours à la nouvelle technique même si on la pratique assidûment (ou presque) depuis trois semaines; notre mal de tête persiste — c'est à n'y rien comprendre! — malgré le fait qu'on utilise une infaillible méthode de visualisation; ou, encore, Dieu refuse de se révéler, même si on répète scrupuleusement tous les jours pendant les 20 minutes réglementaires cet irrésistible mantra issu des profondeurs de l'univers qui nous a été réservé de toute éternité! On finit donc par penser qu'«on ne l'a pas». L'engouement s'essouffle, et on a tout à coup d'autres priorités que de pratiquer notre méthode.

«Cent fois, mille fois sur le métier remettez votre ouvrage», et donnez-vous aussi le temps de changer ce qui entretient votre tension. Vous verrez, vous obtiendrez des résultats bénéfiques, même si ce n'est ni miraculeux, ni immédiat.

Les marathoniens qui initient à la course à pied ont parfois du mal à comprendre que leurs élèves sont incapables de courir à deux coins de rue sans être essoufflés ou avoir mal aux jambes. De la même manière, les experts en stratégies d'harmonisation intérieure ont parfois la mémoire courte quant à leurs propres débuts. Nous essaierons de prendre le temps nécessaire, autant sur le plan technique que sur ceux de la motivation et de l'organisation concrète, pour nous donner une pratique agréable et satisfaisante.

Par exemple, il est très difficile pour une majorité de débutants d'utiliser des méthodes qui demandent de la concentration: leurs insuccès les mènent à se dévaloriser et à se décourager. Si on veut garder notre motivation, il est important de commencer par des méthodes qui nous plaisent et qui nous donnent quelques résultats assez rapidement. Sinon, on se sent incompétent et on laisse tomber. Souvent, il vaut mieux commencer par des méthodes de respiration ou des étirements: on arrive ainsi peu à peu à mieux garder notre attention sur notre corps ou sur nos pensées, et on est alors prêt à passer aux méthodes qui exigent une certaine forme de «concentration», tout en comprenant mieux ce que signifie ce mot en relaxation. Si on a du plaisir à pratiquer la relaxation et qu'on en ressent des bienfaits, on est encouragé et cela nous aide à poursuivre.

À court terme, il serait donc avantageux d'utiliser des méthodes qu'on peut maîtriser assez rapidement et dont on ressent des effets immédiatement, tout en prenant doucement l'habitude de garder un peu de temps pour nous: ce serait déjà franchir un grand pas. On peut faire quelques exercices au lit, au coucher, ce qui aide à mieux dormir. On peut aussi insérer quelques brefs moments de détente dans notre quotidien, et voir ensuite comment ou pourrait se réserver une période plus longue ou quelques courts moments pour pratiquer pendant la journée, quatre, cinq ou six jours par semaine. On peut aussi pratiquer au sein d'un groupe: beaucoup de personnes se détendent davantage lorsqu'elles sont guidées, et le fait d'être soutenu par un groupe a souvent une influence favorable sur la motivation.

«Jouer» à l'harmonisation intérieure

L'intégration de périodes de relaxation dans la vie quotidienne nécessite un certain réarrangement des priorités, conscientes et moins conscientes. Autrement dit, «on a toujours autre chose à faire», autre chose qui nous paraît plus urgent, plus nécessaire ou plus intéressant. Une pratique quotidienne revient… tous les jours: tant qu'on en n'a pas fait une habitude et une priorité, elle dérange.

Une fois qu'on a réussi à intégrer la pratique à notre vie au point où elle est devenue une habitude, on a dépassé l'emballement et on est alors parvenu à un autre niveau de motivation, plus solide. On ne pratique plus pour obtenir des résultats à court terme, c'est-à-dire qu'on ne voit plus la relaxation comme une activité à laquelle il faut se contraindre pour arriver à se délivrer d'un problème. Relaxer ou méditer devient plutôt une sorte de seconde nature. On poursuit notre pratique parce qu'on y trouve un sens, ce qui n'exclut évidemment pas d'y trouver du plaisir et d'en retirer des bienfaits. Un peu comme on prend une douche à un moment ou à un autre de la journée, on relaxe ou on médite parce que ça fait partie de la vie. Ça devient «naturel».

Les amateurs de tennis, d'échecs ou de musique aiment leur passe-temps, et c'est pourquoi ils y consacrent naturellement du temps. Quand une activité est agréable, il devient plus facile de la poursuivre longtemps. Il s'agit donc *d'apprendre à jouer à l'harmonisation intérieure.* Les connaissances théoriques sur les bienfaits de la relaxation ne motivent jamais très longtemps.

Comme l'apprentissage de la musique, de l'informatique ou d'un sport, celui de la relaxation passe d'abord par une période qui, sans exclure le plaisir et la joie, est davantage consacrée au développement d'habiletés d'ordre technique. C'est une phase quelque peu ardue où on pense davantage à faire les exercices «correctement» qu'à jouer, comme, pendant les cours de tennis, on pratique service, coup droit, revers, amorti, lobe, montée au filet, etc., mille fois plutôt qu'une. Quand l'aspect technique a été intégré, quand «notre corps» sait jouer, on peut enfin se concentrer sur le jeu lui-même. Quelque chose s'est transformé en nous et on n'a plus besoin de se contraindre pour aller jouer: on a le goût de le faire. À cette étape, la relaxation est devenue une bonne habitude, qui se poursuit sans effort.

Ce n'est pas la technique qui ramène le joueur de tennis sur le court ou le pianiste à son instrument pendant des années: c'est le plaisir et l'habitude de jouer. On commencera donc par trouver les méthodes qu'on pratiquera avec plaisir et auxquelles on finira par faire une place dans notre quotidien. On pourra même créer nos propres méthodes à partir des éléments que l'on retrouve dans toutes celles qui existent (voir chapitre 8).

On peut aussi voir la pratique comme un jeu parce que la relaxation et la méditation ne sont pas foncièrement des activités «sérieuses». Il est important de pratiquer avec une certaine application, mais cela n'exclut pas de s'amuser à faire des mouvements, à s'étirer, à respirer, à observer comment notre esprit s'attarde différemment aux mêmes choses d'un jour à l'autre selon notre humeur, à voir comment nos conditionnements psychologiques opèrent même pendant la pratique (on se juge, on se félicite ou on se dévalorise, on veut bien faire, on se compare aux autres), etc.

La pratique est beaucoup trop souvent présentée comme une activité à caractère austère, ce qui est tout à fait contraire à l'esprit même du relâchement. En harmonisation intérieure, la technique reste un outil, qui aide à retrouver l'harmonie déjà présente au plus profond de nous et à la faire émerger dans notre vie extérieure. On y arrive plus facilement en adoptant une attitude de jeu qu'en nous acharnant, en dansant plutôt qu'en marchant au pas.

Exercice 5
Suggérer la détente par des mots

On peut se détendre en répétant des mots qui décrivent la relaxation.

1. Dire intérieurement: «Ma respiration s'approfondit» en approfondissant peu à peu notre respiration abdominale pendant une dizaine de respirations.
2. Puis, le temps de cinq respirations, détendre le front tout en disant: «Mon front se détend» toutes les fois où on expire.
3. En portant notre attention à la mâchoire, tout en la relâchant, dire, le temps de cinq expirations: «Ma mâchoire se détend.»
4. Poursuivre avec: «Tout mon visage se détend», pendant quelques respirations.

5. Finalement, utiliser la formule: «Ma respiration est profonde et mon visage est détendu» pendant quelques autres respirations.

Quand on connaît bien les étapes, on peut fermer les yeux pour toute la durée de l'exercice.

✓ **Applications au quotidien**

- Apprendre à reconnaître les signes de détente (pages 250, 254 et 255) et à les nommer quand on les ressent, plutôt que de toujours se répéter qu'on est tendu, anxieux, «qu'on a les nerfs en boule», etc. Par exemple: «Je me sens calme ce matin» ou «Ma gorge est plus détendue depuis quelques jours», si on a remarqué ces signes.

Le stress ne vient pas que de l'intérieur

Si on veut garder l'équilibre et la santé, on doit s'exprimer et agir sur ce qui nous stresse: c'est fondamental. L'utilisation des stratégies d'harmonisation intérieure contribue aussi grandement au maintien (ou au retour) de la santé et d'une certaine sérénité, mais il y a davantage à faire quand le feu est pris. Il est même *néfaste* de relaxer ou de méditer dans le but de mieux endurer une vie que l'on pourrait rendre beaucoup plus sereine en exprimant davantage tout ce qu'on refoule et en agissant pour transformer des situations qui ne peuvent faire autrement que de perturber notre paix intérieure et de faire naître des tensions malsaines dans notre corps.

Le but de la relaxation n'est pas de nous amener à éteindre ce feu intérieur qui nourrit autant nos élans d'amour pur que nos impulsions à l'hostilité. Au contraire, la reconnaissance et l'expression de *toutes* les émotions que l'on vit mènent à l'apaisement et font progresser sur le chemin de la maturité. Ce n'est jamais en se contraignant à rentrer dans le moule qu'on trouve la paix véritable. C'est plutôt en cessant de se combattre soi-même: on goûte alors enfin à l'énergie la plus vivifiante du monde: *notre propre énergie*. Nos décisions s'appuient alors sur un fond plus solide.

Au fur et à mesure que l'on apprend à s'exprimer, à agir sur les situations malsaines dont on se rend trop souvent esclave et à renoncer à ce qui nous fait plus de mal que de bien, on reste plus calme devant les inévitables perturbations de la vie quotidienne. On arrive à régler des problèmes qui traînaient depuis longtemps et à aborder plus calmement ceux qui perdurent. On se sent progressivement devenir non pas invulnérable ou indifférent, mais plus flexible, plus enraciné, plus fort intérieurement. Si on veut vraiment conserver cet équilibre physique et mental qu'est la santé, il est primordial d'assouplir ou de changer nos attitudes quand le besoin s'en fait sentir: on peut ainsi mieux répondre aux situations stressantes.

Mais si on cherche dans les stratégies d'harmonisation intérieure un refuge contre les petites et les grandes misères quotidiennes ou encore une assurance contre les incontournables bouleversements que comporte la vie, on risque fort d'être déçu. Ces méthodes ne constituent pas des «recettes de bonheur». On peut cependant s'en servir pour limiter les dégâts biologiques et psychologiques causés par le stress, et pour mobiliser notre énergie afin de mieux répondre aux situations stressantes. Toutes les connaissances qui entourent la relaxation peuvent également nous amener à changer les attitudes qui nous limitent. On cesse ainsi graduellement d'être obsédé par ce qui va mal et on se tourne vers les questions plus profondes qui touchent au sens de la vie. On cherche à vivre en accord avec qui on est et on passe moins notre temps en «situation de rattrapage», à essayer de contrôler tout ce qui nous dérange. On commence à consacrer du temps à notre vie intérieure.

Lorsqu'on souhaite réduire notre niveau de stress, on peut donc progresser sur deux plans: celui de l'expression et de l'action, par lesquelles on s'extériorise, et celui de l'harmonie intérieure. Le premier nous mène à réaliser nos projets et à résoudre nos problèmes, et le second favorise le fonctionnement des mécanismes innés d'apaisement et de santé dont notre organisme est doté. En combinant les deux voies *et en se donnant du temps*, on se développe harmonieusement: l'expression et l'action permettent en effet d'utiliser la tension de façon profitable, et la relaxation ou la méditation procurent un calme qui permet de mieux s'exprimer et de poser des gestes plus fructueux, tout en restant en contact avec soi.

Dans *Les quatre clés de l'équilibre personnel* (1994), mon ami Robert Béliveau, médecin, et moi-même avons proposé de nombreuses pistes pour mieux «s'exprimer et agir sur ses problèmes». Ici, nous verrons à nous imprégner des méthodes et des philosophies de l'harmonie intérieure; elles nous aideront à réduire l'impact néfaste du stress, à nous retrouver, et à utiliser notre tension de façon plus créative.

Exercice 6
Respirer consciemment

Voici un autre exercice qui n'exige que peu de temps.

Il s'agit d'être attentif à notre respiration pendant une ou deux minutes, davantage si on veut.

1. Sans modifier notre respiration, observer comment l'air entre..., comment l'air sort..., selon le rythme actuel.
2. Se contenter d'être ici, maintenant, pendant que l'air passe, par le nez ou la bouche, dans la gorge, les bronches, la poitrine, peut-être l'abdomen et même le bas du dos.
3. Revenir simplement à la respiration quand on se rend compte qu'on pense à autre chose. Rien de plus.

On peut fermer les yeux. On peut aussi sourire...

✓ **Applications au quotidien**

- On peut trouver de très nombreux moments pour relaxer en observant notre respiration: quand on attend (pour payer à la caisse, pour un service, au téléphone, pendant que l'eau coule pour le bain, etc.), quand on est dans le métro ou l'autobus, quand on se sent envahi par des émotions, etc.
- Notre respiration peut nous renseigner sur l'impact stressant des situations que l'on vit; quand elle se fait superficielle ou qu'elle se bloque, on apprend non seulement qu'il est temps de l'approfondir, mais qu'on se trouve dans une situation de stress, peu importe ce qu'on en pense... ou ce qu'on désirerait en penser.

Bien choisir *nos* stratégies

Même si l'harmonie musicale comporte certains fondements, on peut facilement différencier le jazz de la musique classique: les compositeurs adaptent les lois de l'harmonie selon leurs préférences et leur style. Ce sont moins les règles qui importent que la musique.

On peut vérifier cette même logique, qui veut que les moyens soient moins importants que les objectifs qu'ils servent, en ce qui concerne l'activité physique. Certains aiment en effet la marche, d'autres la natation, d'autres encore les sports d'équipe: tous font de l'exercice et en retirent des bienfaits. L'exercice lui-même est ici encore plus important que l'activité choisie.

Il en va de même en stratégies d'harmonisation intérieure. Une mère ou un père monoparental occupant un emploi à temps complet ne peut pas méditer de la même façon qu'un moine hindou dans un ashram! Il n'existe pas de méthode qui puisse être LA meilleure pour tout le monde. C'est la relaxation qui importe, et non la méthode qu'on utilise.

Il est préférable de choisir nos outils de relaxation en tenant compte de notre personnalité et de notre façon de vivre, plutôt que de tout bouleverser pour arriver à pratiquer une méthode particulière sous prétexte qu'elle serait meilleure que les autres. On explore différentes avenues, on les combine savamment et agréablement, et on intègre à notre vie celles qu'on préfère. Puis, on adapte périodiquement le tout selon notre évolution personnelle et le déroulement de notre vie.

On s'informe, on expérimente, on choisit. Ce n'est pas la méthode ou le professeur qui comptent: c'est chacun, tel qu'il est, maintenant.

Exercice 7
Masser et étirer notre dos

Voici un exercice qui demande un peu plus de temps que les précédents. Il vaut mieux le lire entièrement avant de commencer et, les premières fois, garder les instructions à portée de main.

1. Sur un tapis, se coucher sur le dos, les jambes fléchies, les pieds à plat sur le sol, les bras en croix, paumes des mains vers le plafond.
2. Prendre le temps de respirer.
3. En gardant les jambes pliées et les deux pieds au sol, laisser les genoux tomber du côté droit. Tourner la tête du côté gauche. (Les genoux sont probablement un peu décollés, les pieds, bien que par terre, ne sont plus à plat.)

   Étirer ainsi la colonne vertébrale grâce à cette légère torsion, *sans forcer*. Abandonner plutôt notre corps à la gravité. Garder la position de 15 à 20 secondes.
4. Faire ensuite passer *lentement* les genoux du côté gauche, pendant que la tête tourne vers la droite. Garder la nouvelle position quelques instants, pour étirer l'autre côté du corps, toujours sans forcer.

5. Passer ainsi d'un côté à l'autre à quelques reprises, et étirer à chaque fois, toujours sans forcer et lentement.

Vous n'êtes pas obligé de faire ça sérieusement: vous pouvez vous permettre de jouer! Ça détend tout autant...

Applications pratiques des exercices proposés dans ce chapitre

Voici quelques possibilités de réduire notre tension qui découlent de ce que nous avons vu jusqu'ici. Sans être des méthodes de relaxation, ce sont des moyens concrets et des habitudes qui favorisent la détente. Ils reprennent les applications pratiques suggérées à la suite des exercices en vous invitant à *les traduire de façon concrète dans votre quotidien.*

1. Identifier les sources de stimulation irritantes (bruit, lumière, température) à la maison ou au travail, et les remplacer par des conditions plus propices à la détente ou, à tout le moins, en diminuer le caractère irritant.
   Exemple: ______________________________
2. Repenser notre garde-robe en fonction du confort, apprendre à concilier les «obligations» sociales (cravates, chaussures déformantes, jeans serrés) avec les besoins du corps. Prendre l'habitude de porter des vêtements dans lesquels on se sent à l'aise en dehors des moments où on se croit encore obligé de «martyriser» notre corps.
   Exemple: ______________________________
3. Penser à respirer profondément durant les moments de tension qui reviennent fréquemment: les attentes, le coucher des enfants, certaines négociations, etc.
   Exemple: ______________________________
4. Éviter de garder longtemps la même posture ou de répéter continuellement les mêmes gestes: par exemple, plutôt que de laver toutes les fenêtres avant de passer l'aspirateur dans toute la maison, laver les fenêtres d'une

pièce, y passer l'aspirateur, s'étirer quelques secondes, puis aller laver les fenêtres d'une autre pièce et y passer l'aspirateur. Attendre au lendemain avant de poursuivre.
Exemple: ______________________________

5. Apprendre à arrêter; faire de courtes pauses durant nos activités quotidiennes pour nous étirer, comme un chat. Durant quelles activités?

   ____

6. Étirer les muscles qui sont souvent contractés: pour détendre la mâchoire, ouvrir *doucement* la bouche au maximum, tenir quelques secondes et relâcher; pour détendre des poings serrés, ouvrir les mains le plus possible, tenir quelques secondes et relâcher.
   Quand (à part maintenant)?

   ____

7. Penser à détendre volontairement nos muscles avant de nous endormir, pendant les réclames à la télévision, quand on lit, ~...
   Autres moments? ______________________
8. Laisser travailler davantage les «outils»: on peut repasser des vêtements sans repasser la planche en dessous, on peut poncer un meuble sans passer à travers...
   Exemple: ______________________________
9. S'amuser à faire les gestes de tous les jours avec grâce: marcher, monter les escaliers, passer le balai, prendre sa douche, etc.: cela allège la tension dans les muscles. Cela allège aussi la tension dans la tête...
   Exemple: ______________________________
10. Penser à utiliser le temps «perdu» pour nous détendre plutôt que pour nous crisper: les moments d'attente, par exemple.
    Exemple: ______________________________

Votre liste:

Chapitre 2

Pourquoi pratiquer des stratégies d'harmonisation intérieure?

Notre organisme s'apaise tout naturellement lorsqu'on utilise l'une ou l'autre des clés de la relaxation et cela produit, plus ou moins intensément, un éventail impressionnant d'effets bénéfiques. Ces effets de la relaxation sont exactement contraires à ceux du stress. On utilise les stratégies d'harmonisation intérieure en médecine, en psychologie (clinique, sportive, éducationnelle) ainsi qu'en spiritualité.

Même si les trois approches (médecine, psychologie, spiritualité) offrent des façons très différentes de voir le monde, les stratégies d'harmonisation intérieure proposées par chacune d'elles sont foncièrement les mêmes. Par exemple, une respiration calme et profonde fait baisser le taux des hormones reliées à l'anxiété (médecine), crée un espace en soi pour se retrouver et mieux s'ouvrir à ses émotions (psychologie) et permet de mieux se recueillir (spiritualité). Bien que ces bienfaits semblent différents, l'approfondissement de la respiration reste la même chose sur le plan technique. Les effets sont simultanés et dépendent moins de la technique utilisée que de la relaxation elle-même.

1. Ce que la médecine nous dit

Les stratégies d'harmonisation intérieure servent à diminuer le stress de l'organisme. Combiné à d'autres facteurs comme les substances toxiques, les faiblesses liées à l'hérédité et les mauvaises habitudes en ce qui concerne la santé, le stress engendre toutes sortes de malaises et de maladies.

Le stress est un *mécanisme d'adaptation,* qui amène l'organisme à se contracter. L'augmentation de la tension aide à combattre ou à fuir, de façon à ce que le calme revienne. Cette tension ne devient néfaste que lorsqu'elle reste élevée trop longtemps, ce qui est cependant très fréquent. Dans nos sociétés où des milliers de choses deviennent des sujets de préoccupation, on a très souvent l'impression que ça ne va pas comme on veut ou qu'on n'est pas à la hauteur. On se croit alors constamment obligé de remédier à toutes sortes de situations qui engendrent une multitude d'émotions, si bien qu'on est sans cesse tendu, tant physiquement que psychologiquement.

La relaxation a pour effet de rééquilibrer le fonctionnement organique en contrant cette tendance vers la contraction chronique. Quand on est stressé, nos muscles se tendent: nos mâchoires sont serrées, on a des points dans le dos, on ne tient pas en place, on a des douleurs dans la nuque, etc. D'autres maux physiques peuvent apparaître si la tension perdure: on dort mal, on ne digère pas très bien, on est fatigué, etc. Certaines autres réactions, telles que l'augmentation de l'acidité dans l'estomac ou l'affaiblissement du système immunitaire, peuvent passer inaperçues au début. Cependant, si la tension reste très élevée sur de longues périodes, ces symptômes finissent par augmenter, et on commence à les ressentir (brûlures d'estomac ou grippe à répétition, par exemple); *Alors survient la maladie*, comme l'écrivait si bien un collectif de recherche interdisciplinaire sur la maladie (S.I.R.I.M., 1984).

La relaxation produit des effets contraires à ceux du stress; elle peut servir à *prévenir*, à *soulager* ou même à *guérir* des maux physiques. Les processus biologiques qui gardent le corps en santé et l'aident à guérir fonctionnent mieux quand l'organisme est détendu.

La relaxation n'est pas une panacée, mais c'est un outil dont les effets sont positifs pour une très grande majorité de personnes. Il est ainsi possible, en faisant régulièrement des exercices de relaxation, de diminuer tous les symptômes physiques de stress. Évidemment, on aura aussi intérêt à changer dans notre vie ce qui entretient un haut niveau de tension, tout comme il sera important de développer de meilleures habitudes en ce qui concerne l'alimentation, le sommeil, l'activité physique, le tabagisme, la protection contre des facteurs physiques comme le froid, les bactéries, les substances toxiques, etc.

Des recherches médicales montrent les effets bénéfiques de la relaxation dans le traitement d'un très grand nombre de maladies. Des ulcères du système digestif à l'acné, en passant par les maladies cardiovasculaires et les maux de tête, tous les problèmes physiques qui augmentent avec le stress (donc à peu près toutes les maladies…) peuvent être atténués par la pratique de la relaxation ou de la méditation. On les utilise comme:

1. *Seul traitement* (contre l'insomnie ou l'hypertension légère, par exemple).
2. *Complément* à un traitement médicamenteux (en cardiologie, par exemple).
3. *Préparation* à un traitement (en chimiothérapie ou en chirurgie, par exemple).

Le tableau qui suit présente des applications pratiques, telles qu'elles sont présentées par Luthe (1979), pour quelques conditions médicales fréquemment rencontrées. Les recherches portaient sur les effets du training autogène (voir chapitre 4).

Tableau I Exemples de changements physiologiques chez des patients psychosomatiques pratiquant les méthodes autogènes

Nature de l'organe et fonction	*Nature du changement*	*Nature du désordre*
Fréquence cardiaque	Ralentie	Tachycardie sinusinale
	Augmentée	Bradycardie sinusinale
Rythme cardiaque	Normalisation	Certaines arythmies
Pression sanguine	Diminuée	Hypertension essentielle
	Augmentée	Hypotension fonctionnelle
Température cutanée	Augmentée	Maladie de Buerger, phénomène de Raynaud, sclérodermie, gelure, pieds froids, acrocyanose
Fonctions respiratoires		
Fréquence respiratoire	Diminuée	Désordre fonctionnel, asthme
Amplitude respiratoire thoracique	Augmentée	
Amplitude respiratoire abdominale	Augmentée	
Durée de l'inspiration	Augmentée	
Durée de l'expiration	Augmentée	
Rapport inspiration/expiration	Augmenté	
Capacité vitale	Augmentée	
Consommation d'oxygène	Diminuée (récupération plus rapide)	Après un travail musculaire
	Augmentée (diminution du volume résiduel)	Au repos
Fonctions gastro-intestinales		
Œsophage	Meilleur remplissage de l'hernie hiatale, ouverture plus large du cardia	Hernie hiatale, spasme de l'œsophage, cardiospasme

Nature de l'organe et fonction	***Nature du changement***	***Nature du désordre***
Estomac	Nette réduction initiale et transitoire de l'activité motrice (phase atonique). Contractions gastriques plus amples et plus énergiques, péristaltisme plus régulier, vidange plus complète, transport augmenté, amélioration du passage dans les anses afférentes, diminution de l'hypermotilité et du pH	Ulcère peptique, duodénite, inconfort gastrique, spasmes pyloriques, hypermotilité reliée au stress, difficulté postlaparotomie, gastrectomie.
Duodénum	Accroissement du transit et du réflexe entérogastrique, meilleur remplissage	Ulcère duodénal
Jéjunum	Fonctions de transport plus efficaces et plus régulières (meilleur remplissage, contours plus définis)	Désordres fonctionnels
Côlon	Augmentation du débit sanguin, activation du péristaltisme, normalisation des mouvements intestinaux	Côlon irritable, constipation chronique, flatulence
Fonctions endocriniennes et métaboliques		
Glucose sanguin et urinaire	Diminué	Élévation reliée au stress
Besoin d'insuline	Diminué	Diabète mellitus
PBI protein bound iodine	Augmenté	Niveau normal mais bas (sujet sans déficience en iode)
PBI, iode total, iode sérique total	Diminué	Désordres thyroïdiens fonctionnels, niveaux élevés ou normaux, mais hauts
Cholestérol sérique	Diminué	Niveaux élevés ou dans les limites supérieures (facteurs héréditaires et pathologiques exclus)
Cortisol	Diminué	Élevé ou limites supérieures

Source: Luthe, Wolfgang, «La thérapie autogène», *Le médecin du Québec*, avril 1979.

Il est intéressant de noter que la méthode de relaxation utilisée dans tous les cas qu'on a étudiés pour établir les résultats présentés ci-dessus (ainsi que d'autres, non présentés) *était la même.* Contrairement aux médicaments qui sont spécifiques à chaque maladie et qui ont des effets secondaires indésirables, toute bonne méthode de relaxation améliore non seulement le travail de l'organe ou de la fonction visés, mais aussi celui de tous les autres.

De plus, la relaxation peut accélérer ou ralentir les fonctions organiques, alors que les médicaments ne les font évoluer que dans une seule direction. Par exemple, la relaxation augmente la tension artérielle d'une majorité des personnes hypotendues, alors qu'elle la baisse dans la plupart des cas d'hypertension, tout en la laissant inchangée chez les gens où elle est normale. Elle ne peut évidemment pas toujours remplacer les médicaments, *mais elle aide l'organisme à conserver ou à retrouver son équilibre,* en lui assurant des conditions favorables au bon fonctionnement de ses mécanismes naturels de santé.

Même si la pratique de la relaxation améliore la santé, il y a encore beaucoup d'obstacles au développement de l'utilisation des stratégies d'harmonisation intérieure en médecine. En voici quelques-uns:

- Il faut habituellement du temps avant d'obtenir des résultats stables en pratiquant la relaxation. Comme on veut être soulagé rapidement, on préfère souvent demander des médicaments à un médecin. Mais, une fois le symptôme soulagé, patient et médecin oublient trop souvent que la tension a elle aussi besoin d'être traitée. Quand on est stressé, il faut aussi s'occuper des sources de notre tension si on veut aller mieux. Il faut «soigner notre vie». Autrement, les malaises reviennent constamment et des symptômes plus graves apparaissent.

- Les médecins sont souvent visités par des représentants pharmaceutiques, alors qu'ils ne rencontrent jamais de spécialistes en relaxation. Les journaux médicaux ne sont subventionnés que par les fabricants de médicaments, si bien qu'on n'y parle que très rarement des autres méthodes de traitement. La formation des médecins est davantage basée sur les applications médicales des plus récents progrès technologiques que sur l'effet du stress sur l'organisme. Les possibilités thérapeutiques de la relaxation restent donc relativement inconnues de la majorité des médecins.
- La médecine actuelle est de plus en plus une affaire de spécialistes. On présume que chaque maladie résulte d'une cause organique précise, qu'on cherche à circonscrire pour lui appliquer un remède très spécifique. Cette façon de voir mène certes à sauver des vies et à soulager beaucoup de souffrance. Cependant, une fois adoptée comme «l'unique bonne façon de penser», elle élimine toute autre solution. On a alors du mal à comprendre que l'organisme entier est influencé par le stress et la relaxation, et on admet mal qu'il soit possible d'augmenter le pouvoir du corps à mieux utiliser les mécanismes qui le tiennent en santé. Même si c'est à tort, on oppose cette dernière perspective à celle qui veut qu'à un symptôme précis corresponde une pilule spécifique. La médecine ne nie pas que la relaxation puisse aider, mais elle n'explore pas beaucoup ses possibilités.
- La montée en popularité des médecines alternatives a eu comme effet de mettre le monde médical officiel sur la défensive; toute pratique qui n'est pas strictement supervisée sur le plan médical est vue *a priori* comme suspecte. La relaxation est une de ces pratiques qui peut sembler peu fondée aux médecins qui n'ont pas pris connaissance des études scientifiques de plus en plus nombreuses de leurs collègues sur le sujet.

- Peu de professionnels de la relaxation sont vraiment reconnus en médecine. Le plus souvent, leurs services ne sont pas couverts par l'assurance-maladie.
- Souvent, les méthodes de relaxation utilisées en médecine, telles que le training autogène ou la relaxation progressive (voir chapitre 4), nécessitent de longues heures d'apprentissage, et peu de médecins sont disposés à les apprendre et à les enseigner.

Bien que la «relaxation scientifique» progresse et fasse de plus en plus d'adeptes, elle ne fait pas encore partie de la «culture» médicale. On la voit davantage comme une activité secondaire «qui ne peut pas faire de tort» que comme un traitement qu'on devrait mettre en tête de liste. Pourtant, si un médicament pouvait donner les mêmes résultats que la relaxation, il serait prescrit avec insistance à presque tous les patients!

La plupart des médecins qui côtoient des spécialistes en relaxation leur envoient donc des patients qui souffrent d'anxiété, d'insomnie ou d'autres symptômes de stress pour lesquels les effets bénéfiques de la relaxation sont mieux connus.

Dans le domaine de la santé, la relaxation n'est pas utilisée qu'en médecine: certains chiropraticiens s'en servent pour rendre la colonne vertébrale de leurs clients plus malléable, certains dentistes, pour diminuer la peur chez leurs patients ou pour remplacer l'anesthésie locale habituelle par des techniques d'hypnose, souvent inspirées de la relaxation. On s'en sert aussi en physiothérapie, en ostéopathie, en kinésithérapie, et beaucoup d'écoles de massage ont la relaxation comme objectif.

Est-ce que la relaxation peut vous aider, *vous*, qui souffrez de maux physiques ou de maux psychologiques comme l'anxiété ou la dépression, pour lesquels on consulte souvent en médecine?

Si l'intensité des maux que vous ressentez augmente avec le stress, la réponse est oui. La relaxation aura aussi fort probablement une influence positive si vous ressentez *beaucoup* de symptômes de stress. Ces derniers évoluent effectivement ensemble, si bien qu'un mal de dos qui s'accompagne de fatigue, d'insomnie, d'irritabilité, de perte de confiance en soi, de perte de motivation, etc., est nécessairement lui aussi l'expression du stress de l'organisme; grâce à la relaxation la douleur dans le dos va donc diminuer, de la même manière que les autres symptômes.

En ce qui concerne les cas où la relation entre le stress et un malaise ou une maladie n'est pas évidente, il est fort probable que l'augmentation de l'efficacité des mécanismes de régulation organique, qui se produit quand on est détendu, aura un effet favorable. En fait, la majorité des problèmes de santé diminue quand on pratique la relaxation de 15 à 20 minutes, une ou deux fois par jour. Cela ne veut pas dire que la relaxation soit toujours le traitement le plus indiqué, mais plutôt qu'elle aide.

Cette influence positive de la relaxation pourrait cependant causer des problèmes. Les personnes qui prennent déjà des médicaments pour contrôler certaines fonctions métaboliques et qui commencent à pratiquer des techniques de relaxation doivent faire vérifier les effets de leur nouvelle pratique. Par exemple, il arrive que des patients diabétiques qui commencent à s'entraîner à des techniques de relaxation doivent faire rajuster à la baisse leur dose d'insuline, les diverses fonctions biologiques impliquées répondant mieux. Certains diabétiques se sont même évanouis parce qu'il y avait *trop* d'insuline en circulation dans leur sang (Luthe, 1979).

Certaines méthodes de relaxation particulières sont aussi à proscrire quand on souffre de maladies précises. Par exemple, il vaut mieux éviter de faire des étirements (yoga ou stretching) lorsqu'on fait une crise d'arthrite aiguë, de rester longtemps en position assise quand on fait une lombalgie, ou encore de faire de longues heures de méditation à un moment de notre vie où on souffre de maladie mentale. Il vaut toujours mieux consulter notre médecin ou un spécialiste de la relaxation si on a des doutes.

Effets de la relaxation sur des symptômes de stress communs

On s'initie à la relaxation et à la méditation autant pour des problèmes médicaux que pour des difficultés psychologiques. Voici à titre d'exemple les résultats que nous avons compilés à la suite d'une recherche effectuée auprès de 127 personnes qui avaient suivi un cours avec notre équipe. En moyenne, les répondants avaient terminé le cours depuis six mois. Au total, 71 personnes (56 %) nous ont renvoyé le questionnaire que nous leur avions fait parvenir.

Le cours comprenait six rencontres hebdomadaires en petit groupe. La première partie de chacune des rencontres était consacrée à la pratique d'une technique à base de suggestions («Votre bras est détendu, il devient de plus en plus lourd»), technique que les participants devaient pratiquer quotidiennement à la maison, pendant une demi-heure. Dans la seconde partie, nous présentions de l'information sur la relaxation et proposions également d'autres pistes pour réduire le stress, comme mieux doser les sources de stress, s'exprimer et poser des gestes concrets pour réaliser des projets et résoudre des problèmes, changer en soi ce qui est limitatif, etc. Une démarche globale sur le stress n'est jamais que technique…

Les résultats montrent que:

- 88 % des répondants disent qu'ils continuent, au moins à l'occasion, de pratiquer la technique apprise;
- 43 % la pratiquent tous les jours;
- 92 % des gens qui utilisent la technique pour s'endormir y réussissent mieux (dont 35 % qui s'endorment beaucoup mieux);
- 42 % des gens qui prenaient des médicaments (surtout contre l'anxiété et l'insomnie) n'en prennent plus;

- 6 % sont soulagés de leurs maux d'estomac, 27 % réussissent à faire passer leurs maux de tête et 61 % se sentent moins fatigués;
- 97 % des répondants reconnaissent mieux l'origine de leurs problèmes (dont 47 % beaucoup mieux);
- 91 % réagissent mieux aux situations stressantes (dont 29 % beaucoup mieux);
- 94 % contrôlent mieux les problèmes qui les ont menés à suivre des cours de relaxation (dont 34 % beaucoup mieux);
- 100 % ont progressé en regard de leur objectif: 36 % l'ont atteint complètement et 64 % l'ont atteint en partie;
- 90 % des répondants se sentent mieux dans leur peau;
- 64 % affirment que les résultats qu'ils ont obtenus ont eu un effet positif sur leurs proches (enfants, conjoint, et amis);
- 84 % disent que ces changements durent encore, 16 % disent que le changement a été temporaire;
- 100 % des répondants affirment être satisfaits de leurs apprentissages (dont 78 % sont très satisfaits).

Ces résultats correspondent à ceux de recherches semblables sur le sujet.

La pratique de la relaxation ne change pas tout pour tous, mais elle procure de nombreux bienfaits physiques et psychologiques à une majorité de gens. Elle est le plus souvent associée à une meilleure connaissance du stress et mène ainsi à l'acquisition de quelques autres outils pour le réduire.

2. Ce que la psychologie nous dit

Sur le plan psychologique, le stress provient essentiellement des besoins de développement et de sécurité: la tension augmente en effet quand on veut réaliser des choses ou quand on a peur. D'un côté, nos désirs nous amènent à investir notre énergie dans des projets; de l'autre, nos peurs nous contraignent à augmenter notre contrôle sur ce qui nous paraît menaçant, ou à le fuir.

Dans notre société, on apprend à s'occuper beaucoup plus de notre sécurité que de notre développement. Cela signifie qu'on met davantage l'accent sur le besoin de contrôle qu'implique la peur que sur le désir de vivre notre vie. On se sent menacé par les pertes matérielles ou financières, par les pertes affectives, par certains de nos désirs qui ne sont pas conformes à ce que devrait souhaiter toute personne «digne d'être aimée», c'est-à-dire qu'on a peur du rejet ou du jugement des autres. Alors, on dit plutôt «oui» que «non», on «contrôle» nos émotions, on se fie aux autres pour décider de ce qui est important; on travaille davantage pour gagner de l'argent que pour apporter notre contribution à la société, tout en craignant de perdre un emploi qui nous tue à petit feu; on reste dans des relations de couple qui nous font très mal parce qu'on a peur de vivre seul ou d'empirer notre relation conjugale en demandant davantage de temps, d'attention, d'amour ou de complicité à notre conjoint.

Pour arriver à survivre, beaucoup font abstraction de leurs besoins de développement: ils refoulent leurs émotions, ils se construisent une carapace, ils font taire tout ce qui, en eux, n'est pas rationnel. On peut ainsi devenir plus ou moins étranger à soi-même, un peu perdu dans un monde qui nous bombarde de millions d'informations contradictoires sur tous les sujets, occupé à longueur de journée à régler des tonnes de choses qui semblent toujours urgentes. C'est le stress, comme on dit.

Sur le plan psychologique, le stress excessif se manifeste par une baisse des capacités intellectuelles, par une diminution de l'intérêt et de la motivation, par de l'anxiété, de l'irritabilité et de la tristesse, ainsi que par bien d'autres signes («Observation personnelle: Identifier les signes de tension psychique», p. 237).

La pratique de la relaxation a de précieuses répercussions psychologiques. Non seulement peut-on relaxer pour diminuer la tension qu'on ressent en situation de stress (pendant un examen ou un discours, par exemple), mais on peut aussi relaxer régulièrement pour développer:

1. Un plus grand calme intérieur.
2. Une meilleure capacité d'accueillir ce qui se passe en nous (en le ressentant davantage et en se jugeant moins).
3. Un meilleur fonctionnement émotionnel: diminution de l'irritabilité, du sentiment d'être à fleur de peau et de celui d'être à la course, augmentation de la joie de vivre, agressivité plus constructive, plus grande ouverture aux autres, etc.
4. Un fonctionnement intellectuel plus adéquat, particulièrement en ce qui concerne la concentration et la mémoire.
5. Un meilleur équilibre entre le rationnel, l'intuition et l'émotivité.
6. Un plus grand calme par rapport à nos préoccupations.
7. Une meilleure connaissance de soi.

La pratique de la relaxation diminue la tension psychologique et les symptômes qui lui sont associés. Elle ne les élimine pas totalement, mais, graduellement, elle aide à vivre de façon plus sereine.

Stress et émotions

Il n'y a pas de stress sans émotions, qu'il s'agisse d'agressivité, d'euphorie, d'anxiété, de frustration ou d'autre chose. On peut diminuer notre tension en prenant conscience de ces émotions et en les exprimant. Mais ça ne va pas toujours de soi:

«Tu es trop grand pour pleurer.»
«Ce n'est pas gentil de se fâcher.»
«Ce n'est pas bien de faire de la peine aux autres.»
«Arrête de rire comme ça, tu m'énerves.»
«On le sait que tu es en amour, cesse de nous casser les oreilles avec ça.»
«On ne mord pas la main qui nous nourrit.»
Etc.

Alors, on ravale. On retient ce qu'on a à dire ou on ne se permet pas d'agir. Peu à peu, la tension devient chronique et on ne ressent plus certaines émotions que lorsqu'elles prennent beaucoup d'ampleur.

La tension persiste et s'accroît parce qu'on refoule l'énergie dégagée par le stress plutôt que de l'utiliser pour nous attaquer à la difficulté qui l'engendre. Cette répression des forces d'adaptation ne fait pas disparaître le problème: on pense encore et encore à la situation qui nous stresse, on n'arrive pas à décrocher. La préoccupation maintient la tension. Il arrive aussi qu'on réprime tellement notre souffrance que ses sources finissent par échapper à notre conscience.

On peut alors avoir une boule dans la gorge, un poids sur les épaules ou des envies soudaines de fondre en larmes, «sans raison». On réagit habituellement à ces sensations en les combattant; on les considère comme des réactions indésirables de notre organisme. On ne veut qu'une seule chose: qu'elles disparaissent!

On passe pourtant à côté de quelque chose d'important quand on croit que tout se raisonne et qu'on discrédite les manifestations physiques de notre refoulement. Notre corps est une forme de mémoire personnelle: il sait des choses que notre conscience a oubliées, ainsi que d'autres qu'on préférerait ignorer. Parfois, ces données «émergent» de l'inconscient, sous forme d'intuition ou de sensations diverses. Par exemple, cette boule dans l'estomac, qui apparaît si souvent depuis que les yeux de notre conjointe (conjoint) brillent en présence de Roméo ou de Juliette, n'est certainement pas un problème digestif. Il s'agit plutôt de la manifestation corporelle d'une émotion, la crainte d'être, par exemple, abandonné. Elle peut rouvrir les blessures liées à d'autres trahisons ou à des pertes dont on n'a pas encore fait le deuil. Comme ces blessures nous font mal, on préfère ne pas les ressentir… et on les refoule encore.

Mais on ne peut pas guérir de notre souffrance en nous efforçant de l'ignorer. Pour que disparaisse la tension liée à des blessures réprimées, il vaut mieux accepter de ressentir les sensations physiques et les émotions douloureuses qu'elles suscitent que d'épaissir notre carapace. En laissant opérer le processus naturel de guérison de la souffrance émotionnelle, les stratégies d'harmonisation intérieure fournissent des moyens concrets pour que ces tensions puissent se déployer. Cela a un effet libérateur, parce que, en plus de nous garder tendu et anxieux, nos vieilles blessures non cicatrisées constituent un puissant frein à notre envie de vivre plus intensément: elles nous maintiennent sur la défensive, dans une espèce d'armure musculaire et psychologique. C'est par le processus de deuil, qui implique beaucoup d'émotions intenses, qu'elles se cicatrisent; ce processus permet de retrouver notre vitalité.

La relaxation peut nous calmer, mais elle n'équivaut pas à une anesthésie. Elle permet de rester en contact avec notre vie intérieure et aide à faire le deuil de certaines pertes, récentes ou plus lointaines, tout autant qu'à mieux agir, maintenant, sur les situations qui engendrent les émotions qu'on a appris à refouler.

En apprenant à se connaître à un niveau plus profond, on devient progressivement plus calme et on se sent davantage en harmonie. On ne se sent évidemment pas en harmonie complète à chaque seconde de notre vie, mais, progressivement, on est davangage capable de faire des choix créateurs et de faire face aux désagréments de notre vie avec courage. En psychologie comme en médecine, la relaxation est le plus souvent utilisée en combinaison avec d'autres outils.

Solutions extérieures et transformation intérieure

La tension, par ses manifestations physiques et psychologiques, révèle des difficultés qu'on a besoin de résoudre. Nos solutions peuvent être logiques et éprouvées ou, au contraire, nouvelles et originales.

Si les problèmes qui sont à la source de notre stress perdurent, c'est signe que nos solutions sont inefficaces (Watzlawick *et al.,* 1975). On a donc intérêt à les changer. Or, ce changement peut être entravé par notre entêtement ou notre désir d'avoir raison, qui nous portent à toujours appliquer la même solution en espérant qu'elle finisse par fonctionner: on crie *plus* fort, on apporte *davantage* de dossiers à la maison, on emprunte *davantage* d'argent, on se contraint à un régime *plus* sévère, etc. Est-ce que ça donne vraiment des résultats? Les attitudes qu'on développe en relaxant ou en méditant aident au contraire à être plus flexible et à voir nos difficultés autrement, ce qui mène à les aborder différemment et, par le fait même, à augmenter nos chances de pouvoir les résoudre.

Au nombre de ces attitudes, on trouve, entre autres, celles de «vivre au présent» et de «lâcher prise». Par exemple, un chat marche nonchalamment jusqu'à ce qu'il aperçoive un oiseau. Il s'immobilise, son corps se tend, il concentre toute son attention. Pour un instant, rien n'existe plus que l'oiseau et la chasse: c'est la tension. Mais l'oiseau s'envole. Le chat reprend rapidement un tonus plus détendu, comme si de rien n'était. Il ne se dit pas: «Il faut que j'attrape cet oiseau, coûte que coûte», «Je suis un incapable», «Je ne me reposerai pas tant que je n'aurai pas attrapé ce maudit oiseau», «Ce n'est pas juste que les oiseaux aient des ailes», «J'ai peur que les autres m'aient vu échouer et rient de moi ou me rejettent, cessent de m'aimer ou me reprochent d'avoir déshonoré ma famille». Pour lui, l'affaire est classée et la réaction de tension disparaît d'elle-même. S'il sait se tendre et agir, il sait aussi lâcher prise, se *dé-tendre*.

Il peut donc être très avantageux de changer nos attitudes. Cependant, on ne peut pas y parvenir par un acte de volonté ou par une «recette», comme on réglerait une facture, une difficulté technique ou un problème de comptabilité. C'est que nos attitudes sont profondément enracinées en nous, à un niveau à peine accessible par la raison. Tout comme on ne se débarrasse pas d'une mauvaise herbe en n'arrachant que ses feuilles, on ne change pas nos façons de voir la vie ou de nous voir nous-même avec notre seule raison. Même si, à court terme, on peut croire qu'on a réussi, on constate rapidement que le naturel revient au galop.

Si on veut vraiment changer une attitude générant du stress, on doit creuser sous la surface et se donner du temps pour développer celle qui viendra peu à peu la remplacer. L'attitude ne changera que lorsqu'on on aura résolu «quelque chose» *à l'intérieur* de nous, quelque chose qui n'est pas un point isolé mais qui concerne toute notre personne. Ce processus de changement est rarement très rapide et il implique beaucoup plus que la raison. Cette tendance à aborder la résolution de nos difficultés par la seule raison est d'ailleurs l'une des attitudes qu'il est très utile de changer si on veut atteindre un niveau plus profond… que celui de la raison.

Par exemple, ce n'est pas pour résoudre logiquement son problème qu'un enfant exprime sa souffrance en se laissant aller à pleurer: ses sanglots ne le guériront pas de l'ecchymose qu'il vient de se faire en tombant. Pourtant, après avoir pleuré, il est soulagé, il est plus calme et il peut retrouver sa joie de vivre. De même, on ne résout pas la souffrance engendrée par la perte d'un être cher en essayant de se convaincre que ce n'est pas si grave ou si douloureux, ou en se répétant que sa mort est une bonne chose puisqu'il souffrait depuis longtemps. Comme l'enfant, il importe de rester en contact avec notre corps, d'accueillir et d'exprimer nos émotions. Non pas celles qu'on aimerait éprouver, mais bien celles qui sont là, maintenant, avec l'intensité qu'elles ont. Les émotions n'ont rien à voir avec la logique.

Elles échappent aussi à notre sempiternel désir de tout contrôler. Dès qu'on se demande ce qu'on doit «faire» pour «gérer» nos pleurs, nos rires, notre colère ou encore notre amour, on commence à tourner en rond. On ne peut ni planifier ni «administrer» nos émotions: on ne peut que les ressentir. L'ouverture au monde intérieur que cela nécessite n'est pas une «action» mais une «attitude», qui mène à *l'état le plus naturel du monde quand il n'est pas bloqué*. Il découle d'une des clés de la relaxation: «laisser être». Les émotions vont et viennent. Il est plus libérateur de s'y ouvrir que de les contrôler ou de les refouler.

Si on ne peut pas gérer nos émotions, on peut cependant contrôler ce qu'on va faire par rapport à ce qu'on ressent. Par exemple, il ne s'agit pas de se servir de ce besoin d'ouverture aux émotions pour justifier des gestes destructeurs. Accueillir nos émotions, ce n'est pas céder aux caprices ou à la peur qu'elles pourraient engendrer: il s'agit plutôt d'être attentif à ce qu'elles nous indiquent: par exemple, on a le goût de tout briser. Mais on peut évidemment ressentir cette impulsion sans casser quoi que ce soit! Une fois ces émotions passées, on cherchera des solutions aux situations qui nous stressent, autant pour éviter qu'elles ne reviennent que pour redonner une dimension stimulante à notre vie.

Le travail sur le stress comporte le plus souvent ces deux dimensions: celle de se prémunir contre la souffrance ou d'en guérir, et celle de se développer. Par exemple, quand on apprend à s'affirmer, on ne se laisse plus ni manipuler ni exploiter: en exprimant ainsi notre force tranquille, on diminue d'autant le nombre des situations où, en nous soumettant comme avant, on aurait accumulé du ressentiment et de la frustration. Mais il y a plus: quand on a moins peur des autres, on peut établir de véritables relations de collaboration plutôt que d'essayer de contrôler nos proches ou de nous sentir obligé de nous plier à leurs désirs ou à leurs exigences. Ainsi, non seulement les situations conflictuelles ne s'éternisent-elles plus, ce qui nous libère du ressentiment, mais encore notre vie (et celle de nos proches) devient-elle plus riche et plus satisfaisante. Le désir de remédier à notre souffrance psychologique nous mène ainsi souvent à un travail de développement.

Le travail psychologique nécessite presque toujours une ouverture à la vie intérieure. Quand on commence à accepter nos crises de panique au lieu de s'épuiser à les combattre, quand on s'ouvre à la culpabilité qu'on ressent plutôt que de vouloir cesser de se sentir coupable, quand on veut bien ressentir à quel point on peut parfois se détester, plutôt que d'essayer de se convaincre qu'on devrait s'aimer inconditionnellement, quelque chose commence déjà à se transformer. On ne cherche plus alors à adopter une attitude théoriquement plus rationnelle devant les sources extérieures de notre souffrance (par exemple: on «devrait» prendre tel problème moins au sérieux, on ne «devrait» pas paniquer, se sentir coupable ou se détester); on laisse plutôt notre être entier utiliser des ressources qui échappent en bonne partie à la raison pour résoudre notre tension interne.

Une fois l'émotion passée, on en est à l'étape de la réflexion; on ne réfléchit pas à l'émotion, mais à la difficulté.

Quand l'émotion a été pleinement ressentie et exprimée d'une façon saine et vivante, la question n'est plus: «Qu'est-ce que je peux faire pour ne pas ressentir mon émotion ou pour la contrôler?» mais plutôt:

- «Qu'est-ce que je peux faire pour transformer la situation qui l'a engendrée?» dans le cas où un problème persiste, ou
- «Comment m'organiser pour bien vivre malgré cette perte?» dans le cas d'un deuil.

Prendre conscience de notre vie intérieure nous mène ainsi à l'action. On ressent, on réfléchit, on agit. Si on souhaite retrouver une certaine harmonie, on doit non seulement ressentir ce qui se passe en nous, mais aussi poser des *gestes concrets*. Si on s'ouvre à «être» dans le but de se dérober à «faire», on ne fait que se tromper soi-même. Passer notre vie à ressentir nos émotions sans agir ne vaut guère mieux que de nous occuper sans cesse pour éviter de ressentir ce qui nous trouble. «Être» et «faire» sont tous les deux nécessaires. Dans la mesure où on le veut bien, l'ouverture au monde intérieur et l'action peuvent se compléter plutôt que s'opposer.

Les périodes de relaxation sont de bons moments pour ressentir ce qui nous habite, ce contact avec soi étant l'une des conditions essentielles d'une vie riche et saine. L'autre, on n'en sort pas, consiste à exprimer ce qu'on ressent et à agir.

Applications pratiques de la relaxation en psychologie

La relaxation a été pratiquée avec succès par des personnes souffrant d'anxiété et de panique, de dépression, de stress post-traumatique, de problèmes sexuels, de phobies ainsi que par des personnes désireuses de se développer. On utilise aussi la relaxation et la méditation dans la psychologie du sport, de l'éducation et de la créativité. Finalement, la psychologie transpersonnelle est basée sur la méditation.

Psychologie clinique

L'anxiété

L'anxiété est un état de tension qu'on éprouve quand on fait face à des difficultés (conscientes ou non) et qu'on n'arrive pas à s'en sortir. Notre univers mental est alors en alerte permanente: on sent un danger, mais on n'a pas encore de solution. Cela se traduit physiquement par une augmentation de la tension musculaire, de la fréquence cardiaque, de la tension artérielle, etc.

À forte intensité, l'anxiété se change en panique. On est alors envahi de tensions tellement grandes qu'elles aboutissent à une crise: on se met à trembler, le cœur s'affole, on a peur de manquer d'air et on garde difficilement notre équilibre; on craint également de s'évanouir, de mourir ou de sombrer dans la folie. Rien ni personne ne peut plus nous raisonner. Puis la crise finit par passer, nous laissant cependant une intense fatigue et une peur bleue que cela ne recommence. On finit par craindre de s'éloigner de chez soi ou de se retrouver dans des endroits où on ne pourrait pas obtenir d'aide en cas de crise: c'est ce qu'on appelle «l'agoraphobie». Une *forte* proportion des gens qui se présentent à la salle d'urgence des hôpitaux avec des symptômes d'infarctus n'ont pas de problèmes cardiaques: ces personnes souffrent en fait de «trouble panique». Une réaction de stress peut donc être *très* intense.

La pratique des stratégies d'harmonisation intérieure réduit l'anxiété. En permettant de relâcher la tension musculaire, de reprendre contact avec soi plutôt que de rester terrorisé par l'extérieur, d'être davantage conscient de ce qui se passe réellement plutôt que d'imaginer ce qui pourrait arriver, la relaxation procure un certain calme mental et diminue automatiquement la peur. On voit alors les situations autrement. Les réactions biologiques que produit la relaxation, telles que la réduction du taux des hormones de stress qui circulent dans le sang, jouent aussi un rôle de premier plan dans la diminution, à moyen terme, de la fréquence des crises de panique.

Pendant ces crises, certains exercices de relaxation (notamment l'exercice 8) peuvent aider à se calmer, mais on peut difficilement en attendre l'effet «magique» qu'ont les médicaments anxiolytiques. Cependant, une pratique *régulière* et *assidue* de la relaxation, s'étendant sur une assez longue période, aide vraiment à se sentir plus calme et, par conséquent, à diminuer l'intensité de l'anxiété. La principale difficulté, c'est qu'on a davantage appris à réagir quand ça va mal qu'à prendre soin de soi au jour le jour. Alors, pendant les crises, c'est le drame; entre les crises, on oublie... ou on espère. Une pratique régulière de la relaxation pourrait grandement contribuer à ce que ces espoirs soient fondés.

En combinant la relaxation avec d'autres outils physiques (réduction de la consommation d'excitants, exercice physique), psychologiques (affirmation de soi, exploration des sources du sentiment anxieux, etc.) ou spirituels (confiance en la vie, conscience de la relation à plus grand que soi, etc.), et *en se donnant du temps*, on arrive à réduire l'anxiété de façon très satisfaisante. On développe même une certaine sérénité.

Graduellement, on se sent moins préoccupé par le besoin constant de régler des difficultés que par celui de créer quelque chose. On est alors beaucoup moins obsédé par l'espoir que les autres vont nous donner ce qu'on attend d'eux ou par le désir de tout contrôler, on ressent moins le besoin «vital» que tout rentre dans un certain ordre; en conséquence, on cesse peu à peu de faire un drame de la moindre vétille. La joie de vivre nous habite plus souvent et on comprend mieux ce que signifie «vivre et laisser vivre», sans cependant négliger les choses vraiment importantes.

La dépression

La dépression se caractérise par une humeur triste qui peut évoluer jusqu'à se transformer en idées suicidaires. Le sommeil et l'appétit sont habituellement troublés, l'estime de soi diminue. On perd beaucoup d'intérêt pour les gens et les choses, on voit tout en noir. La dépression peut être la conséquence de pertes importantes (une personne qu'on aime, un emploi, etc.), ou résulter d'une trop grande tension qui dure depuis longtemps, comme c'est le cas dans l'épuisement professionnel. On diagnostique d'ailleurs très souvent ce dernier comme une «dépression situationnelle» ou comme un «trouble de l'adaptation avec humeur dépressive». Combinée avec d'autres approches, la relaxation aide encore ici à se calmer, à mieux se reposer, à trouver sa direction à l'intérieur de soi, à reprendre courage, puis à mettre en place des solutions pour mieux vivre sa vie.

En évaluant le niveau d'anxiété et de dépression des patients inscrits à un cours de méditation, on a noté une amélioration significative qui persistait encore trois ans plus tard (Kabat-Zinn, 1995). Le cours comportait 45 minutes de pratique quotidienne d'exercices basés sur l'attention à la respiration, la présence au corps, le relâchement musculaire et le yoga. On y traitait aussi du besoin de développer de nouvelles attitudes, comme vivre au présent, être patient, lâcher prise, éviter de juger, avoir confiance, faire preuve de générosité ou vivre simplement (Kabat-Zinn, 1996). Ce changement d'attitudes reste nécessaire: aucune technique n'a en effet à elle seule le pouvoir de nous transformer. On ne change pas... sans changer!

Les honoraires de ces cours étaient couverts par des compagnies d'assurances. Les études des assureurs nous donnent une autre confirmation de l'efficacité de la relaxation et de la méditation. Les gens guérissent plus vite et ont moins de rechutes; leur guérison coûte ainsi beaucoup moins cher. C'est donc avantageux pour tout le monde.

Stress post-traumatique

Un événement très violent – un viol, une attaque à main armée, un accident d'automobile ou d'avion, une prise d'otage ou une séquestration – peut engendrer ce qui s'appelle «un état de stress post-traumatique». La personne est continuellement envahie par le souvenir de ce qu'elle a vécu, elle est constamment terrorisée par un cinéma intérieur sur lequel elle a l'impression de n'avoir aucun contrôle. Elle a des sueurs froides, elle a le goût de crier, elle a peur.

Associée à d'autres moyens, médicaux et psychologiques, la relaxation permet de prendre du recul par rapport à l'événement traumatisant. Elle aide à se recentrer sur «ici et maintenant», où il n'y a plus de danger. Le corps est plus détendu et les scénarios que rejoue le cerveau ont alors moins d'emprise: la personne revoit encore ce qui lui est arrivé, mais elle y réagit moins fortement et elle n'y pense pas constamment. Puis, peu à peu, les émotions qui étaient très vives deviennent plus neutres.

Une plus grande conscience de ce cinéma intérieur alliée à du travail très simple pour s'en détacher au moins un peu (éloigner ces images mentales, les rapetisser, les ralentir, baisser le volume des cris qu'on entend dans sa tête, etc.) sont aussi très utiles pour réduire la tension.

Problèmes sexuels

Beaucoup de problèmes sexuels sont engendrés par la peur et par le manque de confiance en soi. On a peur de ne pas être à la hauteur, de déplaire, de commettre un péché, de ne pas être capable de se laisser aller, de procréer ou de ne pas en être capable, etc. Cela crée une tension incompatible avec un fonctionnement sexuel harmonieux.

La relaxation aide à réduire l'anxiété qui est à la source du problème: on a moins peur, on est plus calme, on s'abandonne plus facilement, on communique mieux. Elle est le plus souvent associée à d'autres approches, variables selon les difficultés: contraception, affirmation de soi, expression des émotions, travail sur les refoulements de la sexualité, communication des désirs et des limites, travail plus technique dans certains cas comme l'éjaculation précoce, etc.

Phobies

Les phobies sont de très grandes peurs irrationnelles. Par exemple, on craint démesurément les araignées, on est incapable de prendre le métro ou un ascenseur ou on panique dans le noir. Alors, on fait tout pour éviter de se retrouver confronté à ce dont on a peur.

Le traitement le plus efficace des phobies comporte une série d'expositions graduelles de la personne phobique à l'objet de sa peur. On commence, par exemple, par lire le mot «avion», puis par regarder des dessins d'avions, puis des photographies, puis des films où on voit des avions. Par la suite, on les regarde passer dans le ciel, puis on va à l'aéroport pour en voir, d'abord de loin, puis de plus près. On s'imagine ensuite être dans un avion, puis éventuellement on monte réellement à bord, en prenant un médicament contre l'anxiété, jusqu'à ce qu'on puisse le faire sans médicament ni alcool. Certains centres de traitement ont même des simulateurs de vol. Chacune des étapes dure le temps qu'il faut pour que la peur disparaisse. La guérison d'une phobie par l'exposition graduelle prend en général quelques mois.

Ce processus est plus rapide quand on se prépare d'abord mentalement à chacune des étapes, en les visualisant. Si on utilise la relaxation, il est plus facile de faire le travail de visualisation, et l'exposition réelle à ce qui nous fait peur engendre moins d'anxiété.

Connaissance de soi et développement personnel

Beaucoup de techniques employées en psychologie du développement personnel utilisent la relaxation. Les exercices de centration, comme le focusing ou l'imagerie mentale dirigée, la méditation, les allégories, certaines formes d'hypnose en sont des exemples.

Le focusing (chapitre 4) facilite l'ouverture à la dimension corporelle des émotions. On commence par se détendre et on poursuit en respirant de manière à créer un espace au centre de notre corps.

On peut utiliser des suggestions hypnotiques pour traiter certains problèmes, et on peut également s'en servir pour appuyer un travail de développement. Par exemple, des images mentales peuvent être utilisées pour amener à un état de relaxation («Imaginer une scène paisible», page 164), puis pour diriger l'inconscient vers des objectifs particuliers de développement personnel. La méditation peut elle aussi aider à développer le potentiel personnel par l'ouverture à la spiritualité.

Psychologie du sport

Dans le sport, on utilise diverses méthodes de relaxation pour aider les athlètes à récupérer physiquement après l'effort ou pour les aider à détendre des muscles précis dont la tension pourrait nuire à l'exécution parfaite d'un mouvement (par exemple, en athlétisme ou en gymnastique).

La relaxation aide aussi à la concentration. On s'en sert pour augmenter l'efficacité de l'entraînement mental pendant lequel les athlètes répètent «dans leur tête» des mouvements qu'ils veulent accomplir parfaitement; en plongeon, par exemple, on peut s'entraîner à l'occasion chez soi, simplement en visualisant les mouvements parfaits qu'on veut accomplir. Ces exercices mentaux préparent le corps à exécuter ce qui est visualisé.

En compétition, une trop grande anxiété nuit à la performance. La relaxation aide à garder un niveau de tension optimal.

Psychologie de l'éducation

En éducation, on se sert des techniques de relaxation pour aider les élèves à rester calmes, à mieux se concentrer, à mieux apprendre et à bien réussir leurs examens. Les résultats des recherches sur l'utilisation du training autogène, menées au Canada, en France, en Allemagne, au Japon, en ex-Union soviétique, en Hongrie et en Suisse, montrent des effets positifs chez les étudiants de tous les âges, de l'école primaire jusqu'à l'université, qui pratiquent la relaxation

On note une plus grande facilité à fixer l'attention et à la maintenir, une meilleure mémoire à court et à long termes, une approche plus systématique des tâches à accomplir, un rendement intellectuel plus soutenu, une plus grande facilité dans le remaniement et la réorganisation de l'information, de meilleures habitudes d'études, ainsi qu'une amélioration de la stabilité dans le rendement scolaire.

Sur le plan interpersonnel, les élèves participent davantage en classe, développent de meilleures relations avec les professeurs et avec leurs pairs, et ils s'expriment mieux. Ils sont plus stables sur le plan émotionnel, tolèrent mieux la frustration et ont moins de problèmes de comportement. Ils profitent aussi des bienfaits biologiques de la relaxation: ils vivent moins de difficultés d'apprentissage ou de problèmes relationnels qui proviendraient d'insomnies, de maux de tête, de tics, de troubles du langage, de troubles respiratoires ou de réactions allergiques (Luthe, 1979). Même si ces effets ont été démontrés à la suite de recherches menées auprès d'étudiants, ils sont évidemment à la portée de tous.

Certains professeurs commencent leurs cours par une brève période de relaxation, pour aider les élèves à mieux se détendre et à mieux se concentrer; cela diminue de beaucoup le besoin d'interventions disciplinaires, tout en favorisant l'apprentissage. Dans certaines écoles, on propose aussi une période de relaxation aux élèves qui dînent sur place, histoire d'en faire une période plus tranquille...

Les élèves anxieux obtiennent de moins bons résultats qu'ils le pourraient. En se détendant pendant les examens, ils traitent mieux l'information qu'ils ont emmagasinée; ils ont moins peur et, en conséquence, ils obtiennent de meilleurs résultats. De plus, en facilitant la concentration, la pratique des techniques de relaxation est utile pour mieux faire le travail scolaire à la maison.

Psychologie de la créativité

Par la créativité, on innove. On peut inventer des choses techniques (la roue, le téléphone, etc.), des façons de faire (des recettes culinaires, des examens médicaux), de nouvelles manières de voir les choses (l'apport d'Einstein en physique) ou de résoudre des problèmes, dont ceux qu'on vit au quotidien. On peut aussi créer des œuvres artistiques.

Le pouvoir d'inventer est facilité par l'ouverture psychologique et par la flexibilité. On n'a pas pu inventer l'avion tant qu'on a été certain que le «plus lourd que l'air» ne pouvait voler, ni inventer le four à micro-ondes sans réaliser qu'il était possible de cuire des aliments autrement qu'en les mettant au chaud. Il est toujours utile d'être prêt à remettre les choses en question si on veut créer.

Les techniques de relaxation aident à être davantage créatif parce qu'elles facilitent l'ouverture psychologique et favorisent une gestation féconde des données déjà emmagasinées. On pense que la synchronisation des deux hémisphères du cerveau qui se produit lors de la pratique des exercices peut augmenter le pouvoir créateur.

En développant l'attitude «laisser être», l'une des clés fondamentales de la majorité des méthodes de relaxation, on apprend peu à peu à s'ouvrir à ce qu'on ressent, sans se juger, et sans préjugés. Cette ouverture permet de concevoir les choses de façon moins rigide et amène à faire davantage confiance à notre monde intérieur, toutes conditions facilitant les processus créateurs.

La pratique des stratégies d'harmonisation augmente aussi la capacité de ressentir la vie intérieure, ici et maintenant, ce qui est également une caractéristique du processus créateur, qui se passe au présent. La sensibilité aux émotions étant accrue, il devient plus facile d'exprimer ce qu'on ressent directement ou de façon créatrice, dans le sens artistique du mot.

Psychologie transpersonnelle

La psychologie transpersonnelle repose sur la capacité d'accéder à la nature spirituelle de l'univers. Elle fait une place de choix à la méditation dans les pratiques qu'elle suggère. Comme dans certaines traditions spirituelles, on cherche à «élever» notre niveau de conscience, pour poursuivre notre démarche de croissance. Le livre de Walsh et Vaughan (1984) décrit bien la démarche proposée.

3. Ce que la spiritualité nous dit

Dans le monde de la spiritualité, le mot «relaxation» cède la place à celui de «méditation». Les méthodes, innombrables là aussi, combinent certains points communs qui reposent sur leur capacité à induire le calme intérieur, vu comme un préalable à une nouvelle perception du monde ou à une nouvelle forme de connaissance. Cependant, on n'y parle plus de santé, mais plutôt d'éveil. Il y est moins question de rencontre avec soi que de rencontre ou de fusion avec Dieu, avec l'Être suprême ou avec la nature de l'Esprit.

La pratique des stratégies d'harmonisation intérieure dans le domaine de la spiritualité facilite l'ouverture à cette forme d'éveil, à un niveau inconscient d'abord, puis, éventuellement, à un niveau de plus en plus conscient. Elle peut nous faire voir nos gestes quotidiens bien différemment (Fields *et al.*, 1990).

La méditation est davantage une question de *relation* que de *technique*. Elle est un moyen de changer radicalement nos perceptions par rapport à nous-même et à l'univers. Elle peut permettre de transformer notre conscience et de faire l'expérience d'un autre lien avec nous-même et avec le monde qui nous entoure. Cela *donne un sens différent* à la pratique des stratégies d'harmonisation intérieure, ces dernières restant techniquement très semblables à celles que l'on utilise pour relaxer.

On nous offre ici de nous établir de plain-pied dans notre «vraie nature», celle de l'esprit. On nous invite à ne plus considérer notre corps éphémère, nos émotions changeantes et nos idées fluctuantes comme les fondements de notre être. Vivre complètement dans le moment présent, voilà qui peut permettre de sentir que l'éternité n'est pas à venir: elle est ici, maintenant. On trouve cette idée de notre appartenance actuelle à un autre monde dans toutes les approches spirituelles.

La plupart des écoles de méditation postulent que le monde perceptible par les sens n'est qu'une dimension plus ou moins vibratoire d'un tout plus grand dans lequel tout est réuni depuis toujours et à jamais. Elles affirment qu'on peut tous prendre conscience de notre participation à ce tout: pour ce faire, il faut que change la perception habituelle qu'on a de la vie (qui implique séparation des choses, réflexion, émotions, recherche de causes et d'effets, attirances et répulsions, etc.) et qu'on accède à notre monde intérieur de façon transcendante. «Sans même sortir de ma maison, je connais tout l'univers», a dit le sage chinois Laotseu. La méditation apparaît comme un exercice initiatique, l'«instrument d'une percée vers l'Être essentiel» (Dürckheim, 1978).

Cette véritable identité, on peut la découvrir, puisqu'elle est toujours et éternellement présente. Selon les approches spirituelles, c'est la conscience d'être un être séparé, un «ego», qui nous empêche de nous éveiller à celle d'être fondu dans un tout plus grand. Le sentiment de n'être qu'une vague éphémère nous coupe de la conscience d'être d'abord et avant tout de l'eau, et il nous fait voir venir le rivage avec terreur.

Les expériences qui nous rapprochent de la perte de cet ego nous angoissent, mais elles peuvent aussi nous «éveiller». Ce sont essentiellement la mort physique et les états psychologiques extrêmes comme la folie, la panique ou encore la détresse.

L'apaisement qui précède souvent la mort physique vient de l'ouverture à une autre conscience que procure le sentiment de perte toute prochaine de ce que l'on considère «être soi-même». De nombreuses personnes ramenées de la mort par les prouesses de la science médicale, ou d'autres qui ont vécu une expérience de mort imminente, témoignent de cette transformation radicale de leur conscience (Moody, 1988). La réflexion sur la mort occupe ainsi une place centrale dans de nombreux mouvements religieux.

L'angoisse qui résulte de très grandes épreuves psychologiques peut elle aussi ouvrir cette même voie (Hétu, 1983). Dans les deux cas, la mort et l'angoisse, on retrouve l'imminence du bris de ce qu'on pense être et on s'ouvre tout à coup à une autre dimension de la vie. Dans les écoles de méditation, on nous invite à prendre conscience de cette autre dimension, dans une démarche plus progressive.

Ressentir plutôt que prouver

Les écoles de méditation enseignent à *ressentir le sens de l'intérieur* et non à le prouver de l'extérieur. Elles nous enseignent à vivre une *expérience* d'unité et ce, en nous libérant de l'attitude rationnelle de l'ego qui crée et maintient un réel contraire à cette unité (Dürckheim, 1985). En méditation, on retrouve partout ces deux notions: une première veut que le réel, dans lequel on croit vivre, soit en fait créé par notre esprit; une seconde souligne qu'on ne peut en prendre conscience que par une expérience ressentie, non démontrable.

Étudier les maux de dents ou les grands plaisirs est une chose; les ressentir en est une autre, totalement différente. On peut ainsi apprendre de l'extérieur ou de l'intérieur. La méditation concerne le monde intérieur, qui n'est pas un fait observable mais une expérience, un «ressenti». Les croyances profondes qui sous-tendent les pratiques méditatives ne peuvent véritablement se consolider que par ces expériences, que l'on doit faire personnellement et qui ne sont pas, par nature, reproductibles à volonté. «On ne peut faire venir le vent, mais on doit garder la fenêtre ouverte.» (Krishnamurti) La méditation est un moyen de garder la fenêtre ouverte.

Des scientifiques ont observé les effets mesurables de la méditation sur le corps et sur le fonctionnement psychologique, et ils ont conclu que les techniques de méditation et de relaxation produisent les mêmes effets sur les deux plans; ces effets évoluent ensemble et font tous partie de la «réponse de relaxation» (Benson, 1993). Cela n'est pas surprenant, puisque du point de vue technique, on procède de la même façon dans un cas comme dans l'autre. Comme la relaxation, la méditation aide beaucoup de gens à améliorer leur état de santé; elle produit les mêmes effets bénéfiques sur l'anxiété et sur les sentiments dépressifs. Elle est conséquemment de plus en plus utilisée dans le domaine de la santé physique et mentale, parfois sans référence explicite au monde spirituel d'où elle vient.

Changer de niveau de conscience

Quand une personne vit une expérience intérieure intense, elle éprouve une transformation de sa conscience. Sa conscience «ordinaire» est mise hors circuit, comme pendant le sommeil ou les rêves nocturnes. Mais, une fois cette expérience terminée, elle ressent non seulement qu'elle n'a pas rêvé, mais qu'elle a été en contact avec la «vraie» réalité. Le même monde lui apparaît différent.

Dans cet état de conscience particulier, on ressent une paix profonde, la certitude que tout va bien finir, le sentiment de devoir faire sa part pour les autres, la conviction que l'amour est au centre de tout, la joie, le rire, un accroissement de la compréhension et de la connaissance, l'unité de toute chose et la sensation d'avoir notre place au sein de cette unité, l'impression d'une nouvelle vie ou de vivre dans un monde neuf, ainsi que quelques autres grands sentiments qui témoignent tout autant de l'harmonie intérieure (Greeley, 1975).

Plusieurs scientifiques découvrent aussi que ce qu'on perçoit n'est en fait qu'une partie infinitésimale du monde, qui découle d'une incommensurable plus grande partie où temps et espace n'existent pas (Bohm, 1987; Capra, 1983). L'univers des scientifiques et celui des mystiques commencent à se rapprocher…

On trouve dans le christianisme, le bouddhisme, le soufisme, l'hindouisme et d'autres traditions spirituelles des moyens tout à fait semblables de transformer notre conscience. Certains sont d'ordre plus psychologique, comme la compassion, l'amour et le non-attachement. D'autres, comme la méditation ou la prière contemplative, ont une composante technique. Cette dernière peut être extrêmement structurée ou au contraire très souple, selon les écoles.

Relaxer et méditer: les mêmes clés

Pour méditer, il faut le plus souvent s'assurer d'abord d'un bon état de détente; or, l'exercice méditatif contient en lui-même des ingrédients essentiels à cette relaxation. Ce sont:

1. Un objet d'attention, pour endiguer le flot des pensées ou, éventuellement, pour le faire diminuer.
2. Une attitude «laisser être», celle d'un témoin qui observe sans juger ce qui est projeté sur son écran mental.
3. Une posture physique qui favorise la détente musculaire. (Certaines positions ne deviennent cependant confortables qu'après une longue période d'entraînement.)
4. Un environnement calme.

Les exercices doivent être répétés quotidiennement, sur une longue période.

Tous les exercices de relaxation sont *techniquement* des exercices de méditation (respirer consciemment, s'étirer, être présent à un objet ou à un son, etc.). Au cours d'exercices dont les objectifs ne visent que la décontraction musculaire, on peut à l'occasion vivre un sentiment de plénitude. Une étudiante, avec une pointe d'humour, avait ainsi dit au groupe avoir reçu la visite d'un «ange» pendant un exercice de training autogène, une méthode médicale de relaxation. Son visage était vraiment radieux. En fait, elle précisa que «quelque chose» s'était passé, qui ressemblait à une expérience de sérénité très inhabituelle.

Les exercices de relaxation sont le plus souvent des actes individuels tournés vers la guérison, quelquefois vers la prévention. On les délaisse presque naturellement quand on est satisfait du résultat qu'on a obtenu, quand on a l'impression qu'on ne l'atteindra pas ou quand on change d'objectif. Les exercices de méditation, quant à eux, peuvent être vus comme des moyens de se relier à plus grand que soi. Par sa dimension sacrée, la méditation ajoute une nouvelle motivation qui favorise l'assiduité à la pratique. Techniquement, on procède de la même façon que lorsqu'on relaxe; mais psychologiquement, c'est très différent.

Cependant, si on a une «sainte» horreur de tout ce qui se rapporte de près ou de loin à la spiritualité, les techniques de relaxation conviennent davantage. Ou bien, on peut utiliser des techniques de méditation de façon profane: faire du yoga, par exemple, ou encore pratiquer la méditation transcendantale telle qu'elle est utilisée en médecine par le Dr Benson (chapitre 4).

Ici encore, chacun peut faire son choix.

Restons sur terre

La pratique de la méditation ne garantit pas la paix intérieure (Wetering, 1978). Si les expériences intérieures intenses sont plus probables chez les méditants, on peut cependant en vivre sans méditer, et beaucoup de méditants de longue date n'en ont pas encore vécu (sur la psychologie de l'expérience intérieure, voir Hétu, 1983).

Et une fois qu'on a vécu des expériences intérieures intenses, la vie continue, avec son lot de difficultés. C'est que les expériences liées à la vie spirituelle n'éliminent pas les problèmes concrets ou émotifs. On en est simplement plus détaché (Desjardins et Farcet, 1991).

La méditation n'est donc en rien une façon «inspirée» de fuir nos problèmes. Tout comme la relaxation, elle nous met en face de nos difficultés. En la pratiquant et en s'intéressant à la vie spirituelle, on peut cependant se transformer peu à peu, voir notre douleur et ce qui l'engendre dans une perspective plus vaste, moins désespérante. En développant parallèlement des habiletés sur le plan psychologique, on peut mieux vivre notre vie en accord avec notre processus d'actualisation (Maslow) ou d'individuation (Jung).

La pratique de la relaxation ou de la méditation nous amène à bien accueillir nos émotions et nos intuitions plutôt qu'à les nier, à les contrôler ou à les fuir dans d'incessantes activités ou dans la consommation de drogues ou d'aliments. Les angoisses, les élans vitaux, les craintes, l'urgence de changer, le contentement, le vide, la joie, tout se succède en nous. Le silence aide à en prendre conscience et à être moins troublé par l'un ou l'autre de ces désirs ou de ces peurs. En voyant mieux le jeu de tous ces mouvements intérieurs incessants, on est moins déchiré par les tensions qu'ils engendrent et on arrive peu à peu à un état de plus grande harmonie, où tout trouve sa place.

La médecine, la psychologie et la spiritualité apparaissaient bien différentes jusqu'à tout récemment. Cependant, depuis quelque temps, elles se rapprochent. Par exemple, des recherches scientifiques étudient comment l'optimisme garde en santé (Perterson et Bossio, 1993), comment l'agressivité et la compétitivité contribuent au développement des maladies coronariennes (Friedman et Rosenman, 1974), comment les patients qui ont la foi guérissent mieux et vivent plus longtemps que les athées à la suite de chirurgies cardiaques (Wallis, 1996).

Les stratégies d'harmonisation intérieure sont un lieu d'intégration de ces trois disciplines: elles aident simultanément à garder une bonne santé physique et mentale (ou à la recouvrer) et à développer sa spiritualité.

Chapitre 3

Huit clés pour relaxer

Les techniques de relaxation et de méditation peuvent paraître à première vue très différentes les unes des autres. Comment savoir s'il est préférable de respirer profondément ou de répéter «Mes bras sont lourds»? Les théories ne nous aideront certainement pas à nous y retrouver: certaines affirment qu'il faut faire circuler le «prana» dans nos «nadis» pour énergiser nos «chakras», d'autres nous invitent à stimuler nos «mécanismes pro-homéostatiques», d'autres encore parlent de l'importance de se «sophroniser» ou nous font ressentir que notre plus grand besoin est celui de nous affranchir du «samsara», ou de suivre le «tao». Je vous invite à découvrir peu à peu tout cela, car c'est vraiment fascinant. Mais, au début, cela semble bien compliqué!

Au fond, toutes les techniques de relaxation et de méditation sont beaucoup plus semblables qu'il n'y paraît, même si certaines peuvent nous être plus utiles que d'autres selon nos objectifs. Elles s'articulent toutes autour de huit points communs, huit «clés» pouvant favoriser la relaxation, c'est-à-dire la détente naturelle de notre organisme:

1. Respirer.
2. Prendre une posture qui permet la décontraction musculaire.
3. Détendre volontairement nos muscles.
4. Étirer ou masser nos muscles et nos articulations.
5. Être présent.

6. Adopter l'attitude «laisser être».
7. Utiliser la suggestion ou l'autosuggestion.
8. S'entourer de conditions extérieures favorables à la détente.

Dans ce chapitre, vous apprendrez à mieux connaître ces clés, à faire des exercices pour les apprivoiser et à noter dans quelle mesure chacune vous aide à vous détendre. Au chapitre 8, vous pourrez compiler vos notes pour vous créer des méthodes sur mesure. Tout est une question de combinaison synergique de ces éléments techniques. On peut personnaliser cette combinaison, tout comme on peut se servir de méthodes toutes faites.

Chacune des huit clés *peut* conduire à l'augmentation de la réponse de relaxation, mais aucune ne le fait *nécessairement.* L'effet de chacune dépend beaucoup de la personne qui l'utilise.

En relaxation comme ailleurs, il est difficile de continuer à faire la même chose jour après jour pendant des années. Il est donc utile d'avoir en réserve plusieurs méthodes que l'on aime et d'en apprendre ou d'en créer régulièrement de nouvelles. On choisit ainsi celles qui nous font du bien, tout en continuant à s'informer et à expérimenter de nouvelles méthodes au fur et à mesure qu'on change.

Pour que vous puissiez vérifier jusqu'à quel point l'une ou l'autre de ces clés peut vous aider à vous détendre, des exercices spécifiques vous permettront de les expérimenter une par une. Cependant, comme ces clés agissent en synergie, chacune venant multiplier les effets de l'autre, *toutes les méthodes conçues par des experts réunissent un certain nombre de ces clés.* Les méthodes que vous inventerez en comporteront aussi plusieurs: celles qui à la fois vous plaisent et vous détendent!

Les méthodes d'harmonisation intérieure ne comportent pas d'éléments contraires à ces clés. Par exemple, on peut détendre nos muscles malgré le bruit, mais aucune méthode ne suggère de faire ou d'entendre du bruit. On peut relaxer même dans une posture qui ne permet pas de relâcher tous nos muscles, mais aucune méthode ne suggère de soulever des haltères. On verra donc à exclure toute condition non propice.

Une majorité d'auteurs insistent sur l'importance de *la régularité de la pratique*. C'est une condition incontournable si on veut accroître notre harmonie intérieure en utilisant des techniques de relaxation. Par ailleurs, ce n'est pas un objectif obligatoire: on peut tirer profit de toutes ces techniques sans s'y engager quotidiennement. Il vaut mieux trouver des moyens d'atteindre nos propres objectifs que de s'imposer toutes sortes d'obligations pour atteindre ceux que les autres privilégient.

En bref:

1. Chaque clé peut à elle seule induire de la relaxation.
2. Aucune des clés n'est donc absolument essentielle.
3. Une combinaison de clés bien adaptées à soi multiplie leurs effets respectifs.
4. On peut relaxer même si toutes les conditions ne sont pas propices, mais on ne fait pas exprès de s'entourer de ce qui est nuisible.
5. On peut choisir des méthodes existantes ou se composer des méthodes en combinant avec créativité les clés qui nous conviennent le mieux.

Se détendre n'est pas une tâche!

Même quand on a lavé la vaisselle avec un minimum d'attention, avec en tête le désir de terminer au plus vite, elle est propre. Mais il ne sert à rien d'aborder les exercices de relaxation avec un tel état d'esprit. Il ne s'agit pas d'*expédier* les exercices: il s'agit de les *explorer,* ou plutôt *de s'explorer soi-même à travers la pratique d'un exercice.*

Si on se dépêche de compter mille moutons, cela ne va pas nécessairement nous aider à nous endormir! Il y a le comptage des moutons, mais il y a surtout la manière de compter. Et quand on utilise la bonne, on se rend rarement jusqu'à mille avant de sombrer dans le sommeil. L'attitude avec laquelle on aborde chaque exercice de relaxation a elle aussi une très grande importance.

Tous les exercices demandent du *temps* et de l'*attention*. Si on les fait rapidement, mécaniquement, ou si on a trop la tête ailleurs, on en retirera moins de bénéfices que si on les fait avec application, sans cependant nous crisper. En ce sens, on ne devrait faire qu'*un seul* exercice nouveau par jour; l'exécution des exercices à la queue leu leu ne donne rien. Il vaut donc beaucoup mieux reprendre le même exercice quelques fois chaque jour que de terminer ce chapitre au plus vite.

Si un malaise survient pendant un exercice, on fait une pause ou on arrête complètement. Il ne sert à rien de se faire du mal en pensant qu'il faut terminer un exercice... destiné à faire du bien! Mieux vaut le reprendre plus tard, moins longtemps, ou le faire sous la supervision d'une personne compétente. C'est *vous* qui ressentez ce qui se passe, même si ce qui est écrit peut suggérer que vous devriez ressentir autre chose.

Les exercices présentés ici ont été réduits à une durée minimale (de une à 20 minutes). Vous pourrez consacrer plus de temps à ceux que vous préférez ou reprendre plusieurs exercices que vous aimez les uns à la suite des autres.

1 Première clé **Respirer**

Un très grand nombre de méthodes de relaxation et de méditation nous proposent de modifier notre respiration ou simplement d'y être présent. On explique les effets bénéfiques des méthodes de respiration par «une meilleure circulation du prana dans les canaux subtils»; par la remise en mouvement du diaphragme, ce qui apaise; par l'action du système nerveux parasympathique qui décontracte l'organisme; par la prise de conscience du «souffle de vie» qui nous inspire et par celle de «l'impermanence des choses», ainsi que par toutes sortes d'autres raisons expliquées par une multitude de théories. Tous les experts s'entendent cependant pour dire qu'une respiration plus profonde favorise la relaxation, même si leurs opinions diffèrent en ce qui concerne le pourquoi.

On se détend davantage quand on respire profondément et, quand on est détendu, notre respiration s'approfondit: une fois bien enclenché, le processus s'entretient donc lui-même. Notre respiration redevient cependant plus superficielle dès qu'on est de nouveau crispé, qu'on recommence à se préoccuper de mille et une choses, qu'on a froid, qu'on est saisi d'un grand enthousiasme, etc.: peu importe sa source, le stress «bloque» automatiquement la respiration. C'est à cause de cette tension constante qu'on respire superficiellement, et non parce qu'on ne sait pas respirer!

Respirer n'est pas quelque chose que l'on *fait* mais quelque chose *qui nous arrive*. Il n'est donc pas plus question de savoir respirer que de savoir dormir, digérer ou faire battre son cœur. Ces fonctions marchent d'elles-mêmes, plus ou moins bien selon l'état de santé des organes qui en sont responsables et les conditions dans lesquelles ils effectuent leur travail, le stress jouant aussi un rôle très important.

Il en va de même de la respiration. On respire plus ou moins profondément selon l'état de santé de notre appareil cardiorespiratoire, la capacité des muscles sollicités par la respiration et l'intensité de notre niveau de stress. Laissée à elle-même, la respiration s'adapte aux besoins de l'organisme. Elle prend naturellement de l'ampleur dès qu'on diminue notre niveau de stress.

Si la respiration est une fonction le plus souvent automatique, on peut cependant l'influencer consciemment, sur des périodes variant de quelques secondes à 30 ou 40 minutes. On n'apprend évidemment pas à respirer mais, pendant l'exercice, on respire plus profondément. À la longue, les exercices de respiration nous aident à rester plus détendu et cette diminution de notre niveau de stress finit par avoir un effet bénéfique sur notre respiration, qui devient naturellement plus profonde. C'est l'effet «boule de neige»: on devient plus calme parce qu'on respire plus profondément plusieurs fois par jour pendant quelques minutes, et notre respiration s'approfondit naturellement parce qu'on est plus calme. De plus, les muscles responsables de la respiration abdominale étant plus souvent sollicités, ils se renforcent et contribuent eux aussi à approfondir la respiration en dehors des périodes d'exercice.

Les exercices de relaxation qui concernent la respiration amènent à:

- Observer notre respiration, sans la changer.
- Modifier notre respiration:
    - respirer plus profondément;
    - contrôler notre respiration avec nos muscles abdominaux;
    - respirer par saccades;
    - etc.
- Accompagner notre respiration:
    - ajouter des sons, des mots, des mantras;
    - ajouter des images, des formes, des couleurs, etc.;
    - ajouter des sensations: légèreté, lourdeur, chaleur, etc.
- Compter nos respirations.
- Utiliser l'inspiration et l'expiration différemment:
    - inspirer plus longtemps qu'on expire, ou vice versa;
    - accompagner l'inspiration d'un son, l'expiration d'un autre;
    - imaginer qu'on inspire de la lumière blanche et qu'on expire de l'air grisâtre;
    - imaginer qu'on inspire de la vitalité et qu'on expire de la fatigue;
    - etc.
- Suivre le passage de l'oxygène dans tout notre corps.

– Respirer «dans» nos tensions.
– Utiliser des suggestions hypnotiques pendant l'inspiration ou l'expiration.

Bref, il existe une gamme infinie de méthodes qui utilisent la respiration d'une façon ou d'une autre pour favoriser la relaxation.

Voici d'abord un exercice respiratoire utile pour revenir à un certain calme quand on se sent tendu. On peut aussi en retirer des bienfaits en le pratiquant à des moments où on est détendu. Suivront un exercice qui aide à retrouver une respiration abdominale plus profonde, et un autre qui peut nous donner un regain d'énergie. D'autres exercices impliquant la respiration sont proposés ça et là dans d'autres chapitres (les exercices 6, 46, 52, 55 et 56).

Exercice 8
Respirer en contractant volontairement nos muscles abdominaux et thoraciques

Lire l'exercice en entier avant de le faire.

1. Prendre conscience de notre respiration.
2. Laisser le fond de la gorge bien ouvert (comme lorsqu'on bâille).
3. Expirer tout en rentrant le ventre pendant une ou deux secondes, pour expulser l'air qui se trouve dans la partie inférieure des poumons.
4. Relâcher les muscles abdominaux. *L'abdomen commencera à se gonfler de lui-même.*
5. Continuer à gonfler l'abdomen, puis remplir aussi la poitrine au maximum, jusqu'à faire lever les clavicules et les épaules.
6. Conserver la poitrine ainsi remplie pendant une ou deux secondes, *pas davantage.*

7. Relâcher ensuite tous les muscles qui gardent la poitrine et le ventre gonflés: si on a gardé le pharynx (le fond de la gorge) bien ouvert, les poumons se videront automatiquement.
8. Reprendre alors notre souffle en respirant «normalement», durant quatre ou cinq respirations.
9. Expirer de nouveau en contractant les muscles abdominaux, reprenant ainsi l'exercice à l'étape 3. Faire ainsi des respirations «forcées», en les entrecoupant de quatre ou cinq respirations normales.
10. Faire l'exercice durant quelques minutes (une dizaine au maximum les premières fois).

Notes

Si cet exercice crée des étourdissements, augmenter le nombre de respirations normales entre les respirations «forcées», et faire des respirations forcées moins longues et moins prononcées. Il ne s'agit pas ici de réaliser une performance, mais de relaxer.

En concentrant nos efforts sur les respirations que l'on place volontairement sous la gouverne des muscles abdominaux et thoraciques, on approfondit aussi les respirations «normales», même si on ne s'en occupe pas directement.

Avant de remplir la fiche d'évaluation qui suit, faire l'exercice à quelques reprises, à différents moments de la journée.

Évaluation personnelle

Respirer en contractant volontairement les muscles abdominaux et thoraciques me détend. (Encercler le chiffre qui convient.)

Pas du tout 1 2 3 4 5 6 7 8 9 10 Beaucoup

✓ **Applications au quotidien**

- Pour remplacer les mauvaises habitudes en période de stress, comme marcher de long en large, fumer cigarette sur cigarette, etc.
- Pour couper court à une crise de panique. Il est cependant préférable de commencer au moment où on la sent venir plutôt que lorsqu'elle est bien installée.

Amplifier la respiration abdominale

On confond souvent «respirer profondément» et «prendre de grandes respirations». Quand on prend une grande respiration, on met l'accent sur l'inspiration. On s'efforce de faire entrer le plus d'air possible: on gonfle la poitrine et on rentre le ventre. On se sent alors prêt à soulever un objet lourd, mais il devient totalement impossible de pratiquer la respiration abdominale, celle qui nous détend. En fait, prendre de grandes respirations *nous empêche* de respirer profondément.

Voici une façon d'amplifier notre respiration abdominale.

Exercice 9
Amplifier notre respiration abdominale

Lire l'exercice au complet avant de le faire.

1. Desserrer tout ce qui pourrait gêner le gonflement de l'abdomen: ceinture, bouton et fermeture éclair, gaine, etc.
2. Laisser le pharynx (la gorge) ouvert et la mâchoire détendue.
3. Être présent à notre respiration, telle qu'elle se produit d'elle-même.
4. Quand on a observé ainsi quelques cycles inspiration-expiration, commencer à accompagner le mouvement

respiratoire de *légères* contractions des muscles abdominaux, de la façon suivante:

- Rentrer *doucement* le ventre, contracter *doucement* les muscles abdominaux vers l'intérieur quand l'air a déjà commencé à sortir, vers le milieu de la phase d'expiration.
- Puis, relâcher assez rapidement les muscles abdominaux. Le mouvement de l'air s'inversera: si le pharynx est resté ouvert, l'air se mettra à entrer.
- Vers le milieu de la phase d'inspiration, faire le «gros ventre», pousser *doucement* le ventre vers l'extérieur.
- Relâcher encore les muscles: l'abdomen se détendra et l'air sortira.

5. Continuer d'accompagner notre respiration normale en contractant légèrement les muscles et en les relâchant selon le sens du mouvement naturel de l'air: contracter les muscles vers l'intérieur quand l'air sort, les relâcher. Quand l'air rentre, pousser le ventre vers l'extérieur, puis relâcher pour permettre la sortie de l'air.
6. Suivre ainsi le mouvement de l'air aussi longtemps que dure l'exercice (une dizaine de minutes au maximum au début). Il est possible que la respiration abdominale s'installe d'elle-même pendant l'exercice et qu'on n'ait plus à poursuivre volontairement les contractions.

Notes

S'assurer que l'abdomen se gonfle et se relâche au moins un peu à chaque respiration. On peut mettre les mains sur le ventre pour mieux sentir le mouvement. Graduellement, laisser ce mouvement musculaire abdominal s'amplifier et diriger la respiration.

- Expérimenter plusieurs intensités de contractions: on se rendra vite compte que les contractions maximales ne sont pas celles qui nous détendent le plus, et qu'on ne peut les garder longtemps sans sentir de l'inconfort. «Plus», ce n'est pas «mieux». Attention à ce danger de vouloir faire «plus» qui nous guette toujours.

- Ne pas s'efforcer de ralentir le mouvement, mais «suivre» le rythme de la respiration. Il va *diminuer de lui-même* au cours de l'exercice et l'amplitude respiratoire va *augmenter d'elle-même*, si on détend notre gorge et si on confie graduellement aux muscles abdominaux et au diaphragme le contrôle de la rentrée et de la sortie de l'air. On respire donc «normalement», à cette différence près qu'on pousse un peu vers l'intérieur pour assister chaque expiration, et vers l'extérieur pour appuyer chaque inspiration. La respiration ainsi accompagnée s'allonge et s'approfondit d'elle-même.

En cas de difficulté

Si on a du mal à contracter nos muscles dans le bon sens ou si on respire trop rapidement pour qu'il soit possible de bien coordonner nos contractions musculaires avec le mouvement de l'air, procéder par étapes en s'exerçant à n'accompagner qu'un seul des deux mouvements. Contracter les muscles abdominaux vers l'intérieur pour appuyer une expiration, les détendre rapidement et laisser l'air entrer normalement; quand l'air sort, contracter de nouveau les muscles vers l'intérieur, les relâcher, et ainsi de suite.

Quand on arrive à bien synchroniser les contractions abdominales vers l'intérieur avec l'expiration, on s'entraîne à grossir doucement le ventre pour accompagner l'inspiration, tout en laissant l'expiration se faire d'elle-même. On sort le ventre quand l'air rentre, on relâche et l'air sort. Quand l'air rentre de nouveau, on pousse doucement le ventre vers l'extérieur, on relâche, et ainsi de suite.

Une fois qu'on est parvenu à bien coordonner la contraction vers l'extérieur avec l'inspiration, on peut alors combiner les deux exercices: rentrer le ventre à l'expiration et relâcher, puis le grossir à l'inspiration et relâcher. Avec de l'entraînement, les muscles se contractent d'eux-mêmes dans le sens désiré. Une fois la respiration abdominale installée, on peut cesser les contractions volontaires.

Avant de remplir l'évaluation qui suit, faire l'exercice à quelques reprises, à différents moments de la journée.

Évaluation personnelle

Amplifier ma respiration abdominale me détend.

Pas du tout	1	2	3	4	5	6	7	8	9	10	Beaucoup

✓ **Applications au quotidien**

- On peut faire des exercices de respiration abdominale aussi souvent qu'on le désire, sur des périodes aussi courtes (15 secondes) ou aussi longues (15 ou 30 minutes) qu'on le veut. En plus de favoriser la relaxation pendant les exercices, ils renforcent les muscles abdominaux et le diaphragme.
- Utiliser ces exercices pour se détendre, pour revenir à soi, pour rester calme. Par exemple, alors qu'il était très anxieux durant l'arbitrage où il contestait son congédiement, un homme a écrit le mot «respirer» sur chacune des feuilles sur lesquelles étaient rédigées les plaintes remises par la partie adverse. À chaque page, son signal lui indiquait une bonne façon de rester calme. Il l'est resté et a su répondre ce qu'il fallait, posément, question après question. Cet exemple illustre comment, en plus d'apprendre des choses techniques, il est fort utile de se donner des moyens concrets pour penser à les utiliser.

Les mille soleils

Un grand nombre de méthodes de relaxation font appel à l'imaginaire. Dans la mesure où elles combinent un certain nombre des clés de la relaxation, elles donnent les mêmes résultats que les méthodes étudiées par les scientifiques. En voici une qui peut plaire aux gens qui ont de l'imagination. Elle combine la respiration avec la septième clé («utiliser la visualisation», c'est-à-dire l'autosuggestion par l'utilisation d'images mentales).

Exercice 10
Les mille soleils

1. S'asseoir confortablement.
2. Utiliser une respiration abdominale (voir ci-dessus, exercice 9).
3. Imaginer que l'air inspiré est rempli de millions de petits soleils, comme symboles d'énergie. Garder l'air inspiré quelques secondes en imaginant que les pieds se peuplent de ces soleils.
4. Expirer en imaginant que l'air qui s'évacue est gris et terne; marquer un très léger temps d'arrêt.
5. Reprendre l'inspiration en imaginant toujours que l'air est rempli de millions de petits soleils; garder l'air inspiré quelques secondes et imaginer que tous ces soleils se rendent dans les jambes.
6. Expirer en imaginant que l'air qui s'évacue est gris et terne.
7. Continuer à inspirer en imaginant des soleils et à expirer en imaginant un air gris et terne, en se concentrant chaque fois sur une région différente du corps.

Notes

Il est possible de regrouper progressivement les parties du corps en zones plus grandes; finalement, on peut penser à tout le corps d'un bloc.

Référence: Guyonnaud, J.-P. *Méthodes faciles d'auto-hypnose*, Jacques Grancher éditeur, Paris, 1989, p. 49-51.

Avant de remplir l'évaluation qui suit, faire l'exercice à quelques reprises, à différents moments de la journée.

Évaluation personnelle

Respirer des soleils me détend.

Pas du tout	1	2	3	4	5	6	7	8	9	10	Beaucoup

✓ Applications au quotidien

- On peut limiter la distribution des mille soleils à une partie de notre corps qu'on sent tendue.
- On peut remplacer les soleils par d'autres symboles, selon ce qu'on souhaite comme résultat (voir la suggestion, septième clé): des couleurs chaudes pour se réchauffer, des couleurs froides pour se rafraîchir, de «l'énergie de guérison» pour se soulager, des «assouplissants» pour se décrisper, etc.
- On peut respirer «dans» des parties de notre organisme qu'on sent crispées. L'impression d'expansion qui se crée dans les poumons se déplace alors dans cette partie: la nuque, les épaules, un point dans le dos, etc., «respirent» mieux.

2 Deuxième clé
Prendre une posture qui permet la décontraction musculaire

Il n'y a pas de muscles spécifiques au stress: quand on est stressé, tous nos muscles se contractent. On peut cependant les détendre, en partie, en prenant une posture qui ne nécessite pas de contraction.

Les positions allongée et assise facilitant le relâchement de la plupart des muscles, on les utilise dans la majorité des méthodes de relaxation. La position assise est souvent recommandée pour les exercices qui pourraient mener au sommeil, si on ne désire pas s'endormir au moment où on les pratique.

Ces positions aident, mais elles ne sont cependant pas nécessaires à la relaxation. Certaines méthodes, comme le yoga, ne prévoient une période de relaxation en position couchée qu'après une série de positions qui mobilisent les muscles, ou entre chacune d'elles; cela permet de combiner les étirements (quatrième clé) et les positions qui facilitent la détente des muscles (deuxième clé). D'autres méthodes, comme les exercices de respiration, n'exigent pas de position particulière. Cependant, elles nous détendront davantage si on combine les clés, par exemple, en faisant des exercices de respiration dans une posture qui ne nécessite pas de contraction musculaire.

Onze positions pour relaxer

Voici quelques positions de relaxation tirées du yoga, du training autogène, de la sophrologie et de l'anti-gymnastique.

Notes

- Expérimenter chacune des positions de la façon décrite, à moins que cela ne provoque des douleurs; il vaut alors mieux prendre une position plus confortable, quitte à revenir à l'exercice plus souvent, moins longtemps. Si on a déjà des restrictions médicales qui concernent l'une ou l'autre de ces positions, ou si on a des raisons de croire qu'on pourrait en avoir, il vaut mieux consulter un professionnel de la santé avant de les expérimenter. Certaines positions étirent en effet la colonne cervicale ou la région lombaire, ce qui pourrait être contre-indiqué pour certaines personnes.

– Expérimenter la même position à plusieurs reprises pour mieux évaluer son effet.
– Si on expérimente plusieurs postures dans la même période de relaxation, attendre quelques minutes avant de passer de l'une à l'autre. Quand on fait tous les exercices à la queue leu leu, notre niveau de détente augmente et on a plus de mal à déterminer lesquels nous donnent les meilleurs résultats. Une fois qu'on connaît mieux l'impact de chaque posture, on peut évidemment enchaîner celles que l'on préfère, si cela nous détend davantage.
– Faire trois fois chaque exercice, à quelques minutes d'intervalle, et noter ensuite nos réactions dans les espaces prévus.

Exercice 11
Position couchée de base, dite «du cadavre»

1. S'étendre sur le dos, les bras allongés de chaque côté du corps, la tête droite, les yeux vers le haut, ouverts ou fermés, les jambes légèrement ouvertes et appuyées sur l'extérieur des mollets et des talons, les pieds retombant chacun de leur côté.
2. Laisser les muscles se détendre pendant une ou deux minutes.

3. Expérimenter ensuite quelques variations:
   - les bras plus ou moins éloignés du corps;
   - les coudes plus ou moins pliés;
   - les paumes des mains tournées tantôt vers le haut, tantôt vers le bas, tantôt vers l'intérieur.

   Garder les bras dans chaque position au moins une minute, à moins de ressentir de l'inconfort.
4. Expérimenter ensuite cette position avec un oreiller pour soutenir la tête.
5. Se lever et bouger un peu pendant une ou deux minutes.
6. Reprendre l'exercice deux autres fois.

Évaluation personnelle

Prendre la position couchée de base me détend.

Pas du tout 1 2 3 4 5 6 7 8 9 10 Beaucoup

Je préfère avec un oreiller ( ) sans oreiller ( )

Position des bras préférée: ____________________

Exercice 12
Position couchée avec un appui sous les genoux

1. Reprendre la position décrite à l'exercice 11, et glisser des coussins ou des oreillers sous les genoux.
2. Noter si cela permet au bas du dos d'être plus à plat.
3. Garder la position quelques minutes, à moins de ressentir de la douleur.
4. Placer les bras dans différentes positions, comme à l'exercice 11.
5. Utiliser un oreiller comme à l'exercice 11.

6. Se lever et bouger un peu pendant une ou deux minutes.
7. Reprendre l'exercice deux autres fois.

Évaluation personnelle

Prendre la position couchée avec un appui sous les genoux me détend.

Pas du tout	1	2	3	4	5	6	7	8	9	10	Beaucoup

Je préfère avec un oreiller ( )　　　sans oreiller ( )

Position des bras préférée: ______________________________

Exercice 13
Position couchée avec les genoux pliés

1. Couché sur le dos, plier les genoux en ramenant les pieds vers les fesses, bien à plat sur le sol.
2. Placer les pieds plus ou moins loin l'un de l'autre, et plus ou moins loin des fesses, pour trouver la position la plus confortable.
3. Trouver aussi la position la plus confortable pour les bras (voir l'exercice 11).
4. Garder chaque position environ une minute.
5. Se lever et bouger un peu pendant une ou deux minutes.
6. Reprendre l'exercice deux autres fois.

Évaluation personnelle

Prendre la position couchée avec les genoux pliés me détend.

Pas du tout 1 2 3 4 5 6 7 8 9 10 Beaucoup

Position des pieds préférée: ____________________

Position des bras préférée: ____________________

Exercice 14
Position couchée avec un appui sous le coccyx

1. Prendre la position couchée, genoux pliés, décrite à l'exercice 13, et glisser une balle (grosseur tennis) entre le bout du coccyx et le sol, de façon à soulever l'extrémité de la colonne vertébrale. À défaut de balle, on remplace par une boule qu'on confectionne en roulant un linge à vaisselle.
2. Laisser les bras de chaque côté du corps.
3. Laisser le dos le plus à plat possible, sans cependant forcer pour le tenir au sol.
4. Au fur et à mesure que le bas du dos se détend, soulever légèrement le haut du dos et la tête pour les replacer un peu plus loin du coccyx, tout en laissant le bassin à la même place, comme pour allonger le dos.
5. Après quelques minutes, enlever l'appui sous le coccyx et ressentir l'effet de cette position sur le bas du dos. On revient ainsi à la position décrite à l'exercice 13.
6. Se lever et bouger un peu pendant une ou deux minutes.
7. Reprendre l'exercice deux autres fois.

Évaluation personnelle

Prendre la position couchée avec un appui sous le coccyx me détend.

Pas du tout 1 2 3 4 5 6 7 8 9 10 Beaucoup

Exercice 15
Position couchée, sur le côté

1. S'allonger sur un côté, les bras devant soi, les genoux fléchis, la tête reposant sur un oreiller ou un coussin.
2. Prendre conscience de nos muscles et les détendre pendant deux ou trois minutes.
3. Expérimenter la même position de l'autre côté.
4. Se lever et bouger un peu pendant une ou deux minutes.
5. Reprendre l'exercice deux autres fois.

Évaluation personnelle

Prendre la position couchée sur le côté me détend.

Pas du tout 1 2 3 4 5 6 7 8 9 10 Beaucoup

Côté préféré: ______________________________

Exercice 16
Position couchée avec les jambes soulevées

1. Se coucher par terre, sur le dos, la tête reposant sur un oreiller ou un coussin, les fesses tout près d'une chaise (ou d'un lit) sur laquelle on dépose les talons et la plus grande partie possible des mollets. La chaise ne doit pas

être trop haute: le bas du dos et le bassin doivent rester appuyés au sol. Tout le dos, les bras et la tête reposent par terre, les cuisses sont à la verticale et les mollets à l'horizontale, bien appuyés.

2. Garder simplement la position quelques minutes en laissant les muscles se détendre.
3. Expérimenter plusieurs positions pour les bras: «au-dessus» de la tête, les doigts entrelacés sous la tête, ou placer les bras en croix, de chaque côté du corps, paumes tantôt vers le sol, tantôt vers le plafond, tantôt vers soi, ou encore placer les mains sur l'abdomen ou sur les hanches.
4. Se lever et bouger un peu pendant une ou deux minutes.
5. Reprendre l'exercice deux autres fois.

Évaluation personnelle

Prendre la position couchée avec les jambes soulevées me détend.

Pas du tout 1 2 3 4 5 6 7 8 9 10 Beaucoup

Position des bras préférée: ____________________

Exercice 17
Position assise de base

1. S'asseoir confortablement, les pieds posés par terre, le dos appuyé, les bras reposant sur des accoudoirs si la chaise en est munie ou, sinon, posés sur les cuisses. La tête reste droite.
2. Laisser les muscles se détendre pendant deux ou trois minutes.
3. Se lever et bouger un peu pendant une ou deux minutes.
4. Reprendre l'exercice deux autres fois.

Évaluation personnelle

Prendre la position assise de base me détend.

Pas du tout	1	2	3	4	5	6	7	8	9	10	Beaucoup

Position des bras préférée: ______________________

Exercice 18
Position du cocher

Cette position permet de détendre un grand nombre de muscles tout en restant assis.

1. S'asseoir sur le bout d'une chaise, de façon à ce que les «os» des fesses s'y appuient, mais pas les cuisses. Poser les pieds par terre, bien à plat. Le corps repose alors sur un triangle, formé par chacun des pieds, par terre, et les fesses, sur la chaise.
2. Une fois ce triangle établi, laisser la tête basculer doucement vers l'avant et laisser le dos s'arrondir, comme si on était une poupée de chiffon. Faire attention cependant de ne pas basculer vers l'avant ou l'arrière.
3. Déposer les avant-bras sur les cuisses.
4. Déplacer le haut du corps vers l'avant, jusqu'à ce qu'on sente qu'on doit contracter les muscles des cuisses et des jambes pour s'empêcher de «tomber». Revenir alors en arrière jusqu'à ce qu'on sente qu'on doit contracter les muscles de l'abdomen pour se retenir de «basculer». La position du cocher se situe juste entre ces deux points: on ne tombe ni vers l'avant ni vers l'arrière, et les muscles de l'abdomen comme ceux des jambes restent détendus.
5. Garder la position une minute, au maximum.
6. Se lever *doucement* et bouger un peu pendant une ou deux minutes.
7. Reprendre l'exercice deux autres fois.

Notes

La position du cocher est relativement inconfortable au début, parce qu'elle provoque un étirement des muscles généralement raccourcis du dos et de la nuque, ce qui peut occasionner de la douleur. Il convient donc de ne pas la garder longtemps les premières fois, de quelques secondes à une minute tout au plus. Progressivement, les muscles vont s'assouplir et s'allonger. La douleur finira par disparaître.

Lorsque le menton pourra toucher la poitrine sans qu'on ressente de douleur, on aura une position très confortable pour se détendre. L'assouplissement des muscles étirés par cette position va de plus nous soulager peu à peu des raideurs que l'on ressent souvent dans la nuque et le haut du dos.

Évaluation personnelle

Prendre la position du cocher me détend.

Pas du tout 1 2 3 4 5 6 7 8 9 10 Beaucoup

Exercice 19
Position de l'enfant

1. S'asseoir sur les talons, la partie supérieure des pieds et les orteils à plat sur le sol, et plier lentement le corps vers l'avant jusqu'à ce que la poitrine repose sur les cuisses et que la tête s'appuie au sol. Procéder doucement, car cette position peut engendrer de la douleur à cause des étirements. Si c'est le cas, appuyer la tête sur quelques livres plutôt que de l'appuyer sur le sol, ou faire l'exercice dans un lit.

2. Placer les mains de chaque côté de la tête, paumes vers le sol, ou déplier les bras et poser les mains près des pieds, paumes vers le haut.
3. Garder cette position une ou deux minutes, ou moins si des douleurs apparaissent. Si on la prend souvent, l'augmentation d'élasticité musculaire qu'elle procure va permettre de la garder plus longtemps.
4. Se coucher sur le côté quelques instants avant de se relever, de façon à éviter d'éventuels étourdissements.
5. Se lever et bouger un peu pendant une ou deux minutes.
6. Reprendre l'exercice deux autres fois.

Évaluation personnelle

Prendre la position de l'enfant me détend.

Pas du tout 1 2 3 4 5 6 7 8 9 10 Beaucoup

Position des bras préférée: ______________________

Exercice 20
Position debout

1. Se tenir debout, les pieds écartés, les genoux très légèrement fléchis.
2. Balancer le corps de droite à gauche et de gauche à droite pendant une ou deux minutes, en laissant la partie supérieure du corps se détendre, puis réduire l'oscillation graduellement jusqu'à ce que le poids soit également réparti sur les deux pieds, les genoux toujours très légèrement fléchis.
3. Balancer alors le corps d'avant en arrière et d'arrière en avant, laisser toujours la gravité entraîner le corps vers le bas; réduire le mouvement graduellement, jusqu'à ce

que tout le corps se tienne en équilibre, le poids étant supporté également d'avant en arrière sur les pieds, comme il l'est de gauche à droite.

4. Rester dans cette position d'équilibre et de détente, et laisser la gravité «alourdir» le corps pendant une ou deux minutes.
5. Bouger un peu pendant une ou deux minutes.
6. Reprendre l'exercice deux autres fois.

Évaluation personnelle

Prendre la position debout me détend.

Pas du tout 1 2 3 4 5 6 7 8 9 10 Beaucoup

Exercice 21
Position assise, sur un coussin, jambes croisées

Cette position, et quelques variantes, sont décrites dans beaucoup de manuels de méditation. En voici les éléments essentiels.

1. S'asseoir au sol, sur un coussin. Croiser les jambes, les genoux pointant vers l'extérieur et reposant au sol.
2. Dans cette position, garder le dos le plus droit possible, mais sans se tendre.
3. Relâcher les bras, déposer les mains sur les genoux ou sur l'intérieur des cuisses, paumes vers le haut ou vers le bas, à notre gré. Garder la position une ou deux minutes.
4. Reprendre l'exercice deux autres fois, en se levant et en bougeant un peu entre chaque répétition pendant une ou deux minutes.

Notes

Expérimenter la position avec des coussins de différentes grosseurs.

Évaluation personnelle

Prendre la position assise sur un coussin, jambes croisées, me détend.

Pas du tout	1	2	3	4	5	6	7	8	9	10	Beaucoup

✓ **Applications au quotidien**

- Expérimenter l'une ou l'autre des positions dans nos activités: attendre dans la position debout, ou écouter de la musique dans l'une ou l'autre des positions couchées, etc.

3 Troisième clé **Détendre volontairement nos muscles**

Il est possible de *dé-tendre* volontairement nos muscles, du moins jusqu'à un certain point. C'est ce qu'on fait quand on détend le front, la mâchoire et les épaules.

Les postures qu'on prend et les mouvements qu'on fait nécessitent la contraction de nos muscles. Les émotions, conscientes et inconscientes, créent aussi des tensions musculaires. Lorsqu'on a peur ou qu'on est agressif, on a très souvent les poings crispés et la mâchoire serrée, ou on tremble. On plisse le front quand on est soucieux, on pousse le bassin vers l'arrière quand on manque d'assurance, on contracte les paupières quand on veut mobiliser notre attention, etc. Chaque expression de notre visage n'est rendue possible que par la contraction de certains muscles. On tend aussi nos muscles pour *éviter* que ne paraissent certaines émotions: on avale et on serre la gorge pour s'empêcher de pleurer, on serre les dents pour ne pas crier. Il arrive que ces tensions échappent totalement à notre conscience, si bien que, par exemple, on n'est plus capable de pleurer, ou que la moindre caresse nous fige.

Les tensions musculaires concernent donc beaucoup plus que le seul mouvement. Si les muscles ne servaient qu'à bouger, il suffirait de se coucher pour se détendre. Mais cela ne suffit pas, comme on le constate quand on a du mal à s'endormir. La détente des muscles procure ainsi des bienfaits qui vont bien au-delà de la seule récupération d'énergie physique. Elle donne *tous* les effets de la relaxation (voir chapitre 2).

Dans la vie de tous les jours, il est donc avantageux de relâcher notre front plissé, de décontracter nos épaules, ou de détendre notre dos… surtout quand il porte un poids plus psychologique que physique! On peut décrisper nos muscles quand ils se contractent sous l'effet du froid, reposer nos jambes qui sautent nerveusement ou nos doigts qui tapent sur la table, quand on se rend compte de leur tension.

Au début, on doit reprendre très souvent ces relâchements musculaires. Cependant, plus on le fait souvent, plus on devient habile à détecter nos tensions et à les dénouer, si bien qu'elles cessent d'être chroniques. Par exemple, on prend conscience de cette jambe qui saute toujours quand on est assis, ou de nos pieds qui ne sont jamais à plat: alors, on s'assoit plus confortablement, on détend la jambe, on pose les pieds au sol. Évidemment, ça recommence peu de temps après, mais on en prend de nouveau conscience, on se replace et on se re-détend. Peu à peu, notre corps s'habitue à une nouvelle position et nos jambes finissent par rester détendues beaucoup plus souvent, sans qu'on ait besoin d'y penser. (L'exercice 58 est très utile en ce sens.)

Si vous faites l'expérience de poser vos pieds à plat sur le sol et de détendre vos jambes, vous constaterez que cela a un effet non seulement sur vos muscles mais aussi sur votre tension psychologique. Bien assis, on se sent en effet plus calme que sur le bout des pieds ou avec une jambe qui saute. On se sent plus solide, on est moins pressé, on discute plus calmement. On n'est pas *complètement* calme, mais on est *plus* calme.

On peut aussi décontracter tous nos muscles et faire ainsi un exercice de relaxation complet.

Exercice 22
Décontracter nos muscles volontairement

Notes

L'exercice dure entre 10 et 15 minutes. Si on ne dispose que de quelques minutes, on peut se restreindre à la partie qui concerne la tête. Mais éviter de faire l'exercice complet en deux minutes: cela ne donnera pas de résultat satisfaisant.

Consacrer entre 10 et 20 secondes à chaque partie du corps, mais pas davantage. Ne pas attendre que chaque partie soit parfaitement détendue avant de poursuivre.

Exercice

Relâcher le dessus de la tête…
Déplisser le front…
Décontracter les sourcils…
Détendre les côtés de la tête…
Prendre conscience de l'arrière de la tête…
Laisser tomber les joues…
Penser aux ailes du nez…
Relâcher la lèvre supérieure…

Puis la lèvre inférieure...
Ouvrir légèrement la mâchoire...
Déposer la langue...
Ouvrir le pharynx...
Décontracter la nuque...
Relâcher la région entre la nuque et les épaules...
Laisser tomber les épaules...
Décontracter la région des omoplates...
Puis le milieu du dos...
Détendre ensuite le bas du dos...
Observer les mouvements de la poitrine...
Laisser l'abdomen respirer...
Relâcher les orteils...
Poser les pieds bien à plat (si assis) ou les laisser tomber de chaque côté (si couché)...
Décontracter les chevilles...
Détendre les jambes...
Relâcher les genoux...
Laisser les cuisses s'ouvrir...
Bien relâcher le bassin...
Décontracter les fesses...
Laisser reposer les hanches...
Détendre les doigts...
Laisser les mains s'appuyer...
Relâcher les poignets...
Bien appuyer les avant-bras...
Prendre conscience des coudes...
Laisser la partie supérieure des bras s'alourdir...
Fermer les paupières...
Décontracter les yeux...
Prendre quelques minutes pour profiter de la détente.
Pour terminer: s'étirer tout en respirant profondément.

Variantes:

- Détendre tout le côté droit (ou gauche) avant l'autre, plutôt que de procéder comme indiqué ci-dessus.
- Pendant l'inspiration, «gonfler» la partie de notre corps sur laquelle on porte notre attention, et la laisser ensuite se «dégonfler» et se détendre avec l'expiration (on combine ainsi l'exercice à la première clé.
- Procéder du centre vers les extrémités plutôt que des extrémités vers le centre, tel que suggéré dans l'exercice: par exemple, relâcher les épaules en détendant d'abord les clavicules et les omoplates, puis les bras en détendant d'abord les épaules et les avant-bras, etc. Pour les jambes, on détend en premier le bas du dos puis le bassin, avant de passer aux hanches, aux cuisses, aux genoux, etc.
- À la fin de l'exercice et même pendant, on peut «se laisser flotter», dans l'eau ou dans l'air, en imagination, pour abandonner encore mieux notre corps à la gravité (on ajoute ainsi la septième clé).

Autre variante? ______________________________

Faire l'exercice au moins trois fois, avec au moins un jour d'intervalle entre chaque répétition avant de remplir l'évaluation qui suit.

Évaluation personnelle

Décontracter volontairement mes muscles me détend.

Pas du tout 1 2 3 4 5 6 7 8 9 10 Beaucoup

Variante(s) préférée(s): ______________________________

____

✓ Applications au quotidien

- On peut faire de brefs exercices de détente musculaire çà et là dans la journée, particulièrement pour relâcher:
  - le front;
  - la nuque et les épaules;
  - les poings;
  - la mâchoire;
  - la gorge (pour respirer plus librement).

  On place de petits signaux pour y penser: sur le miroir, dans l'agenda, dans notre porte-monnaie, etc.
- On peut avantageusement détendre tous nos muscles avant de dormir.
- On peut également les détendre avant de se lever le matin, et bien les étirer ensuite; cela permet de commencer la journée calmement. Si l'exercice nous porte à nous rendormir, c'est signe qu'on n'a pas assez dormi. Cela peut donc nous permettre de réviser notre façon de répondre aux besoins de sommeil de notre organisme.

4 Quatrième clé
Étirer ou masser nos muscles et nos articulations

Certains types de mouvements et certaines actions (comme le pétrissage et la friction) sur la peau, les muscles ou les articulations peuvent aider notre musculature à se décontracter. En relaxation, on utilise les étirements et les massages à cette fin.

Étirer nos muscles

Quand on étire doucement un muscle, cela le détend. C'est notamment par des étirements que le yoga, le stretching, l'anti-gymnastique ou la méthode Feldenkrais favorisent la relaxation musculaire. Il faut cependant que l'étirement soit graduel pour que l'effet désiré se produise. Un étirement rapide ou saccadé produira au contraire un réflexe de contraction, sinon une élongation douloureuse.

On peut amplifier davantage le niveau de relaxation en se réservant une période de détente en position couchée, après les exercices (voir deuxième clé).

Exercices d'étirement

Notes

- Faire les étirements lentement, progressivement, sans secousses. Il revient à chacun de «mesurer» l'intensité qu'il peut donner à chaque étirement pour qu'il soit profitable. On s'approche assez près de la limite de ce qui est possible pour soi, *sans la dépasser*. Pour connaître notre limite, on se fie à la douleur. Si on va trop loin, l'exercice amène le résultat contraire de celui qu'on veut: on se fait mal et notre limite baisse plutôt que d'augmenter. On *donne l'occasion* au corps de s'étirer: on ne le *force* pas.
- Il est en général plus facile de se rapprocher de notre limite d'étirement pendant l'expiration que pendant l'inspiration.
- Garder à l'esprit de suivre le déroulement de ce qui se passe un instant à la fois, sans juger, avec bienveillance, joyeusement et sans désir de performance. De toute façon, *il n'y a rien à réussir*; il n'y a qu'à se détendre.

L'exercice prévu ici peut prendre une vingtaine de minutes. Si on dispose de moins de temps, il vaut mieux réduire le nombre d'étirements que le temps prévu pour chacun.

Exercice 23
S'étirer

1. Debout, les bras de chaque côté du corps, les pieds écartés de 10 ou 12 centimètres, lever doucement le bras droit au-dessus de la tête en faisant un demi-cercle vers la droite et le porter le plus haut possible sans douleur, *lentement*. Laisser le pied gauche être soulevé en réponse à l'étirement. Maintenir la position quelques instants, être présent aux sensations qu'elle engendre, tout en respirant bien, puis laisser le bras redescendre très lentement. Se donner le temps de ressentir la détente et l'effet produit dans le corps en se reposant quelques instants, debout, les bras de chaque côté.
2. Étirer encore le bras droit, cette fois vers le bas, le long du corps. Suivre le mouvement avec le tronc: laisser ce dernier se plier du côté droit. Quand on sent que le pied gauche commence à quitter le sol, tenir quelques instants, puis relâcher lentement, jusqu'au bout. Revenir à la position de départ, et êtré attentif aux sensations que l'étirement a fait naître.
3. Faire la même chose avec le bras gauche. Se reposer quelques instants entre chacun des exercices.
4. Se coucher au sol, sur le dos, les bras de chaque côté du corps, les pieds légèrement écartés et tombant naturellement chacun de leur côté. Étirer ensuite les deux bras au-dessus de la tête le plus possible, sans cependant créer de douleur. Maintenir l'étirement pendant de longs instants, tandis qu'on pousse aussi graduellement les talons le plus loin possible des mains, toujours sans se faire mal. Tenir quelques instants et revenir *lentement* à la position couchée de base. Ressentir la vague de détente qui nous envahit quand nos muscles se relâchent. Se reposer quelques instants.

5. Toujours couché sur le dos, plier la jambe droite, la jambe gauche restant allongée. Saisir le genou droit avec la main droite et le tirer le plus près possible de la poitrine, sans douleur. Maintenir la position de longs instants en gardant notre attention sur l'étirement, puis ramener la jambe à sa position initiale sur le sol, à côté de la jambe gauche, dans la position couchée de base. Ressentir la vague de détente quand la jambe se repose totalement, ainsi que l'effet produit par l'étirement. Refaire le même exercice avec la jambe gauche. Se reposer quelques instants.
6. Se tourner sur le ventre, les bras de chaque côté du corps, les paumes vers le haut, la tête reposant d'un côté ou de l'autre, et se reposer dans cette position quelques instants. Tourner ensuite la tête de façon à poser le menton sur le sol et placer les mains à plat sous chacune des épaules; soulever la tête, le cou, les épaules, et pousser avec les bras pour faire lever la poitrine, le bassin restant au sol. Tenir un moment en respirant bien. Relâcher lentement, laisser la poitrine, puis le menton revenir au sol, tourner la tête d'un côté ou de l'autre, et prendre le temps de ressentir la détente, les bras allongés le long du corps, paume des mains vers le haut.
7. Revenir à la position couchée de base sur le dos. Ramener les genoux sur la poitrine, les y tenir en enroulant les bras autour des deux jambes, et imprimer un léger mouvement de balancement de gauche à droite pour masser le dos, pendant une minute. Revenir à la position couchée et ressentir la détente. Se reposer quelques instants dans cette position.

Variantes

On peut aussi s'étirer en imaginant que quelqu'un, ou qu'un dispositif quelconque, muni d'une corde ou d'une bande élastique, «tire» ou «étire» nos membres; plutôt

que de «forcer» pour les étirer, on abandonne nos membres à cette force imaginaire qui les allonge.
Faire l'exercice 23 au moins trois fois, en laissant passer au moins une journée entre chaque répétition, avant de remplir l'évaluation qui suit.

Évaluation personnelle

M'étirer me détend.

Pas du tout	1	2	3	4	5	6	7	8	9	10	Beaucoup

Pour d'autres façons d'étirer certains muscles, voir les exercices 3, 7, 14, 18, 19, 50, 53, 58 et 60, ainsi que les expériences des chapitres 5 et 6.

Utiliser les massages

Les massages favorisent la détente musculaire. On peut masser les muscles ou leurs tendons (la partie par laquelle ils sont attachés à un os). «Masser» est une expression générale qui peut désigner un grand nombre de manipulations différentes: friction, pression plus ou moins forte avec le bout des doigts, les poings ou encore avec un objet, tapotement, pétrissage, pincement, secouement (des mains, des jambes), frottement, étirement (des doigts, des oreilles), lissage de la peau, effleurement, etc.

Il existe beaucoup de types de massages utilisés avec succès. On trouvera des livres entiers consacrés à l'un ou l'autre (shiatsu, néo-reichien, suédois, jin shin do, Esalen, Trager, etc.), tout comme on pourra consulter des spécialistes en massothérapie. Voici quelques exemples de massages qu'on peut faire soi-même.

Ce premier massage est très utile pour détendre la nuque et les épaules, une région très souvent tendue quand on est stressé.

Exercice 24
Masser notre cou et nos épaules

1. Passer le bras droit devant soi et saisir l'épaule gauche avec la main droite. Mettre la main directement sur la peau.
2. Pétrir progressivement l'épaule et le haut du bras, puis le devant de l'épaule, l'aisselle, longuement, puis se rapprocher de la nuque en pétrissant tout ce qui se trouve à la portée de la main – le haut de l'omoplate, la clavicule, les muscles qui se trouvent sur le dessus, entre l'omoplate et la clavicule. Travailler lentement, avec juste assez de force. Masser les muscles mais aussi les os et les articulations, les bosses et les creux.
3. Masser le côté gauche du cou et de la nuque, de l'épaule jusque sous le crâne. Passer la main droite derrière la tête si cela rend le travail plus facile.
4. Y consacrer au moins deux minutes, au plus cinq.
5. Prendre ensuite le temps de savourer le changement, puis marcher un peu en conservant l'épaule et la nuque plus détendues.
6. Vérifier la hauteur relative des deux épaules dans un miroir.
7. Faire le même exercice de l'autre côté avec la main gauche.

On peut masser ainsi toutes les parties de notre corps. Il n'est pas interdit de demander à d'autres de le faire.

Évaluation personnelle

Masser mes muscles me détend.

Pas du tout	1	2	3	4	5	6	7	8	9	10	Beaucoup

Exercice 25
Masser nos bras et nos jambes (do-in)

1. Placer le bras gauche devant soi.
2. Fermer le poing droit tout en gardant le poignet souple et frapper légèrement la partie extérieure de l'épaule gauche avec le poing droit, et descendre en tapotant toujours légèrement l'extérieur du bras gauche jusqu'au revers de la main, en insistant quelque peu sur le poignet.
3. Toujours en frappant légèrement cette fois la partie intérieure du bras, remonter du poignet (sur lequel on insiste un peu), jusqu'à l'aisselle.
4. Reprendre quelques fois les étapes 2 et 3.
5. Refaire la même chose pour le bras droit.
6. Reprendre les étapes précédentes pour masser les jambes de la même façon, c'est-à-dire en tapotant avec son poing tout en le déplaçant le long d'une ligne: du côté extérieur, on frappe en descendant de la hanche jusqu'au pied, du côté intérieur, on frappe en remontant.

Évaluation personnelle

Masser mes bras et mes jambes (do-in) me détend.

Pas du tout	1	2	3	4	5	6	7	8	9	10	Beaucoup

Voici un exercice pour détendre le visage, qui vous fera expérimenter un grand nombre de manipulations (pétrissage, tapotement, etc.).

Exercice 26
Masser notre visage et notre tête

Prendre entre 30 secondes et une minute par étape.

1. Faire glisser les doigts du centre du front jusqu'aux tempes plusieurs fois, pour masser partout.
2. Pincer la partie charnue des sourcils et déplacer le pincement sur toute leur longueur, de l'intérieur vers l'extérieur, à quelques reprises.
3. Glisser les pouces sous la partie supérieure de l'orbite des yeux en appuyant pour masser de l'extérieur vers l'intérieur, à quelques reprises.
4. Glisser les index sur l'orbite inférieure des yeux en appuyant pour masser, de l'intérieur vers l'extérieur, à quelques reprises.
5. Fermer les yeux. Réunir l'index et le majeur, puis en faire glisser l'extrémité sur les yeux, de l'intérieur vers l'extérieur. Recommencer plusieurs fois.
6. Masser les coins intérieurs des yeux ainsi que la cloison nasale en faisant de petits cercles.
7. Glisser les doigts sous l'os des joues, du nez jusqu'aux tempes.
8. Masser les tempes avec les pouces (mettre les doigts sur la tête).
9. Appuyer les pouces sous les pommettes et tenir 30 secondes.
10. Masser la mâchoire inférieure, du centre jusqu'aux oreilles.
11. Appuyer où l'os de la mâchoire fait saillie, sous les molaires; tenir 30 secondes.
12. Masser les oreilles; les plier et les plaquer sur les côtés de la tête; les étirer, tirer sur les lobes, se servir des index pour masser *doucement* la spirale et le conduit auditif.

13. Déplacer doucement «la pomme d'Adam» (l'os hyoïde et le pharynx) d'un côté à l'autre.
14. Frotter la gorge de haut en bas.
15. Saisir les muscles qui relient les épaules au cou, les serrer et relâcher, plusieurs fois.
16. Appuyer fermement les pouces de chaque côté de la base du crâne, derrière. Tenir 30 secondes.
17. Placer les 10 doigts sur la tête et faire bouger le cuir chevelu et le front, tout en massant énergiquement.
18. Tirer les cheveux par petites touffes, jusqu'à ce que des picotements se fassent sentir.

Référence

Balaskas, Arthur, *Bien vivre avec son corps*, Belfond, Paris, 1979.

Évaluation personnelle

Masser mon visage et ma tête me détend.

Pas du tout 1 2 3 4 5 6 7 8 9 10 Beaucoup

5 Cinquième clé **Être présent**

Dans presque toutes les méthodes d'harmonisation intérieure, il nous est demandé de nous concentrer. Il s'agit donc moins de faire le vide que d'être présent à quelque chose: à nos membres, à notre respiration, à nos idées, à des formules, à des sons ou à de la musique, à des consignes enregistrées sur cassette, à certains mouvements, à certaines sensations, à des images, à la flamme d'une bougie, à des objets, etc. Le plus souvent, les méthodes de relaxation nous recommandent d'être présent à quelque chose de particulier, un instant à la fois. Ce «quelque chose» change selon les méthodes.

Comme toutes les autres, cette cinquième clé de la relaxation n'est pas absolument nécessaire pour se détendre. Par exemple, on peut retirer un effet relaxant d'un bain tiède ou chaud, ou d'un massage même si on pense à autre chose. Cependant, être présent aide à se détendre encore davantage.

Notes

Lire les consignes en entier avant de faire les exercices. Au début, faire les exercices suggérés pendant deux ou trois minutes seulement, pour expérimenter. Ensuite, on pourra les faire plus longtemps.

Exercice 27
Être présent à ce qu'on entend

1. Fermer les yeux et écouter les sons qui nous parviennent, *maintenant.*
2. Prendre simplement conscience de chaque son qu'on entend (une voiture qui passe, un oiseau qui chante, un ventilateur qui tourne, notre respiration, etc.). Si cela aide, se dire: «J'entends passer une voiture... j'entends ma respiration... j'entends le ventilateur tourner, etc.», ou «Une voiture passe... un oiseau chante... je respire», au fur et à mesure que les sons nous arrivent.
3. Quand on se surprend à penser à nos préoccupations habituelles, *revenir simplement à ce qu'on entend.* La pensée ordinaire revient fréquemment, il ne faut surtout pas se crisper pour ça. On peut même inclure nos distractions dans l'exercice en étant présent à notre propre voix intérieure: «Je m'entends dire telle ou telle chose», puis diriger de nouveau notre conscience vers les sons extérieurs.

4. Poursuivre pendant deux ou trois minutes.

Quand les mêmes sons reviennent, il suffit d'y être de nouveau présent, autant de fois qu'on les entend.

Être présent ne consiste pas ici à être aux aguets de tous les bruits, comme quand on a peur, mais simplement à entendre les sons qui sont déjà là. Il ne s'agit pas de *rechercher* des sons, mais de *recevoir* ceux qui viennent jusqu'à nous, d'y être présent. Entendre est ici un acte réceptif.

Évaluation personnelle

Être présent aux sons qui m'entourent me détend.

Pas du tout 1 2 3 4 5 6 7 8 9 10 Beaucoup

Applications au quotidien

- Être présent aux bruits pendant quelques instants est une façon de faire une pause et de réduire la tension qui s'accumule à notre insu au cours de la journée.
- Cela peut aider à apprécier les sons (les voix, les instruments de musique) et aussi à apprécier le silence.
- Cela peut aussi nous aider à constater le niveau de bruit dans lequel on vit et nous inciter à le diminuer, ce qui est favorable à la détente (voir huitième clé).
- Jouer d'un instrument de musique ou chanter permet d'être présent aux sons d'une façon créative tout en arrêtant temporairement d'être préoccupé par tout ce qui nous stresse.
- Être présent aux sons pendant quelques instants est une bonne façon de commencer toute séance de relaxation; cela permet de revenir au présent.

Exercice 28
Être présent à ce qu'on voit

1. Fermer les yeux quelques instants, puis les ouvrir lentement. Regarder autour de soi en gardant les yeux détendus. Ne rien chercher, mais seulement voir ce qui est là.
2. Tourner la tête doucement et découvrir les choses au fur et à mesure qu'elles apparaissent dans notre champ visuel.
3. On peut s'aider à rester présent en nommant ce qu'on voit. Par exemple: «Je vois mon livre... je vois la fenêtre... je vois la chaise verte...» ou «Il y a mon livre... il y a la fenêtre...» Prendre son temps, faire cela simplement. Il ne s'agit pas d'effectuer une fouille, comme un inspecteur sur les lieux du crime, mais d'être ici et maintenant, entouré de divers objets. Rien de plus.
4. Quand on recommence à penser à autre chose («Il faut appeler Georges», «Pleuvra-t-il demain?», etc.), éviter de s'en faire et *revenir simplement à ce qu'on voit*, maintenant.
5. Poursuivre pendant deux ou trois minutes.

On peut faire le même exercice en regardant une image, une photographie, une toile: «Je vois une maison jaune... je vois des fleurs rouges dans le foin... je vois une grange... je vois les sapins disséminés sur la pente... je vois des vaches, etc.» Non pas: «J'aime bien ces vaches... je pense que les arbres devraient être d'un vert plus foncé, etc.», mais laisser venir, voir sans juger.

Évaluation personnelle

Être présent aux images qui me parviennent me détend.

Pas du tout	1	2	3	4	5	6	7	8	9	10	Beaucoup

✓ **Applications au quotidien**

- Être présent aux images, aux couleurs, aux formes, ou regarder les enfants jouer, les étoiles, la façade des maisons devant lesquelles on passe chaque jour, les fleurs, etc., nous permet de vivre davantage dans le présent et moins dans notre tête. On voit ce qui se passe maintenant plutôt que de se préoccuper constamment de ce qui a eu lieu ou de ce qui va se passer.
- Créer: peindre ou faire de la photo mobilise l'attention et nous absorbe dans le présent. Le temps prend une autre dimension, le monde intérieur s'apaise.

On ressent toujours plus ou moins quelque chose dans l'une ou l'autre des parties de notre corps. L'exercice qui suit ne consiste pas à sentir notre corps se détendre, mais plutôt à percevoir ce qui s'y passe, maintenant. Il ne s'agit cependant pas de faire l'examen complet de nos sensations corporelles, mais plutôt d'être présent, simplement, à l'une ou l'autre de ces sensations. On prend conscience de notre corps, on y est présent, et c'est tout. On n'attend rien, on n'espère rien, on est en vacances d'intention et de performance.

Exercice 29
Être présent à ce qu'on ressent physiquement

1. Garder les yeux ouverts jusqu'à ce qu'ils se ferment (éventuellement) d'eux-mêmes.
2. Être présent à nos sensations corporelles.
3. On peut s'aider en disant mentalement ce qu'on ressent. Par exemple: «Je sens mes pieds qui reposent sur le sol… je sens mes mains un peu froides… je sens mes épaules bouger légèrement avec ma respiration… je sens ma mâchoire qui se décontracte… je sens l'air qui passe dans mon nez… je sens mes paupières un peu lourdes, etc.»
4. Quand les pensées courantes nous envahissent de nouveau, revenir encore, simplement, à ce qu'on ressent maintenant.
5. Poursuivre pendant deux ou trois minutes.

Évaluation personnelle

Être présent à ce que je ressens physiquement me détend.

Pas du tout 1 2 3 4 5 6 7 8 9 10 Beaucoup

Applications au quotidien

- Ressentir nos tensions aide à prendre les moyens pour les dénouer.
- On peut agrémenter notre vie en étant présent à toutes sortes de sensations corporelles: le simple plaisir de vivre, celui de bouger, le plaisir sexuel, le vent, la chaleur, l'eau, la détente.
- Être présent à nos sensations douloureuses peut être une façon de les apprivoiser et de vivre plus en paix avec

elles; cela a souvent comme effet de diminuer la sensation de douleur.

- Assouplir consciemment nos mouvements et développer une certaine grâce peut être une façon agréable d'accomplir les gestes quotidiens, et cela permet de vivre avec moins de tension.
- Apprendre à détecter rapidement les sensations de tension musculaire et les autres symptômes de stress (voir chapitre 5); respecter le besoin de repos qu'indique l'augmentation de ces sensations et de ces symptômes, plutôt que de décider de suspendre le travail en se basant uniquement sur des choses extérieures (par exemple, quand tout est terminé ou qu'il faut aller se coucher parce qu'il y a tant à faire demain...) ou sur des réflexions intellectuelles («Je ne devrais pas être fatigué après n'avoir accompli que si peu», «Ce n'est pas normal que j'aie mal dans le dos», «Si on écoutait notre fatigue, on ne ferait jamais rien», etc.). Quand on respecte notre besoin de repos, on est moins fatigué, on se sent plus énergique et on accomplit *plus* de travail. Ce qui ne devrait toutefois pas nous empêcher de nous demander pourquoi au juste on veut tant travailler...

Exercice 30
Être présent à ce qu'on entend, voit et ressent

1. Être présent à deux ou trois sons qu'on entend, puis à deux ou trois choses qu'on voit, puis à deux ou trois sensations corporelles.
2. Après avoir fait la première étape trois ou quatre fois, être présent à ce qu'on perçoit maintenant, peu importe qu'on le voie, qu'on l'entende ou qu'on le sente.
3. Quand on s'aperçoit qu'on pense à autre chose, revenir simplement aux sons, aux images et aux sensations.
4. Poursuivre pendant deux ou trois minutes.

Évaluation personnelle

Être présent à ce que j'entends, vois et ressens me détend.

Pas du tout 1 2 3 4 5 6 7 8 9 10 Beaucoup

✓ Applications au quotidien

- On peut faire l'un ou l'autre de ces exercices dans beaucoup de circonstances, durant 30 secondes ou 30 minutes: dans la file d'attente, dans le métro ou l'autobus, pendant une pause au travail, etc. On peut ainsi être présent, «ici et maintenant», pendant presque toutes nos activités. Par exemple, sous la douche: «Je vois le jet d'eau… je sens sa chaleur… j'entends le bruit de l'eau… je sens l'eau couler sur moi… je vois la bouteille de shampooing… je sens le mouvement de mes bras…, etc. Éventuellement, les mots deviennent superflus: on arrive à être présent à ce qui est là. Plutôt que d'être préoccupé, on s'absorbe davantage dans ce qui est ici et maintenant.
- On peut expérimenter d'être présent aux sons, aux images et aux sensations pour se reposer pendant quelques instants.
- On peut diriger notre conscience vers les sons ou vers nos sensations pour mieux court-circuiter le mécanisme des pensées tenaces qui nous empêchent de nous endormir.
- Apprendre à *ralentir* et à *vivre consciemment*. Être présent facilite le développement de ces deux autres grandes habiletés à acquérir si on veut réduire notre niveau de stress.

Ces exercices de base sont simples et ne demandent aucun équipement. On peut aussi les faire dans les périodes exclusivement réservées à la relaxation. Ils illustrent comment cette cinquième clé (être présent) peut nous aider à relaxer. Dans le quotidien, la présence aux choses et aux êtres rend la vie beaucoup plus belle. «Ce sont les sens qui rendent heureux, et non l'esprit spéculatif», écrivait Jean Giono.

6 Sixième clé
Adopter l'attitude «laisser être»

Adopter l'attitude «laisser être» consiste à accueillir ce qui arrive avec bienveillance. Lorsqu'on pratique la relaxation avec cette attitude, on évite d'avoir des attentes précises et de considérer l'exercice que l'on fait comme une performance à accomplir. Quand une pensée nous distrait, ce qui arrive très souvent, on revient à notre objet d'attention comme si de rien n'était. Quand on se rend compte qu'on voudrait «faire mieux», on prend conscience de ce désir de performance, mais on ne s'efforce pas de «faire mieux», pas plus qu'on ne combat le désir d'y arriver: on revient simplement à notre objet d'attention. On est très permissif à l'égard de notre pensée du moment, mais on ne s'en occupe pas. Les distractions, les émotions, les désirs arrivent; ce n'est ni bien ni mal, on les accueille sans juger et on dirige de nouveau notre conscience vers notre respiration, vers nos membres, vers ce qu'on entend, ou vers autre chose, selon la méthode qu'on pratique.

On prend conscience de ce qui se présente, on revient à notre objet d'attention, jusqu'à la prochaine «escapade» de notre cerveau. On recommence ainsi aussi longtemps que dure l'exercice. On pourra *plus tard* mieux examiner ce qui est cause de stress et agir de façon à le solutionner, si on le juge utile. Par exemple, si ce sont des idées concernant l'emploi, des choses en retard ou des problèmes amoureux qui reviennent pendant qu'on est présent à notre respiration, on saura qu'on a des choses à explorer et des décisions à prendre.

Mais *pendant* l'exercice, on ne mesure rien, on n'évalue rien, on ne critique rien. On observe ce qui se passe dans notre monde mental avec un esprit neutre, et quand un esprit ne peut pas rester neutre, on observe avec notre esprit neutre que notre esprit n'a pas pu rester... neutre! On est en congé. Pendant l'exercice, on observe ce qui se passe comme on regarderait couler l'eau de la rivière, sans penser que cela pourrait être autrement. On prend conscience de ce qui se passe, sans juger: on laisse être. On «laisse être», non pas comme celui qui laisse son prochain dans la misère, mais comme le bouton qui devient fleur, qui se transforme en laissant les choses se produire plutôt qu'en s'efforçant d'arriver à quelque chose de précis.

Dans la vie de tous les jours, cette attitude ne mène ni à la passivité ni à l'indifférence: elle permet un recul. Laisser *être* n'est pas laisser *faire*. On peut laisser être la frustration d'un enfant à qui on refuse une faveur, mais on ne le laisse pas frapper son frère pour se défouler. On laisse être le désir de tout laisser tomber, on lui permet d'exister, mais, quand il est passé, on reprend nos responsabilités, quitte à voir comment on pourrait alléger notre fardeau. On laisse être le désir de recommencer à fumer, plutôt que d'en combattre l'apparition, mais on tient bon dans nos choix de santé et on ne cède pas. On laisse être les *désirs* et les *émotions*, on accepte qu'ils nous habitent, mais on ne se soumet pas à ce qu'ils pourraient nous imposer comme *action* dans l'immédiat.

Pendant la pratique, on se retire dans notre espace intérieur. Pendant qu'on dirige notre conscience vers notre respiration, par exemple, de nombreux conférenciers viennent faire leur causerie ou leur propagande dans notre cerveau. Ou bien les films qui passent dans notre tête nous montrent un avenir sombre ou heureux, ou nous rappellent un passé parfois joyeux, parfois douloureux. On accueille leurs propos ou leurs scénarios, sans les chasser activement. On prend simplement conscience de ce qu'on a en tête: on ne le combat pas, on ne se fait pas une obligation de rester concentré; on se repose plutôt en jouant à ramener encore et encore notre attention à notre respiration.

Ainsi, on est «spacieux», on fait de la place à tout ce qui nous habite. Plus cet espace intérieur est grand, moins ce qui s'y trouve est dérangeant. N'étant pas refoulées, toutes nos pensées ou nos émotions peuvent aller au bout de leur course et, éventuellement, s'éteindre d'elles-mêmes. Et si elles reviennent, ce ne sera pas grave, puisqu'on a beaucoup d'espace pour les accueillir. On ne sera donc pas envahi et on pourra ramener notre attention sur nos bras ou notre respiration, par exemple. Ce n'est pas tant ce à quoi on pense qui nous stresse que la façon dont on l'aborde. La création d'un grand espace intérieur, grâce à l'attitude «laisser être», permet de se détendre non seulement *malgré* toutes sortes de pensées, mais *avec* tout ce qui se passe en nous.

Si on ne développe pas l'attitude «laisser être», ce qui se passe pendant les exercices risque de nous stresser. On tente en effet souvent de relaxer pour se calmer, pour chasser la tension que l'on ressent. Or, on n'arrive ni à penser à rien ni à rester concentré sur notre respiration ou sur nos bras. On pense même constamment à ce qui nous stresse! On est alors tenté de se fâcher, de se dévaloriser, de penser avec acharnement qu'il ne faut pas... penser! On tourne en rond: on *s'énerve* avec la relaxation!

L'attitude «laisser être» permet au contraire de revenir tout bonnement à notre objet d'attention. Elle permet d'assister comme un observateur bienveillant à ce qui se passe dans notre monde mental, sans lutter. On est présent à notre vie intérieure sans espérer qu'elle soit autre chose que ce qu'elle est, même si la consigne voulant qu'on revienne constamment à notre respiration, à des formules à répéter ou à autre chose pourrait faire croire qu'il faut rester concentré.

Le désir de performance déclenche la réaction de stress: *vouloir, c'est être tendu.* Plus on veut activement se détendre, moins on y parvient, tout comme plus on s'efforce de dormir, moins on s'endort. Si effort il y a, il consiste plutôt à bien s'installer pour relaxer; dès que l'exercice commence, on ne s'efforce plus de rien faire: on se détend.

Quand on vise la performance, on s'évalue, on se juge, on est satisfait ou frustré, on s'efforce de faire mieux: toutes ces attitudes augmentent le stress. On néglige ainsi ce qui se passe ici et maintenant pour se stresser avec ce qui a été ou ce qui sera, avec ce qu'on pense qui aurait dû être ou qui devrait être.

L'attitude «laisser être» amène à:

- se consacrer au moment présent;
- accueillir avec bienveillance plutôt que combattre;
- s'abandonner plutôt que contrôler;
- se détendre en étant présent plutôt que se concentrer et se crisper en désirant rester concentré.

C'est la clé la plus difficile à intégrer, car on se dit:

- «Est-ce que je fais comme il faut? Il ne faut pas que je me trompe.»
- «Comment se fait-il que mes bras ne soient pas lourds?»
- «Je le savais bien que je ne serais pas capable.»
- «Arrête de penser au travail! Relaxe, bon Dieu!»
- «Les autres personnes du groupe réussissent sans doute mieux que moi.»
- «Cette fois-ci, il faut que ça marche!»

Ces réflexions nuisent à la relaxation quand on s'y attarde. *Il s'agit plutôt de les observer comme le reste.* On se détend non pas en réussissant à se concentrer parfaitement sur quelque chose, mais *en ne se stressant avec rien.* Surtout pas avec un exercice de relaxation!

Tout ce qui arrive pendant les exercices est bienvenu, normal, correct: on ne peut pas se tromper. On peut tout accueillir avec bienveillance, notamment les si fréquents vagabondages de notre pensée. Ce n'est pas tant la qualité de la concentration qui compte que la détente. C'est en laissant les événements intérieurs et extérieurs survenir sans s'offusquer qu'on se détend, *sachant qu'on fait toujours le meilleur exercice qu'on peut faire*, et en l'acceptant. Le reste ne nous appartient pas. Tout se passe ici, maintenant, ainsi: on ne peut faire ni mieux, ni pire.

Où que l'on soit, il y a toujours quelque chose qui occupe notre esprit. Présentement, c'est peut-être la phrase qu'on lit, une de celles qu'on a lues à la page précédente, un sentiment de curiosité par rapport à l'exercice qui va être proposé, une hésitation entre continuer notre lecture ou faire autre chose, une sensation de faim ou de soif, un souvenir. Ces pensées qui nous arrivent peuvent traverser notre esprit en une fraction de seconde, ou y rester pendant plusieurs minutes. Elles peuvent revenir fréquemment, tout comme elles peuvent disparaître comme elles sont venues.

Notre cœur bat, notre estomac brasse les aliments… et notre tête pense. Très souvent, elle n'a même pas besoin de nous pour choisir ce avec quoi elle s'occupe. Il arrive même qu'elle nous envoie au diable! On veut se concentrer sur une lecture, mais, elle, elle a mieux à faire: on n'arrive alors pas à retenir quoi que ce soit, même après avoir lu la même phrase quatre ou cinq fois!

Ce qui nous stresse, c'est qu'on prend pour de l'argent comptant ce que pense notre tête, alors que le contenu même de ces pensées est très variable et souvent contradictoire. Ce qui est triste un jour devient plus neutre le lendemain; ce qui apparaît prioritaire sinon incontournable à un moment donné devient accessoire quelques heures plus tard.

Il est très intéressant d'apprendre à voir nos pensées comme des événements, des «choses passagères qui nous arrivent» plutôt que comme des reflets exacts d'une réalité objective ou de la vérité. On se donne ainsi une marge de manœuvre par rapport à nos pensées et on ne les laisse pas nous envahir au point où on se croit obligé de poser les gestes qu'elles commandent, ou d'amplifier les émotions qu'elles inspirent dès qu'elles apparaissent. Il y a moins de drames, d'urgences et de besoins essentiels dans notre vie que ce que nos pensées nous portent à croire. C'est souvent parce que le drame est *déjà* dans notre tête que les situations apparaissent dramatiques: quand on est de bonne humeur, les mêmes situations prennent tout à coup une autre couleur. Quand on est détendu, les choses deviennent moins pressantes, ce qui n'empêche évidemment pas d'agir.

Il est d'ailleurs bon d'apprendre à poser des gestes concrets pour se donner une vie plus saine bien avant que les situations ne deviennent dramatiques. Si on reste en contact avec soi et si on s'occupe de notre vie au jour le jour, on vit plus harmonieusement que si on se laisse emporter dans la dégringolade jusqu'au point où il faut absolument changer des choses parce que ça ne peut plus attendre. La proaction est une attitude qui permet d'éviter beaucoup de stress inutile (Covey, 1993).

On peut évidemment se détendre sans adopter l'attitude «laisser être». Certaines techniques, comme l'autohypnose, les massages ou les étirements, ne la requièrent pas. On se détendra cependant davantage si on adopte cette attitude pendant qu'on utilise ces méthodes.

Observer nos pensées

Quand on prend régulièrement du temps pour observer nos pensées, on sait mieux où on en est: il est alors plus facile de poser les bons gestes au bon moment, tout en développant une plus grande acceptation de la vie telle qu'elle est. Au début, c'est un peu difficile; mais c'est une habileté qu'on peut acquérir peu à peu.

Exercice 31
Observer nos pensées

1. Prendre conscience de ce qui est présent à notre esprit, un instant à la fois.
2. Donner carte blanche à notre esprit et le laisser libre de s'occuper à ce que bon lui semble.
3. Pendant ce temps, observer les pensées qui vont passer dans notre monde mental.
4. Continuer l'observation pendant deux ou trois minutes.

On regarde notre propre activité mentale comme un témoin sans intention. Peu importe ce qui occupe notre esprit – images, sons, résolution de problème, émotion, désir, etc. – on en prend conscience, on le laisse être et on se détend.

Faire l'exercice au moins trois fois avant de remplir l'évaluation qui suit.

Évaluation personnelle

Observer mes pensées me détend.

Pas du tout	1	2	3	4	5	6	7	8	9	10	Beaucoup

✓ Applications au quotidien

- Apprendre à observer la fluctuation des désirs et des pensées, de façon à s'en rendre moins esclave.
- Quand quelque chose crée un problème, s'intéresser autant à notre propre façon de voir les choses qu'à ce qui semble en être la source.
- Apprendre à mieux voir les relations entre notre niveau de stress et le fonctionnement de notre esprit; voir comment la perception de l'urgence et de la nécessité

d'accomplir ou de changer des choses varie selon qu'on est tendu ou détendu, qu'on vient de souffrir d'un problème qui perdure ou qu'on est dans une période d'accalmie.

- Apprendre à cerner les mécanismes mêmes de notre esprit, s'intéresser aux images et aux sons avec lesquels on pense; jouer avec ces images (les rapetisser, les éloigner, les rendre plus claires, les embrouiller, les accélérer, les ralentir, etc.), avec ces sons (diminuer l'intensité, l'augmenter, accélérer le débit, le ralentir, etc.). Essayer de discerner comment notre cerveau s'y prend pour nous faire croire ou ressentir telle ou telle chose, à un moment donné, et pour nous faire croire ou ressentir le contraire quelques heures plus tard.
- Quand on est envahi par un désir dont la réalisation susciterait des regrets, attendre un peu pour lui laisser le temps de passer, plutôt que de se décevoir soi-même. Il peut s'agir d'un achat compulsif, d'un désir de manger ou de boire de façon malsaine, d'un besoin de communiquer avec quelqu'un alors qu'on sait que ça va encore une fois nous faire souffrir, par exemple. Voir que, comme tout ce qui occupe notre pensée à un moment donné, les désirs vont et viennent.
- Attendre davantage d'avoir le goût de faire ce qui nous rebute dans l'immédiat, plutôt que de s'y contraindre. À un moment ou à un autre, on finit par trouver moins pénible l'idée de passer l'aspirateur ou de ranger les vêtements d'hiver. Il arrive même qu'on en ait le goût: profitons-en alors pendant que ça passe!

Concentration passive

Comme toutes les conditions qui facilitent la relaxation, l'attitude «laisser être» est généralement utilisée en combinaison avec d'autres clés, dont, le plus souvent, «être présent» (5e clé). En science, on appelle «concentration passive» l'utilisation combinée de ces deux clés. Cette expression peut porter à confusion parce que le terme «concentration» implique souvent une certaine tension, alors que la concentration passive résulte plutôt d'un regard vers l'intérieur désencombré de tout désir. En fait, en concentration passive, «l'homme reste dans un état dans lequel il porte ses regards au niveau des impressions qui se développent quand il "se donne" aux formules monotones et "fatigantes": sans aucune tension d'esprit, il se laisse aller "comme en regardant un beau tableau ou en écoutant une belle musique".» (Geissmann et Durand de Bousingen, citant Schultz, 1968)

La concentration passive correspond à ce qu'on appelle la «vigilance» dans certains mouvements méditatifs: «Être vigilant signifie être intensément présent à ce qui surgit à tout instant, sans avoir l'idée de faire quelque chose en particulier ou de devenir quelqu'un de particulier.» (Dhiravamsa, 1983)

Exercice 32
Se concentrer passivement sur un objet

1. Choisir un objet qu'on peut tenir dans les mains.
2. Faire connaissance avec cet objet en utilisant tous nos sens: le soupeser, le regarder sous tous ses angles, le sentir, le toucher, le frotter sur soi, y goûter, écouter les bruits qu'il peut faire.
3. Faire chaque geste lentement, *avec toute notre attention.*
4. Poursuivre pendant deux ou trois minutes.

Il ne s'agit pas de savoir si l'objet est rond ou carré, s'il sent les oranges ou le pain, mais simplement d'être présent à cet objet, maintenant, sans juger ni comparer. Développer cette faculté de percevoir directement, sans analyser.

Avant de remplir la fiche d'évaluation qui suit, faire l'exercice à quelques reprises, à différents moments de la journée.

Évaluation personnelle

Me concentrer passivement sur un objet me détend.

Pas du tout	1	2	3	4	5	6	7	8	9	10	Beaucoup

✓ **Applications au quotidien**

- Les «objets» auxquels on peut être présent ici et maintenant sont innombrables: nos propres gestes, les nuages, les couleurs, les odeurs, les formes, les poids, etc.
- Observer sans juger, «être avec» plutôt qu'«être contre» favorise la détente: être avec le bruit du ventilateur, le froid du vent, la fin de semaine pluvieuse, la colère de notre enfant, notre propre tristesse, notre sentiment de panique, notre faiblesse ou notre déception, peut faire du bien, alors qu'être «contre» nous engage dans un combat stressant ou nous fait souvent vivre de l'impuissance.
- L'harmonie n'est pas toujours que détente: quand on est présent à ce qui nous entoure, on peut aussi se mettre au diapason de ce qu'on observe et *répondre* en harmonie: danser sur la musique, passer le balai avec Beethoven, faire le ménage ou couper les légumes en coordonnant nos gestes au rythme des chansons qu'on aime (attention à vos doigts si vous aimez le rock!). On peut respirer avec le vent, se calmer avec le coucher du soleil, développer notre patience en nous inspirant de celle d'un arbre, faire de l'espace en nous en observant longuement un ciel étoilé, etc.

Ce n'est pas en réussissant parfaitement à se concentrer qu'on réussit à se détendre: c'est en considérant qu'il n'y a rien de mal à ce que notre esprit s'occupe comme il l'a toujours fait, même si on le ramène à certaines choses déterminées pendant les exercices. Faisons-le revenir avec bienveillance à ce qu'on a choisi. Avec les mois et les années, il apprendra à s'y reposer. Nous aussi.

7 Septième clé
Utiliser la suggestion ou l'autosuggestion

Suggérer, *c'est utiliser des mots ou des images pour favoriser le développement d'un processus interne.* Par exemple, on peut suggérer qu'un muscle se détende, ou qu'il se contracte. La suggestion aide les mécanismes déjà actifs dans notre système nerveux. On n'invente rien et on n'essaie pas de se convaincre. On dirige simplement notre esprit vers certaines possibilités corporelles ou psychologiques et, en utilisant des mots ou des images appropriés, on aide à ce qu'elles deviennent réelles.

Moshe Feldenkrais, créateur d'une méthode de rééducation somatique qui porte son nom, avait régulièrement mal à un genou. Il a cependant réalisé que, à certains moments, son genou *ne* le faisait *pas* souffrir. Il a alors mis l'accent sur le côté «santé» de ce qu'il observait: il a systématiquement noté ce qui gardait son genou en bon état et il a finalement programmé des exercices pour conserver cette bonne forme. Comme lui, on se comporte moins en fonction de la réalité qu'en fonction *de l'aspect des choses sur lequel on s'attarde.* Tout processus biologique ou psychologique peut évoluer; on n'a pas le plein contrôle sur cette évolution, mais on peut l'influencer favorablement par notre pensée, en mettant l'accent sur la santé plutôt que sur la maladie.

Et il y a plus! À l'intérieur de certaines limites, *plus on croit être comme ceci ou comme cela, plus on le devient.* Si, par exemple, «on imagine», «on se répète», autant comme autant, qu'on est tendu et qu'on ne peut pas se détendre, *cela augmente notre tension*… et cela nous donne raison. Par ailleurs, si en marchant, en prenant un bain ou en recevant un massage, on se rend compte qu'on n'est pas toujours tendu, une suggestion inconsciente de détente s'installe: on comprend qu'il nous est possible de nous détendre.

On peut utiliser les suggestions de détente de façon consciente. Objectivement, il est toujours possible d'approfondir notre état de détente, si notre posture s'y prête; chacun peut cependant ou bien contrer cette possibilité ou bien l'aider à se réaliser. Nous utiliserons la suggestion pour favoriser la relaxation.

La suggestion a évidemment des limites. Si on se répète qu'on va enfin gagner des millions à la loterie, on ne fait pas de l'autosuggestion: on s'invente des histoires! Cela n'a pas d'impact réel sur nos chances de gagner. La suggestion doit porter sur un processus physique ou psychologique qui peut augmenter ou diminuer.

Par exemple, les personnes qui ont confiance en elles utilisent plus ou moins consciemment l'autosuggestion «positive»: dès qu'un défi se présente, elles se voient clairement en train de réussir, elles se répètent avec certitude qu'elles vont y parvenir. Leurs images internes et leurs mots suggèrent cette réussite. Elles notent spontanément leurs bons coups et se confirment ainsi qu'elles progressent; elles considèrent leurs erreurs comme normales et s'en servent pour corriger le tir. Cela les aide à mobiliser leurs ressources dans le bon sens.

Les personnes qui ne se font pas confiance utilisent aussi inconsciemment la suggestion, mais de façon négative; avant même d'entreprendre quoi que ce soit, elles se voient échouer ou elles se répètent avec conviction qu'elles ne seront pas capables de réussir. Elles voient alors leurs erreurs comme la preuve qu'elles n'y arriveront pas et considèrent leurs bons coups comme de la chance ou comme étant la moindre des choses. Tout est alors difficile. Et, lorsqu'elles abandonnent, elles y voient une preuve supplémentaire de leur incompétence et se sentent d'autant plus justifiées de ne pas se faire confiance.

Alors, aussi bien utiliser la suggestion positivement. (Attention cependant à ne pas se suggérer qu'on n'en sera pas capable...)

Les images mentales qui reviennent dans notre tête et les mots qu'on répète *amplifient* ce qu'ils représentent. Si on se répète «Je ne sais rien faire», «Je suis maladroit», etc., on finit par s'en persuader. On ne voit alors plus nos erreurs comme la conséquence d'un processus normal d'apprentissage, mais comme celle d'une incompétence ou d'une inaptitude fondamentales. D'où l'utilité d'apprendre à observer nos pensées (exercice 31).

Toute perception de soi-même fait office de suggestion et se renforce par le fait même. Dire «Je suis comme ceci ou comme cela», ce n'est pas décrire une réalité permanente, c'est consolider ce qui n'est qu'une perception. Si on veut changer, il vaut mieux faire attention à ce qu'on pense de nous-même et qu'on répète comme une vérité. On peut alors mieux diriger notre pensée sur les possibilités de santé et de bien-être.

Par exemple, plutôt que de se répéter sans cesse qu'on n'a pas confiance en soi quand on observe qu'on manque d'aplomb dans une situation donnée, on peut se rappeler les secteurs où on a de l'assurance, et se répéter qu'on se fait confiance pour certaines choses. On commence alors à comprendre qu'on n'a *pas encore* acquis une grande confiance en nous dans tel ou tel autre secteur. «Je ne pourrai jamais apprendre à me servir d'un ordinateur» devient donc «Je n'ai pas encore appris à me servir d'un ordinateur, mais comme j'ai appris beaucoup de choses dans ma vie, je vais me donner les moyens d'apprendre cela aussi». «Pas encore» ouvre la porte au changement, tandis que «pas du tout» la ferme. «Pas encore» donne le goût de s'entraîner à développer une habileté, alors que «pas du tout» coupe toute possibilité et tout espoir.

Quand on fait de l'autosuggestion, on utilise essentiellement des mots et des images: on se répète des mots qui décrivent la façon dont on veut que le changement visé s'opère, ou on se voit tel qu'on désire devenir. Par exemple, on répète

«Mon bras se détend» ou «Ma respiration se calme», ou on voit notre bras détendu ou on imagine notre respiration profonde.

Voici une première expérience pour comprendre tout cela de l'intérieur.

Un muscle n'est à peu près jamais totalement contracté ou complètement relâché: il est le plus souvent *plus* ou *moins* tendu ou détendu. On peut tout autant augmenter la tension que la diminuer. C'est donc un processus auquel on peut appliquer la suggestion.

Notes

Garder une partie de notre attention sur la nuque pendant qu'on lit ce qui suit. Lire assez lentement pour avoir le temps de bien imaginer les sensations suggérées.

Expérience
Suggérer la tension de la nuque

«Ma damnée nuque est presque toujours tendue. Chaque fois que j'y pense, c'est parce qu'elle me fait mal, c'est pour constater qu'elle est contractée... Cette tension ne me lâche jamais... Il paraît que ça ne peut pas se détendre à cause du poids de la tête... J'ai d'ailleurs presque toujours l'impression qu'elle pèse une tonne, ma tête... Pas surprenant qu'on ait la nuque dure comme une roche... C'est comme quand on a très peur... ou quand on sort dehors l'hiver et qu'il fait très froid... Les épaules remontent et la tête y rentre... J'ai le sentiment de porter un tas de problèmes sur mes épaules, de porter le poids du monde sur mon dos... De plus, la tension est coriace... C'est comme si j'avais des câbles d'acier dans le cou. Des fois, j'ai l'impression que c'est pris comme du ciment, tellement c'est serré... tellement ça ne respire pas là-dedans... Ça me fait mal! Tout est coincé... bloqué... tassé... compressé... compacté...»

Si on sent que notre nuque s'est contractée davantage, on peut maintenant la relâcher. Détendre aussi le visage, puis relâcher la mâchoire et les épaules.

Poursuivre immédiatement avec l'expérience suivante.

Expérience
Suggérer la détente de la nuque

«Dès que je pense à ma nuque, elle se détend, ma tête devient un peu plus légère... comme un ballon qui se balance doucement... agréablement... Mes épaules se dégagent, elles se placent mieux... je sens les légers mouvements de «tombée» que cela crée dans mes bras... Ma nuque respire mieux... elle se dégage... elle s'éclaircit... elle s'allonge... c'est vraiment plus léger, plus spacieux... Mes yeux et mes joues se détendent aussi... ma tête roule plus librement d'un côté à l'autre... mon cou est plus souple... ma nuque est plus légère... elle est plus transparente... plus limpide... ma tête bouge doucement. Ma respiration se fait plus profonde... à chaque inspiration ma nuque devient plus spacieuse... à chaque expiration, elle devient plus légère...»

Quel effet ces mots produisent-ils?

La suggestion sert à amplifier un phénomène physique ou psychologique. Autant l'utiliser pour amplifier ce qui nous fait du bien! Cependant, il ne faut pas lui demander ce qu'elle ne peut donner. Elle ne paie pas les factures, elle ne conduit pas le prince ou la princesse de nos rêves à notre porte. Mais elle aide à relaxer, et elle peut soutenir d'autres fonctions biologiques ou psychologiques.

Les muscles ont tendance à réagir réellement aux pensées et aux images internes. Cette réponse musculaire déclenchée par une idée est une «réponse idéomotrice». Beaucoup de méthodes d'autosuggestion et d'hypnose utilisent cette réponse idéomotrice.

Notes

Il est préférable de faire les expériences et les exercices structurés qui suivent *au fur et à mesure* qu'ils sont décrits. Il arrive en effet que le texte qui suit la description d'un exercice «vende la mèche». Une fois qu'on l'a lu, il est trop tard pour comprendre vraiment ce que l'exercice voulait montrer.

Expérience
Créer une tension musculaire avec notre seule pensée

1. Se lever.
2. Imaginer intensivement que quelqu'un (qui ne nous veut pas de mal) a sa main sur notre sternum – c'est l'os au centre de la poitrine – et qu'il nous pousse lentement et graduellement vers l'arrière, après qu'on le lui ait demandé. Imaginer sa poussée, dont la force s'accroît progressivement.
   Imaginer cette poussée comme si elle était réelle. Le corps se dirige-t-il vraiment vers l'arrière, ou les muscles (derrière les jambes, dans la nuque) se contractent-ils réellement pour résister à la poussée pourtant parfaitement imaginaire? S'agit-il des mêmes contractions que celles qui surviennent quand on subit une poussée réelle?
3. Pour comparer, mettre maintenant les doigts sur le thorax et se pousser soi-même réellement (y aller doucement!) vers l'arrière. Est-ce que ce sont les mêmes muscles qui se contractent pour empêcher qu'on ne recule? La simple imagination d'une poussée a-t-elle les mêmes effets qu'une poussée réelle venant de soi-même? Ensuite, s'asseoir, après avoir vérifié comment la simple idée de s'asseoir a changé la tension dans les jambes.

En relaxation, on peut utiliser cette forme de suggestion, basée sur l'imaginaire, pour détendre nos muscles. Un exercice en ce sens vous sera proposé après les quelques explications qui suivent sur les connexions musculaires.

Les muscles ne sont pas indépendants les uns des autres. Ils se contractent de façon concertée pour produire les mouvements. Chaque mouvement sollicite des muscles particuliers, mais il arrive que des muscles qui ne sont pas nécessaires à une action précise se contractent aussi, inutilement. Par exemple, quand on soulève un objet, on contracte souvent inconsciemment la mâchoire, ce qui n'est aucunement utile au mouvement. Cette tension de la mâchoire peut même être présente quand on lit…

Alors, pendant que vous continuez à lire, pourquoi ne pas en profiter pour penser que vous n'avez absolument pas besoin de garder votre mâchoire tendue? Et, comme vous n'avez pas besoin qu'elle reste contractée, vous pouvez le plus naturellement du monde la laisser se détendre. Ce faisant, prenez conscience que vos dents se desserrent automatiquement quand vous détendez les muscles qui se trouvent de chaque côté de votre visage, vers l'arrière, et que ce relâchement ouvre ainsi un espace dans votre bouche. Votre bouche étant intérieurement plus grande, cela ouvre aussi votre pharynx, ce qui a pour effet naturel d'approfondir légèrement votre respiration, à laquelle vous ne pensiez probablement pas.

Si vous acceptez de lire plus lentement pour mieux prendre conscience de ce léger approfondissement de la respiration, vous remarquerez que, aussi léger soit-il, il a pour effet, à son tour, de détendre davantage votre mâchoire, et cette ouverture de votre mâchoire entraîne naturellement, à cause de la pesanteur liée à la gravité, le relâchement de vos joues.

Vos joues étant ainsi plus détendues, et votre mâchoire étant légèrement ouverte, l'espace dans votre bouche s'agrandit très légèrement et votre langue devient encore plus «large»; vous la sentez peut-être plus épaisse dans votre bouche, ce qui a pour effet, en retour, de détendre davantage votre gorge, parce qu'elle y est physiquement attachée.

Dès que votre gorge commence ainsi à se détendre un peu, cela a un effet relaxant sur vos clavicules, et, en bout de ligne, sur vos épaules, et donc aussi sur le haut de votre dos qui, comme tout le monde le sait, a souvent besoin d'être détendu. Vos omoplates réagissent à l'ensemble du mouvement de détente, ce qui dégage encore davantage votre nuque. Ce dégagement de votre nuque agit à son tour sur tous les muscles de votre cou; dès qu'ils se décontractent le moindrement, le poids de votre tête vous semble différent; elle devient comme plus légère.

Quand votre mâchoire se détend, cela implique à la fois votre gorge, votre respiration, vos joues, vos clavicules, vos omoplates, vos épaules et votre nuque. C'est donc tout le haut de votre corps qui est entraîné à sa suite vers une plus grande détente. Voilà comment les muscles sont reliés entre eux.

Contrairement à ce qui vient d'être décrit, l'enchaînement de la détente musculaire de la mâchoire, de la gorge, des joues, des épaules et de la nuque est loin d'être automatique. Mais cette suite de relâchements n'est pas impossible. Si vous avez réellement éprouvé certaines des sensations décrites, si vous êtes sensible au type de suggestion qui a été utilisé, les méthodes qui s'en inspirent vous conviendront. Profitez-en. L'exercice promis précédemment est donc déjà fait.

Si vous connaissez bien la biologie, il est possible que vous ayez pensé: «Encore un autre qui dit n'importe quoi», et, bien sûr, cela ne vous a pas été très utile. Si vous connaissez le domaine de la suggestion, vous m'avez vu venir avec mes gros sabots et il est probable que vous ayez abordé le texte avec un esprit critique, ce qui est une des formes de résistance à la suggestion, tout comme il est possible que vous en ayez profité pour vous détendre. On a toujours le choix de résister ou d'aller dans le sens de la suggestion.

Parlant de gros sabots… Si, juste avant, vous avez expérimenté le fait de vous pousser vous-même pour comparer les effets de la poussée que vous aviez imaginée avec ceux d'une poussée réelle, vous vous êtes fait jouer un tour. Il est en réalité impossible de se pousser ainsi soi-même. C'est comme s'efforcer de soulever la chaise sur laquelle on est assis sans poser les pieds par terre. Si les muscles de l'arrière de vos jambes se sont tendus pour vous empêcher de reculer ou de tomber, c'est parce que vous *imaginiez* que votre poussée vous faisait reculer. C'était à cause de la suggestion, pas à cause de la poussée.

Pour vous en convaincre hors de tout doute, vous pouvez vous lever de nouveau et refaire l'exercice en gardant vos jambes le plus détendues possible. Vous constaterez que, aussi fort que vous vous poussiez vers l'arrière, rien ne recule, même si vos doigts s'écrasent au maximum sur votre sternum. Rappelez-vous que, tantôt, une seule petite poussée vous faisait tendre les jambes pour résister. Il vous faut cependant faire cette nouvelle expérience avant de passer au paragraphe suivant si vous voulez comprendre certaines choses.

Maintenant que l'expérience vous a convaincu que rien ne bouge malgré la pression de votre main sur votre poitrine, poussez encore une fois sur votre sternum avec un doute: au fond, c'est peut-être en vous disant qu'il est impossible de se pousser soi-même qu'on vous joue un tour! Vous aurez peut-être des surprises… Pouvez-vous découvrir s'il est possible ou non de se faire reculer soi-même en vous fiant à vos seules sensations plutôt qu'à ce qui est écrit dans un livre? Les muscles de vos jambes réagissent-ils à votre *poussée* ou à votre *pensée* quand vous essayez de vous déséquilibrer en poussant sur votre poitrine?

Quelques formes d'autosuggestion efficaces utilisées en relaxation

Imaginer une sensation

Beaucoup de techniques de relaxation utilisent la forme de suggestion qui consiste à imaginer une sensation. Par exemple: «Imaginez que votre bras droit devient de plus en plus lourd.»

Exercice 33
Suggérer la lourdeur et la légèreté

1. En position assise, poser les mains sur les cuisses, les paumes vers le bas, et les détendre.
2. Diriger notre attention sur notre bras gauche et prendre conscience de son poids. Ensuite, le soulever très lentement, un tout petit peu. Puis, le laisser retomber lourdement. Le soulever ainsi plusieurs fois, toujours lentement, et le laisser retomber de tout son poids. Pendant qu'on expérimente cette sensation de lourdeur, dire intérieurement: «Mon bras gauche est lourd, il retombe comme un poids mort, je n'aurais pas pensé qu'il était aussi lourd, j'ai presque du mal à le soulever, comme il est lourd...» On peut le visualiser comme un bloc de ciment ou un tube rempli d'eau. Laisser la sensation de lourdeur s'accentuer. Puis déposer finalement le bras gauche à sa place, bien lourd. Le conserver ainsi pendant qu'on fait un autre exercice avec le bras droit.
3. Soulever le bras droit comme si de rien n'était, et le faire virevolter gracieusement et avec légèreté pendant quelques secondes. Battre la mesure d'une valse légère, accompagner le vol gracieux d'un oiseau, ou imaginer qu'un vent doux fait onduler le bras droit, comme un roseau, et dire intérieurement: «Mon bras droit est léger, il bouge bien, il est gracieux, il voltige, etc.» Le déposer ensuite à sa place, en imitant le mouvement d'une feuille

qui tombe d'un arbre, et continuer de dire: «Mon bras droit est léger, c'est comme s'il était rempli d'air; même au repos il reste léger...» Le visualiser comme un tube rempli d'air ou d'hélium.

4. Puis, déplacer notre attention d'un bras à l'autre, en confirmant les sensations de lourdeur et de légèreté avec des mots et des images: «Mon bras gauche est lourd, il est comme une pierre qui a calé au fond de l'eau. Mon bras droit est au contraire léger, comme un roseau qui se balance dans la brise. Plus je pense à mon bras gauche, plus je sens son poids inerte. Plus je pense à mon bras droit, plus je sens sa légèreté.» Coordonner les suggestions de lourdeur avec l'expiration, et celles de légèreté avec l'inspiration. Durant trois ou quatre respirations, porter attention au bras gauche et suggérer la lourdeur, puis, durant trois ou quatre autres respirations, suggérer la légèreté en portant attention au bras droit. Puis, reprendre avec le bras gauche et alterner ainsi pendant deux ou trois minutes.
5. Constater si l'exercice crée une différence dans la sensation de poids que procure chacun des bras.
6. Selon qu'on apprécie davantage la sensation de lourdeur ou celle de légèreté, se détendre en imaginant une à une chaque partie du corps comme lourde ou légère, en répétant des mots qui la suggèrent et en visualisant des images appropriées. Éviter cependant de suggérer une lourdeur de la tête, qui peut être inconsciemment interprétée comme la sensation d'un mal de tête, et qui peut le créer!

Notes

La lourdeur *et* la légèreté peuvent convenir à une même personne.

Évaluation personnelle

Suggérer de la lourdeur me détend.

Pas du tout 1 2 3 4 5 6 7 8 9 10 Beaucoup

Suggérer de la légèreté me détend.

Pas du tout 1 2 3 4 5 6 7 8 9 10 Beaucoup

✓ **Applications au quotidien**

- Dans le quotidien, on peut se suggérer de la légèreté en marchant, en montant les escaliers et en faisant mille et un autres gestes concrets, pour dégager nos muscles et accomplir nos gestes avec moins de tension. Sur le plan psychologique, on peut aussi suggérer de la légèreté pour dédramatiser, pour prendre ça «plus à la légère».
- On peut se suggérer de la lourdeur quand on a besoin de se sentir «bien assis sur notre chaise» pour négocier, quand on veut ralentir ou se «ramener sur terre» lors des moments où on se sent trop excité. On s'installe alors bien confortablement au fond de notre siège, les pieds reposant solidement sur le sol.

Suggérer par la répétition

On peut amplifier le niveau de notre relaxation en répétant des mots qui décrivent les sensations par lesquelles cette dernière se manifeste. Si, par exemple, on répète lentement «Mon bras droit est lourd… mon bras droit est lourd… mon bras droit est lourd… mon bras droit est lourd…», on induit la relaxation des muscles du bras droit. Si on répète la formule plusieurs fois à chaque exercice, et ce, à raison de plusieurs exercices par jour pendant un certain nombre de jours, en dirigeant notre attention sur notre bras droit tout en «laissant être» ce qui arrive (voir concentration passive, sixième clé), dans une position physique qui permet la relaxation (deuxième clé) et dans un environnement calme (huitième clé), il se produit une réponse de relaxation globale dans tout l'organisme, selon les recherches du professeur Schultz et de ses successeurs, qui ont créé le training autogène (voir chapitre 4).

La septième clé n'est pas un moyen de parvenir à croire à un résultat auquel on ne croit pas. Elle sert plutôt à aider le système nerveux à amplifier un phénomène désirable. On évitera donc l'erreur commune qui consiste à utiliser l'autosuggestion pour essayer de se convaincre de quelque chose ou de produire un résultat; cela nous amènerait à vérifier encore et encore si on doit continuer de répéter les formules (si on «réussit» à induire ce qu'on veut), ou si on doit au contraire cesser de perdre notre temps (si on ne «réussit» pas). L'attitude avec laquelle on aborde les exercices est très importante.

Pendant qu'on suggère «Mon bras est lourd» ou «Ma respiration s'approfondit», on ne vérifie pas si c'est vrai, mais on laisse arriver ce qui arrive. Habituellement, quand on commence un exercice de relaxation, on n'est pas très détendu. On ne sent donc pas nos bras très lourds ni notre respiration très profonde. Si on vérifie la profondeur de notre respiration ou l'ampleur de la sensation de lourdeur dans nos bras toutes les secondes plutôt que de les laisser se développer dans le sens désiré, on *court-circuite* la suggestion de détente; en effet, en évaluant notre performance, on risque fort de répéter *aussi,* sans le vouloir: «Non, ma respiration n'est pas vraiment profonde, elle est superficielle, l'exercice ne l'approfondit pas assez; mes bras sont encore contractés, il ne sont pas détendus, l'exercice ne fonctionne pas», etc. Cette suggestion inverse prend alors le dessus et augmente la tension, d'autant qu'une déception ou un insuccès ont généralement un effet stressant. Il faut donc faire attention à ne suggérer que ce qu'on aimerait voir grandir et à rester détaché face au résultat plutôt que de l'évaluer. Quand on critique, on suggère ce qu'on critique!

Évidemment, on n'arrivera jamais à donner plus de poids à nos bras en répétant qu'ils sont lourds! La suggestion de lourdeur aide le système nerveux à détendre les bras, ce qui se révèle souvent par une impression de lourdeur. En dirigeant notre conscience vers la *sensation* de lourdeur qui peut être plus ou moins grande à un moment donné et en la suggérant, on l'amplifie: cela permet aux muscles des bras de passer d'un état de contraction plus ou moins élevé à un état de plus grande détente. Nos bras se détendant, tout notre organisme est entraîné dans cette direction: sans être totalement relaxé, on l'est *davantage*. Plus on fait l'exercice de suggestion de lourdeur souvent en adoptant l'attitude «laisser être», plus il nous détend rapidement et profondément.

De la même manière, on répète que notre respiration s'approfondit sans vérifier constamment si elle est profonde ou non. Le temps consacré à l'exercice ne sert pas à *examiner* notre respiration, mais à lui *donner une direction*. On aide ainsi notre organisme à utiliser ses mécanismes conscients et surtout inconscients pour que la respiration devienne non pas très profonde après deux répétitions, mais peu à peu plus profonde à mesure qu'on se calme en faisant un exercice de relaxation à base de suggestion. Il arrive que la répétition de suggestions fonctionne assez rapidement, mais il ne faut pas se décourager si elle ne donne pas les résultats attendus dès le premier essai.

Exercice 34
Suggérer par la répétition

1. Prendre conscience de notre respiration telle qu'elle est maintenant et continuer d'y être présent en répétant lentement des phrases comme:
   – Ma respiration s'approfondit progressivement et mes muscles se relâchent…

- À chacune de mes respirations, mon corps se détend davantage…
- Chacune de mes inspirations me remplit de plus en plus de calme, chacune de mes expirations me laisse plus détendu…
- Respirer ainsi m'apaise…
- L'air que je respire me procure détente, calme et repos… détente… calme… repos…

On peut choisir les mots qui nous plaisent le plus, mais l'idée est de répéter encore et encore, lentement, que respirer nous détend. Utiliser des formules qui disent qu'un résultat *se* produit plutôt que d'essayer de le produire. Par exemple: «À chacune de mes respirations, mes muscles se détendent davantage.»

2. Faire l'exercice durant deux ou trois minutes.
3. S'étirer, en terminant.

Évaluation personnelle

Répéter des suggestions de calme me détend.

Pas du tout 1 2 3 4 5 6 7 8 9 10 Beaucoup

Applications au quotidien

- Être attentif à ce qu'on répète souvent dans notre tête.
- Trouver des situations où on a vraiment réussi et se les mettre bien en tête. Par exemple, répéter ou visualiser plusieurs fois la phrase: «J'ai été capable de m'affirmer de telle façon devant tel vendeur, telle personne de ma famille ou tel collègue de travail.» Si on ne met l'accent que sur nos difficultés et qu'on se dit sans cesse: «Je ne suis jamais capable de m'affirmer», on amplifie notre sentiment d'incapacité et on rend plus difficile le fait d'arriver à ce qu'on veut. C'est ce qui est suggéré qui s'amplifie!

Utiliser des suggestions qui correspondent à nos propres sensations de relaxation

Les sensations de détente qu'on ressent déjà à un certain point sont relativement faciles à amplifier par la suggestion, alors que les sensations qui nous sont étrangères suscitent plus de résistance, ce qui peut court-circuiter l'effet de la suggestion. Si on ressent la détente de nos membres comme de la légèreté, on aura plus de facilité à relaxer avec des formules incluant de la légèreté qu'avec des phrases ou des images suggérant de la lourdeur. À chaque fois qu'on se répétera «Mon bras droit est lourd», on contestera l'affirmation, on «résistera» à la relaxation. Si la relaxation nous procure une sensation de lourdeur, on aura au contraire la confirmation que ce que l'on suggère est «vrai», et la détente va s'amplifier. Au début, il est donc préférable de choisir des suggestions qui décrivent bien comment *on* ressent la relaxation. Puis, une fois qu'on sait amplifier les sensations qui nous sont connues, on peut s'amuser à en explorer d'autres.

La suggestion fonctionne aussi davantage quand elle s'accorde avec nos idées. Par exemple, la suggestion «Mes yeux se ferment doucement, et cela entraîne le relâchement de mes épaules» amplifiera d'autant la relaxation des épaules (quand on ferme les yeux) qu'on croit qu'il existe un lien entre la fermeture des yeux et le relâchement des épaules.

Toute idée qui semble vraie prend ainsi valeur de suggestion. On combat davantage celles auxquelles on ne croit pas. C'est pourquoi il est utile de se servir de la suggestion non pas pour *vérifier* un phénomène mais pour l'*amplifier*. Comme on emploie souvent la suggestion pour se détendre quand on se sent crispé, les formules qu'on utilise n'apparaissent pas toujours vraies au départ. Ainsi, si nos épaules sont très tendues, il vaut mieux commencer avec une formule comme «Mes épaules se détendent peu à peu, à chaque expiration» qu'avec «Mes épaules sont parfaitement détendues». En répétant de nombreuses fois la première suggestion, on amplifiera la détente de nos épaules et on pourra ensuite utiliser la deuxième suggestion, car nos épaules seront alors détendues.

Les suggestions qui sont en accord avec ce que l'on croit ou avec ce que l'on croit possible fonctionnent bien. Vous avez pu le constater dans l'expérience qui vous invitait à vous pousser vous-même vers l'arrière pour vérifier si cela créait les mêmes tensions que la poussée que vous aviez seulement imaginée. Cette idée a été démentie, vous avez expérimenté qu'elle était fausse, puis vous avez de nouveau été laissé dans le doute. Peut-être cela vous a-t-il permis de vérifier comment *votre croyance influençait votre réaction*. Quand on y croit, la suggestion nous fait reculer, quand on n'y croit pas, rien ne bouge.

On peut augmenter le pouvoir suggestif des phrases qui décrivent des sensations de détente en les enchaînant les unes aux autres avec des conjonctions comme «et», «pendant que», «alors que», etc. (Bandler et Grinder, 1981). Les formules que l'on répète doivent cependant nous apparaître vraies ou, du moins, décrire un phénomène que l'on croit possible. Voici un début de suggestion qui relie des formules de détente les unes aux autres; vous pouvez poursuivre sur cette voie en ajoutant d'autres phrases qui décrivent *vos* sensations de relaxation.

Exercice 35
Enchaîner des suggestions plausibles

Lire l'exercice au complet avant de le faire.

Garder les yeux ouverts sans cligner et, quand ils commenceront à se fermer, dire:

«Mes paupières sont lourdes... mes yeux veulent se fermer... *Et pendant que* je les laisse se fermer, je ressens de la détente dans mes yeux et dans mon front... La détente de mes yeux et de mon front me fait du bien... *et* ce bien-être se répand dans mes joues qui se détendent à leur tour...

Pendant que mes joues se détendent, ma langue se relâche et ma mâchoire se décontracte... Mes dents se desserrent *et* ma gorge devient plus spacieuse... *alors que* ma respiration est plus libre... L'air circule mieux en moi *et*, à chaque expiration, je sens mes épaules retomber et se détendre...»

On peut toujours enchaîner une idée de détente à une autre: les épaules nous mènent à la nuque, la nuque au haut du dos, le dos à la poitrine, la poitrine nous renvoie à la respiration, la respiration à l'abdomen, l'abdomen au bas du dos, le bas du dos aux hanches, les hanches aux fesses et aux cuisses, etc. «Mes cuisses se détendant, je ressens leur poids sur la chaise *et* je prends mieux conscience de mes genoux qui se relâchent à leur tour, davantage à chacune de mes respirations, *alors que* ma respiration continue de s'approfondir...»

Continuer à enchaîner les suggestions tout à fait plausibles avec des mots comme «et», «alors que», «pendant que».

Évaluation personnelle

Enchaîner des suggestions plausibles me détend

Pas du tout 1 2 3 4 5 6 7 8 9 10 Beaucoup

Suivre le développement de notre détente

On peut utiliser la suggestion pour amplifier la détente qu'on ressent déjà dans certaines parties du corps. Il s'agit de commencer la période de relaxation en répétant à quelques reprises une phrase qui décrit une sensation de détente qui est déjà présente. Cette répétition entraîne d'autres sensations de détente: on choisit alors des suggestions qui décrivent ces nouvelles réactions que l'on constate.

Cette technique est encore plus facile à utiliser que les autres parce qu'elle ne crée ni pression ni résistance: il s'agit simplement de constater et de confirmer les indices de détente qu'on ressent vraiment, au fur et à mesure qu'ils surviennent; cela les amplifie et en amène d'autres. La relaxation se poursuit alors naturellement.

Selon les gens, certaines parties de l'organisme sont plus ou moins faciles à détendre. Quand on veut relaxer, on pense malheureusement souvent à ce qui est très tendu en soi: cela amplifie la tension. Par exemple, «Ma nuque est raide, j'ai les dents serrées, je respire mal, etc.»

Dans l'exercice qui suit, on part de là où on est, mais on tourne notre conscience vers ce qui est détendu et ce qu'on peut détendre facilement, plutôt que vers ce qui est crispé ou ce qu'il nous est difficile de décontracter. Par exemple, plutôt que de rester concentré sur notre nuque raide en s'efforçant de la détendre, on prend conscience d'une partie de notre organisme qui est déjà relâchée ou, du moins, qu'il nous est plus facile de détendre (par exemple, une main, les yeux ou le front); on répète alors qu'elle se détend, ce qui est vrai. On peut aussi visualiser cette détente.

Puis, au fur et à mesure que d'autres parties de notre corps se détendent, on en prend conscience et on les utilise dans la suggestion, en gardant toujours notre attention sur ce qui se détend plutôt que sur ce qui reste plus tendu. Le relâchement se généralise peu à peu, si bien que certaines tensions se relâchent sans qu'on ait à s'en occuper directement. Par exemple, quand le front, les yeux, les épaules et les bras sont détendus et quand la respiration est profonde, la nuque finit par se détendre au moins légèrement. On peut alors utiliser la suggestion pour amplifier cette détente.

Notes

Lire d'abord les instructions et s'installer ensuite confortablement pour faire l'exercice qui est proposé.

Quand on prend une position qui permet la relaxation, on observe toujours une sensation de détente, au moins à certains endroits de notre corps. L'exercice 36 consiste à nommer, dès qu'on le constate, tout changement qui va dans le sens de la détente et à dire lentement une série de phrases qui confirment ce changement: cela l'amplifie.

Par exemple, nos yeux se ferment. Alors on dit: «Mes yeux se ferment d'eux-mêmes, mes yeux se détendent, mes yeux se relâchent, mes paupières sont lourdes...» ou on utilise toute autre formulation par laquelle on confirme les indices de détente qu'on ressent. Dès que la respiration s'approfondit, ne serait-ce qu'un peu, on le confirme: «Ma respiration s'approfondit, ma respiration est plus lente, ma respiration est plus libre, etc.» On décrit l'effet qui commence à se faire sentir avec une courte phrase, on répète cette phrase et on fait de même avec tous les autres effets.

Exercice 36
Suivre le développement de notre détente et amplifier ce qu'on ressent par l'autosuggestion

1. Prendre une position de détente couchée ou assise (voir deuxième clé).
2. Observer les signes de détente musculaire, organique ou psychologique (pages 250, 254, 255) et les nommer plusieurs fois, les uns après les autres, au fur et à mesure qu'ils apparaissent.
   On peut revenir à des signes de détente déjà nommés. On peut utiliser les mêmes phrases qui décrivent le même relâchement des dizaines de fois. On utilise des phrases courtes, affirmatives, qui dépeignent ce qui se passe.
3. Poursuivre l'exercice pendant quelques minutes, une dizaine au maximum les premières fois.
4. Terminer en s'étirant bien.

Évaluation personnelle

Suivre le développement de ma détente et amplifier ce que je ressens par l'autosuggestion me détend.

Pas du tout 1 2 3 4 5 6 7 8 9 10 Beaucoup

Suggérer la détente de façon directive

S'il est possible d'utiliser la suggestion en amplifiant ce qui va déjà dans le bon sens, on peut tout autant être directif et influencer le chemin que prendra la détente, plutôt que de se laisser guider par elle.

Exercice 37
Suggérer la détente de façon directive

S'asseoir confortablement et lire lentement les phrases qui suivent; s'arrêter une dizaine de secondes par étape, pas davantage, sauf à la dernière où on peut rester le temps qu'on veut. Insister quand on dit les chiffres.

«Je vais compter jusqu'à **10** et à **10**, je serai totalement détendu.

1. Mon bras droit devient lourd, de plus en plus lourd, tellement lourd que j'ai du mal à le soulever; je ne peux plus le soulever tellement il est lourd.
2. Mon bras gauche devient très lourd lui aussi, totalement lourd.
3. Mes épaules se relâchent de plus en plus, elles sont parfaitement décontractées.
4. Mon dos, mes hanches, mes jambes, mes pieds, mes orteils se détendent totalement.
5. Mon front se décontracte, mes joues se relâchent, ma mâchoire s'entrouvre et se détend.

6. Ma tête est légère, ma nuque se décontracte, elle respire.
7. Mon pharynx est ouvert, je respire librement, profondément.
8. Je suis profondément calé dans mon siège, tout mon corps est devenu lourd.
9. Mes paupières se ferment; je ne peux plus les garder ouvertes tellement elles sont lourdes et je commence à m'endormir.
10. Je suis totalement détendu, je respire profondément, je suis tout à fait calme.»

Profiter de la détente et bien s'étirer ensuite.

Évaluation personnelle

Suggérer la détente de façon directive me détend.

Pas du tout 1 2 3 4 5 6 7 8 9 10 Beaucoup

«Descendre» vers la détente par étapes

L'une des techniques directives souvent utilisées consiste à imaginer que la détente va se produire en suivant une série d'étapes, chacune étant associée à un «étage» dans une descente imaginaire. Par exemple:

Exercice 38
Utiliser l'analogie avec une descente

S'asseoir confortablement et lire lentement. Les premières fois, ne rester qu'une quinzaine de secondes à chaque étage de la descente, jusqu'au sous-sol où on peut rester plus longtemps. Prendre quelques secondes pendant qu'on descend d'un étage à l'autre pour ressentir comment le fait de «descendre» accentue la détente.

«Je vais imaginer descendre d'un cinquième étage jusqu'à un sous-sol, et, à chacun des étages, ma détente va s'amplifier. Rendu au sous-sol, je serai totalement détendu.

Je suis au cinquième étage. Je commence à m'apaiser, je me cale dans mon siège, je respire profondément.

Je descends calmement au quatrième étage.

Je suis au quatrième étage. Là, les muscles de mon visage se relâchent davantage, mes yeux, mes joues, mon front se décontractent, et ma respiration se fait plus profonde. Je laisse la détente grandir en moi.

Je descends lentement au troisième étage.

Je suis au troisième étage. Ma tension diminue, le repos me fait du bien, je me sens plus calme.

Pendant que je descends au deuxième étage, je sens la détente me gagner davantage, mes muscles sont plus lourds, mes bras et mes jambes se détendent, ma mâchoire se décontracte et ma bouche s'entrouvre.

Je suis au deuxième étage. Je respire de plus en plus profondément, je sens ma respiration dans chacune des parties de mon corps, et cela m'apaise. Je descends au premier étage, vers davantage de repos.

Je suis au premier étage. Je me sens plus détendu, plus calme, plus serein. J'y reste quelques instants pour goûter au plaisir de la détente. Mon front est bien lisse, ma tête légère, ma respiration profonde. Je descends encore.

Je suis au rez-de-chaussée. Je me sens d'aplomb, bien solide, bien calme. Je me repose, je suis bien et je m'abandonne encore davantage. Je poursuis ma descente.

Je suis au sous-sol. Ma détente est de plus en plus grande, je suis totalement détendu, mes muscles sont relâchés, ma respiration est profonde, mon corps se réchauffe, chacune de ses parties est détendue, je ressens un bien-être profond. Mes paupières sont lourdes, mes yeux se ferment.»

Terminer en s'étirant bien et en ouvrant les yeux.

Variantes

Tout ce qui «descend» naturellement peut être utilisé comme suggestion: on peut, par exemple, diriger successivement notre attention sur chacun de nos membres en visualisant un coucher de soleil, une chute d'eau ou des feuilles d'automne qui tombent, etc. Si on préfère se servir de l'ouïe, on peut entendre des gammes descendantes (do-si-la-sol-fa-mi-ré-do) pendant qu'on détend l'une ou l'autre partie de notre corps, ou faire nos suggestions de détente (lourdeur, chaleur, légèreté, espace, etc.) en les répétant intérieurement de moins en moins fort, jusqu'à les chuchoter.

Les choses peuvent «descendre» en hauteur (les étages, les notes, les voix ou les instruments de musique), en intensité (le feu de foyer), en volume (le chuchotement), en vitesse ou en rythme (la musique), en luminosité (la veilleuse, la bougie), en serrement (l'étau), en rigidité (la glace qui fond), en grosseur (le ballon qui se dégonfle), etc. Chacun peut s'amuser à trouver de très nombreuses analogies qui lui conviennent et à les utiliser aussi bien dans le quotidien (diminuer l'éclairage, diminuer le volume sonore habituel à la maison) qu'en les combinant avec d'autres clés pour créer des exercices (se faire une cassette de relaxation en enregistrant successivement des pièces de musique de plus en plus lentes, et l'écouter dans une position de détente ou en se faisant un massage, par exemple).

Évaluation personnelle

Utiliser l'analogie avec une descente me détend.

Pas du tout 1 2 3 4 5 6 7 8 9 10 Beaucoup

Déconnecter les tensions

On peut aussi imaginer comment le processus de détente se produit dans notre corps et s'en faire un exercice pour le suggérer avec des mots et des images. Voici une façon de faire qui consiste à fermer des interrupteurs imaginaires dans notre système nerveux.

Exercice 39
Déconnecter nos tensions

1. S'asseoir confortablement.
2. Déposer les avant-bras sur les cuisses et bien relâcher les bras.
3. Imaginer un interrupteur de tension dans le poignet droit, qui peut couper le courant dans la main droite. Fermer l'interrupteur et laisser la main se détendre, privée de «courant».
4. Imaginer un interrupteur dans le coude droit, qui peut supprimer la tension dans l'avant-bras droit. Fermer l'interrupteur et laisser l'avant-bras droit se détendre, privé de courant.
5. Imaginer un interrupteur dans l'épaule droite, qui peut couper la tension dans le bras droit. Fermer l'interrupteur et laisser le bras droit se détendre, privé de courant.
6. Reprendre les étapes 3, 4 et 5 pour déconnecter les tensions dans le bras gauche.
7. Imaginer un interrupteur dans la nuque, qui peut suspendre la tension dans les deux épaules, les deux bras et les omoplates. Fermer l'interrupteur et laisser les épaules, les bras et les omoplates se détendre, privés de courant.
8. Poursuivre l'interruption du courant de tension en imaginant des interrupteurs pour les jambes, le dos, la poitrine et le visage.

9. Interrompre de la même manière le courant de tension dans le cerveau, pour qu'il ne reste que la détente et le bien-être.
10. Profiter de la détente quelques minutes.
11. Bien s'étirer en terminant, pour remettre le «courant» à l'intensité désirée.

Évaluation personnelle

Déconnecter mes tensions me détend.

Pas du tout	1	2	3	4	5	6	7	8	9	10	Beaucoup

✓ **Applications au quotidien**

- Utiliser les «interrupteurs» pour supprimer les tensions dans les parties de l'organisme souvent tendues, comme les épaules ou la mâchoire.

Se suggérer un massage

Il n'y a pas que les événements réels qui nous font réagir physiquement. Notre organisme réagit tout aussi bien à ce que lui suggère notre imagination: la peur n'a pas besoin d'être fondée pour que le cœur batte plus vite, l'idée d'un plaisir nous fait sourire, les fantaisies sexuelles engendrent des réactions réelles. Voici une façon de se servir de ce phénomène pour amplifier la détente.

Exercice 40
Se suggérer un massage

1. S'asseoir confortablement.
2. Imaginer un massage de la grande région de l'épaule droite:

- l'épaule elle-même, dessus, devant, derrière;
- la nuque du côté droit, de l'épaule jusqu'à l'oreille;
- derrière, sous le crâne du côté droit;
- la clavicule et son pourtour;
- l'omoplate et son pourtour;
- le haut du bras.

3. Bien laisser la tête et le cou «réagir» en laissant ce dernier plier d'un côté ou de l'autre sous l'effet du massage imaginaire.
4. Reprendre l'exercice pour l'épaule gauche.
5. Profiter de la détente avant de bien s'étirer.

Évaluation personnelle

Me suggérer un massage me détend.

Pas du tout	1	2	3	4	5	6	7	8	9	10	Beaucoup

Le niveau non verbal

Les choses compliquées, les événements qui nous bousculent, le bruit et d'autres irritants engendrent une certaine tension. Les choses calmes, simples ou lentes suggèrent au contraire la détente. On peut s'en servir pour relaxer.

Voici comment on peut utiliser la musique. On verra ensuite comment on peut aussi utiliser des images. Lorsqu'on étudiera la huitième clé, on verra quelques autres façons de se servir des choses courantes de la vie pour induire le calme.

Exercice 41
Se détendre avec de la musique

1. S'installer confortablement.
2. Écouter une pièce de musique lente, douce et paisible, à un volume relativement faible.

3. Se laisser imprégner de la paix qui se dégage de la musique, comme si on se mettait à son diapason.

Évaluation personnelle

Écouter une musique douce et lente me détend.

Pas du tout	1	2	3	4	5	6	7	8	9	10	Beaucoup

On peut aussi utiliser la suggestion en visualisant des scènes qui inspirent la détente.

Expérience
Imaginer une scène paisible

Imaginez une belle soirée de fin d'été, après le repas du soir. Le temps est très doux et vous vous reposez confortablement au bord d'un lac tranquille et limpide, dont les dernières vaguelettes viennent mourir à vos pieds…

Vous entendez quelques chants d'oiseaux, mais tout est calme autour de vous…

Des nuages moelleux s'immobilisent doucement dans le ciel. Les feuilles ondulent paresseusement sous l'effet de la brise réconfortante. Vous sentez sa douceur apaisante…

Le soir tombe lentement. Le soleil descend peu à peu vers l'horizon. Le chant doucereux des grillons s'étend dans le profond silence qui imprègne toute chose… Le chien s'est fidèlement couché à vos pieds… Le repos arrive… La paix règne…

Le ciel se remplit lentement de ce rose enchanteur des couchers de soleil d'été. Les montagnes paisibles qui s'en colorent se font rassurantes… Les premières étoiles apparaissent dans l'immensité du ciel…

Cette vision bucolique peut mener à la détente, même si elle ne suggère pas directement de relâchement musculaire: la simple visualisation de situations qui induisent habituellement la détente a un pouvoir réel sur le corps.

On emploie exactement le même procédé quand on imagine le pire; notre corps réagit à nos scénarios, et on reste crispé et bien réveillé à attendre le coup de téléphone de l'hôpital qui confirmera que notre enfant a été blessé dans l'accident qu'on imagine... pendant qu'il s'amuse en fait avec ses amis un peu plus longtemps qu'on ne l'avait prévu. Il est important de bien choisir les films qu'on projette dans notre tête!

✓ Applications au quotidien

- Remplacer au moins une partie des stimulations agressantes (émissions de télévision violentes, journaux à sensation, vidéoclips, couleurs criardes) par des choses plus douces.
- Penser la décoration en tenant compte de l'effet malsain que peut avoir un environnement excitant ou provocant, lorsqu'on y est exposé pendant de nombreuses heures, jour après jour.
- Feuilleter à l'occasion des livres de reproductions de toiles des peintres impressionnistes ou regarder d'autres images qui inspirent le calme.
- Penser à réduire le bruit à la maison ou au travail.
- Utiliser un ton de voix plus doux pour «se parler». Plutôt que de se crier «Calme-toi, espèce d'énervé!», quand on sent qu'on s'énerve, opter pour «Je me calme doucement» tout en prenant des moyens concrets d'y arriver: respirer profondément, observer nos pensées, quitter temporairement l'endroit où on est, aller marcher, etc. Plus tard, quand on est revenu à un certain calme, travailler à trouver des solutions concrètes à ce qui a créé cette agitation intérieure.

8 Huitième clé
S'entourer de conditions extérieures favorables à la détente

Certaines conditions extérieures prédisposent à la relaxation alors que d'autres augmentent le niveau de stress. On a avantage à s'entourer de conditions favorables autant quand on pratique une stratégie d'harmonisation intérieure que durant nos autres activités. Par exemple, on ajuste l'intensité lumineuse, celle du bruit, ainsi que la température. On choisit des vêtements et des chaussures confortables. On aère la maison et on va davantage «au grand air». On se réserve des moments de silence, on tient compte de l'effet stressant ou calmant des émissions de télévision ou de radio pour mieux les choisir.

Ajuster la lumière, le bruit et la température, choisir nos vêtements

Pour favoriser la relaxation pendant nos exercices, on peut diminuer le bruit, s'entourer de silence, tamiser la lumière, ajuster la température, réduire les risques d'être dérangé par les autres, le chat ou la sonnerie du téléphone. Il n'est pas dangereux d'être interrompu pendant qu'on pratique, mais il est plus difficile d'être présent à nos exercices si on attend un coup de téléphone, ou si on a peur que le chien vienne nous lécher la figure ou que les collègues de travail nous voient.

Certaines personnes se sentent cependant tendues dans un environnement où les irritants ont été réduits au minimum. Celles que le silence rend anxieuses ont besoin d'un certain niveau de bruit pour relaxer. Celles qui paniquent dans l'obscurité verront à se donner suffisamment de lumière pour se sentir en sécurité. Encore ici, il s'agit davantage de choisir ce qui nous convient, à ce moment-ci de notre vie, que de se soumettre à ce qui est théoriquement la règle. Peu à peu, on pourra apprivoiser le silence, la solitude ou l'obscurité.

De plus, même si on se sent bien dans un environnement où la stimulation est minimale, il est rare qu'on puisse en créer un. La ville est bruyante, les voisins aussi, les enfants ne dorment pas nécessairement, le téléphone n'est pas à notre seule disposition, on n'a pas toujours le goût de détacher notre ceinture ou notre soutien-gorge pour faire de la relaxation au travail quand on n'a que quelques minutes. Il reste néanmoins tout à fait possible de relaxer dans un environnement qui ne réunit pas *toutes* ces conditions, vers lesquelles il est cependant profitable de tendre. Quand on n'arrive pas à se donner des conditions théoriquement propices à la détente, on utilise des méthodes qui s'adaptent à celles dans lesquelles on se trouve: par exemple, on est présent au bruit (exercice 27) ou à la sensation de froid (exercice 29), on approfondit notre respiration alors que tout le monde nous sollicite (exercice 9), etc.

Exercice 42
Ajuster le volume

1. Allumer simultanément une série d'appareils qui font du bruit (si ce n'est déjà fait...): télévision, radio, ventilateurs, laveuse.
2. Ressentir pendant quelques minutes l'impression que crée ce haut niveau de bruit.
3. Ne garder ensuite que le bruit d'un seul appareil et observer de nouveau les impressions de calme et de tension.
4. Baisser graduellement le volume de ce dernier appareil et observer comment évoluent les sensations de tension.
5. Fermer complètement le volume et rester dans le silence pendant quelques minutes. Observer comment évolue la tension.

Évaluation personnelle

Le niveau de bruit où je me sens le plus détendu correspond à:______________________________

✓ Applications au quotidien

- Ajuster le niveau de bruit habituel à la maison, au travail et dans les loisirs pour favoriser la relaxation, au moins à l'occasion.
- Se réserver des périodes de silence.

Exercice 43
Ajuster l'intensité de la lumière

1. Choisir un moment où il fait noir à l'extérieur.
2. Éclairer au maximum la pièce où on se trouve.
3. Ressentir pendant quelques minutes l'impression de tension ou de détente que crée ce niveau de lumière.
4. Baisser graduellement l'intensité de l'éclairage et constater dans quel sens évoluent les impressions de tension ou de détente.
5. Ne conserver qu'une faible intensité lumineuse (une bougie ou une veilleuse). Rester quelques minutes dans cet éclairage réduit.
6. Puis, éteindre cette dernière source lumineuse et rester dans le noir quelques minutes.

Évaluation personnelle

Le niveau de lumière qui me détend le plus correspond à:

____

✓ Applications au quotidien

- Prendre le temps d'adapter l'éclairage: par exemple, l'intensité lumineuse peut être augmentée quand on prépare le repas et diminuée quand on mange.
- Concentrer l'éclairage là où il est nécessaire: par exemple, bien éclairer le livre qu'on lit, tout en réduisant l'éclairage dans la pièce tout autour; la pénombre aura un effet relaxant si on lève les yeux.
- Vérifier les impressions de calme ou de stress ressenties quand on est soumis à différents éclairages: lumière du jour, aube et crépuscule, lumière incandescente, éclairage au néon, halogène ou aux bougies.
- Revoir les sources de lumière à la maison et au travail en ajoutant un critère de détente à ceux de fonctionnalité, d'esthétique ou d'économie. Les sources de lumière auxquelles vous êtes le plus souvent exposé vous amènent-elles de la tension ou de la détente? Comment pouvez-vous les changer?

Aller dehors

Aller dehors constitue une autre application de cette huitième clé. Même en ville, être dehors quelques minutes par jour a une influence bénéfique sur le niveau de tension: aller s'asseoir dans un parc, marcher pour le plaisir (ou pour se déplacer), faire du vélo, etc.

Être dehors, ne serait-ce que quelques minutes, fait beaucoup plus de bien que de passer le même temps à regarder la télévision, à lire ou à travailler à l'intérieur. Sentir le vent, voir la lumière du jour, celle de la lune, les étoiles, respirer de l'air frais, voir loin devant nous, tout cela peut nous procurer une impression de détente. La respiration s'en trouve approfondie, le corps est bien sans être excité.

Exercice 44
Aller dehors

Durant les quatre prochaines semaines, aller dehors au moins cinq jours par semaine, à raison de 20 minutes ou plus chaque fois. Un mois devrait suffire pour constater des résultats. On peut marcher, aller au parc, jardiner, jouer avec les enfants, etc. On peut prolonger les sorties, mais sans en diminuer la fréquence.

Évaluation personnelle

Aller dehors régulièrement me détend.

Pas du tout 1 2 3 4 5 6 7 8 9 10 Beaucoup

Mes activités préférées sont:____________________

____

Les moments qui me conviennent le plus sont:

____

____

✓ **Applications au quotidien**

- Faire plus souvent les emplettes à pied.
- Développer le goût et la pratique de loisirs extérieurs.
- Sortir au moins quelques minutes pendant la période du repas, au travail.
- Prendre l'habitude de marcher après le repas du soir.
- Patiner dehors.
- Aménager les parties extérieures de notre habitation pour pouvoir y lire, dessiner, cuisiner, recevoir les amis, ou faire des exercices de relaxation, etc.

Entrer en contact avec la nature

Le contact avec la nature favorise la paix intérieure. On peut prendre une semaine de vacances pour pêcher ou pour faire du camping, passer une journée dans un parc national ou une demi-journée au jardin botanique, entretenir un potager ou s'occuper de nos fleurs, etc.

La nature nous rappelle *notre* nature, qui nous semble moins évidente dans la cohue de la ville, avec une facture à la main! La nature ne nous demande rien, elle n'est pas un problème à régler. Tout s'y trouve à sa place. Elle nous laisse donc en paix. Les saisons s'y succèdent, elle change de visage tout en restant la même, toujours étonnamment belle si on prend le temps de la regarder. Il est en soi apaisant d'y vivre ou de s'y retrouver souvent.

On peut aussi cultiver des plantes à la maison, ou s'entourer de bouquets de fleurs, sauvages ou cultivées. Elles constituent une présence douce et rassurante, et accompagnent bien les exercices de relaxation et de méditation.

Exercice 45
Aller dans la nature

Se réserver une demi-journée ou une journée pour aller dans la nature (parc national, pêche, jardin botanique, descente de rivière, camping, observation des baleines, etc.).

Évaluation personnelle

Un séjour dans la nature m'apaise.

Pas du tout 1 2 3 4 5 6 7 8 9 10 Beaucoup

✓ Applications au quotidien

- Développer nos connaissances sur la nature: apprendre à identifier les fleurs cultivées ou sauvages, les champignons, les arbres, les oiseaux, etc.
- Se réserver quelques jours, pendant les vacances, pour profiter de la nature.
- Choisir régulièrement des loisirs qui se pratiquent dans la nature.
- Observer les manifestations de la vie dans la nature.
- Repérer les espaces verts près de chez soi et en profiter.

On peut diminuer notre tension en modifiant l'éclairage et le niveau du bruit, en allant dehors et en profitant de la nature. Mais ces façons de faire ne sont pas en soi des méthodes de relaxation ou de méditation. Toutes les méthodes combinent toujours la huitième clé à d'autres.

Comme les autres clés, elle n'est pas absolument nécessaire pour relaxer. Par exemple, il est possible de faire des exercices de relaxation dans le métro. Mais on se détendra probablement un peu mieux dans un environnement plus favorable.

Chapitre 4

Méthodes éprouvées

Il existe une infinité de méthodes de relaxation et de méditation. Il n'est donc pas facile de faire un choix. Pour mieux s'y retrouver, on retiendra que:

1. Toutes ces méthodes ont des points communs. Bien que leurs approches *théoriques* soient différentes, elles se ressemblent beaucoup sur le plan *technique*.
2. Toutes les méthodes augmentent le niveau de relaxation. C'est la relaxation qu'elles induisent qui explique pourquoi elles procurent toutes le même ensemble de changements bénéfiques.

Toutes les méthodes peuvent approfondir la relaxation des muscles et de l'esprit dans la mesure où elles réunissent quelques-unes des clés présentées au chapitre précédent. Cependant, il s'en trouve toujours qui nous conviennent mieux que d'autres. Mieux vaut commencer par celles-là, ou s'en fabriquer quelques-unes qui nous plairaient encore davantage. On pratiquera alors avec plus de plaisir et plus longtemps que si on suit avec une minutie compulsive les consignes d'une seule méthode présumée miraculeuse, et qu'on se croit obligé de s'y tenir pour le reste de notre vie.

On peut comparer la relaxation à l'alimentation: tout repas équilibré nous nourrit parce qu'il comporte un mélange de protéines, de glucides, de graisses, de vitamines, d'eau et de minéraux qui fournissent à notre corps ce dont il a besoin. La sauce y change peu de chose. Mais la sauce et le choix des aliments peuvent rendre le tout plus agréable et *nous donner le goût* de manger. Chaque méthode de relaxation nous procure un «repas» de relaxation. À chacun de composer son propre menu. C'est le même prix!

Ce chapitre va vous aider à explorer certaines méthodes de relaxation. On verra l'historique de ces méthodes, leurs fondements théoriques, leurs aspects techniques, les clés qu'elles utilisent et quelques exercices à pratiquer.

Ces méthodes ont été divisées en quatre grandes catégories:

1. Les exercices de relaxation d'origine médicale.
2. Les exercices de relaxation d'origine psychologique.
3. Les exercices de rééducation somatique.
4. Les exercices de méditation.

Pour tirer profit de ce chapitre, *il vaut mieux se restreindre à pratiquer une seule méthode par semaine et refaire les exercices proposés tous les jours*. On peut cependant combiner la pratique des exercices et la lecture des autres chapitres.

1. Exercices de relaxation d'origine médicale

Les exercices de relaxation d'origine médicale visent à contrer les effets néfastes du stress sur la santé.

La méthode du docteur Benson, cardiologue: le réflexe de relaxation

Historique

Au milieu des années 70, le Dr Herbert Benson, un cardiologue de Boston, entreprend d'étudier l'effet de la pratique de la méditation transcendantale sur la tension artérielle. Cette technique de méditation orientale a gagné en popularité lorsque certaines vedettes, dont les Beatles, s'y sont entraînées.

Ayant constaté que la pratique régulière de cette forme de méditation avait un effet bénéfique sur leur tension artérielle, certains de ses adeptes en ont demandé la confirmation scientifique au Dr Benson.

Théorie

À la suite de ses recherches, le Dr Benson conclut que l'organisme humain augmente sa tension artérielle en période de stress et que la pratique de certains exercices (dont la méditation transcendantale) peut la réduire. Le stress prédispose l'organisme à combattre ou à fuir – on l'appelle parfois la réponse combat/fuite. Il est un facteur de risque de l'hypertension artérielle, au même titre qu'une mauvaise hérédité, une alimentation salée, le tabagisme, l'obésité, l'artériosclérose, etc. La méditation est un «remède», comme les médicaments, l'exercice physique, le maintien d'un poids-santé, la diminution de la consommation de sel, etc. Ces recherches, comme beaucoup d'autres, montrent que le «physique» est intimement lié au «psychologique».

Selon le Dr Benson, il existe un réflexe inné de détente qui produit des effets physiologiques contraires à ceux du stress. Il décrit deux types d'effet boule de neige:

1. Celui de l'anxiété: anxiété ⇨ symptôme ⇨ plus d'anxiété ⇨ augmentation du ou des symptômes, etc.:

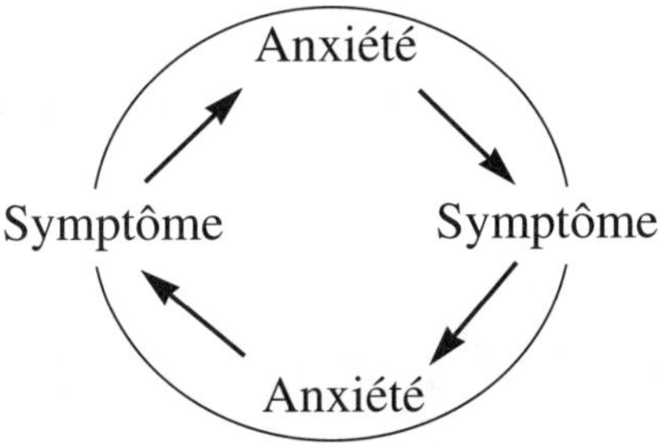

2. Celui de la détente: détente ⇨ diminution des symptômes ⇨ détente ⇨ diminution des symptômes, etc.:

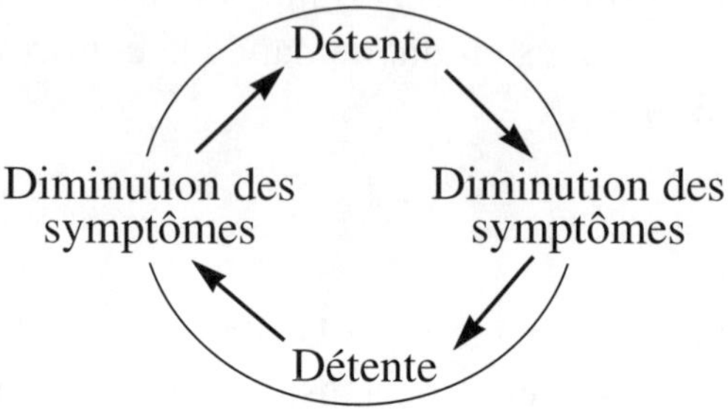

Après avoir recensé plusieurs expériences scientifiques, le Dr Benson procède à ses propres recherches sur les techniques de méditation et parvient aux deux conclusions suivantes:

- D'abord, on peut influencer sa tension artérielle et d'autres fonctions biologiques par des moyens psychologiques.
- Ensuite, certains exercices de méditation, enseignés dans diverses religions depuis des millénaires, produisent cet effet, pourvu que:

  1. Le corps repose dans une position physique qui permet aux muscles de se relâcher.
  2. Ces exercices soient pratiqués dans un environnement plutôt calme.
  3. Les exercices proposent quelque chose sur quoi se concentrer.
  4. On effectue les exercices avec une attitude psychologique «passive», ou «laisser être».

On reconnaît ici quatre des huit clés de la relaxation. En proposant en outre de commencer chaque période de relaxation en détendant nos muscles et de poursuivre en étant présent à notre respiration, le cardiologue Benson réunit six clés pour créer sa méthode: c'est *le réflexe de relaxation*, souvent appelé «la méthode de Benson». Il conclut que ce n'est pas la recherche spirituelle liée à la méditation qui enclenche la relaxation, mais les conditions plutôt «profanes» qui viennent d'être décrites, et qu'on doit réunir pour pratiquer la grande majorité des exercices de méditation.

Cela ne signifie pas que la vie spirituelle d'un individu n'a pas d'influence sur sa santé; le Dr Benson et un nombre grandissant d'autres médecins continuent encore aujourd'hui de s'intéresser à la spiritualité comme source d'influence positive sur le fonctionnement organique. Cela signifie plutôt que les bienfaits physiques des méthodes de méditation sont ressentis même quand on ne les pratique pas dans un cadre spirituel.

Les résultats de la pratique de cette méthode se produisent habituellement en cinq étapes:

1. Les soucis par rapport aux symptômes s'atténuent peu à peu.
2. L'intensité des symptômes diminue.
3. La fréquence des symptômes décroît et de courtes périodes d'accalmie apparaissent.
4. Les périodes de soulagement sont plus longues.
5. Les symptômes disparaissent ou ne sont plus nuisibles.

Aspects techniques

L'état de détente s'obtient par la pratique d'exercices quotidiens ou biquotidiens de 10 à 20 minutes effectués dans un environnement calme, en adoptant une position physique qui permet le relâchement de la musculature, et en répétant inlassablement un mot ou un son avec une attitude très permissive à l'égard de nos distractions. L'état de détente est augmenté si la formule répétée est en relation avec un objet de croyance religieuse (Benson, 1984).

Les clés

Nº 1. Respirer.
Nº 2. Prendre une posture qui permet la décontraction musculaire.
Nº 3. Détendre volontairement nos muscles.
Nº 5. Être présent.
Nº 6. Adopter l'attitude «laisser être».
Nº 8. S'entourer de conditions extérieures favorables à la détente.

Exercice 46
Méthode de Benson (réflexe de relaxation)

1. Aménager l'environnement: réduire le bruit, ajuster la température, etc.
2. S'asseoir confortablement et fermer les yeux.
3. Détendre les muscles en commençant par ceux des pieds et en remontant lentement jusqu'au visage. Les maintenir dans un état de relaxation.
4. Respirer par le nez. Prendre conscience de notre respiration, sans la changer.
5. À l'inspiration, faire silence; à l'expiration, dire intérieurement un mot, un son, une formule. Le Dr Benson suggère «one» (prononcer «wouanne»). Continuer pendant toute la durée de l'exercice, de 10 à 20 minutes. Quand des distractions surviennent, revenir simplement à notre respiration et à la répétition du son choisi.
6. À la fin, rester en repos, puis ouvrir les yeux et demeurer en position assise une ou deux minutes avant de se lever.

   Cette méthode est particulièrement recommandée pour contrer ou prévenir les maladies ayant notamment le stress comme déclencheur, telles que l'hypertension artérielle.

Notes

Le Dr Benson suggère d'éviter de faire cet exercice dans les deux heures suivant un repas, car les processus digestifs semblent nuire au réflexe de relaxation.

Références

Benson, H. et Klipper, M. *Réagir par la détente*, Tchou, Paris, 1976.

Benson, H. *Beyond the Relaxation Response*, Times Books, New York, 1984.

Application partielle

Le Dr Benson, contrairement à beaucoup d'autres chercheurs, propose un cadre de pratique très permissif; le réflexe de relaxation peut être pratiqué dans le métro, ou avec les yeux ouverts, en fixant un objet. En fait, tout exercice de concentration passive sur un objet physique ou mental, effectué dans une position physique confortable et dans un environnement relativement calme, est susceptible d'amener les effets habituels du réflexe de relaxation: il combine quatre des clés de la relaxation.

Le training autogène

Historique

Le mot *training* fait référence à un entraînement et *autogène* signifie «engendré (gène) par soi-même (auto)». Le training autogène est une méthode qui permet de *s'entraîner* à soutenir sa santé physique et mentale en relaxant par *soi-même*, grâce à des exercices déterminés.

La thérapie autogène est une méthode médicale à multiples facettes qui considère le corps et l'esprit comme un tout. Le training autogène constitue la base de toute cette thérapie et il est de loin la stratégie la plus enseignée. Le training autogène serait suffisant dans la majorité des cas (de 80 % à 90 %) de thérapie psychophysiologique (Luthe, 1979).

En 1905, le professeur Johannes Schultz, neurologue et psychiatre allemand, commence à développer le training autogène. Il cherche à élaborer une méthode qui n'aurait pas certains inconvénients de l'hypnose, notamment le temps que le médecin doit consacrer à son patient et la dépendance de ce dernier. Il souhaite rendre le patient plus actif dans son propre traitement.

Pendant qu'ils se détendent sous hypnose, plusieurs patients rapportent des sensations de lourdeur aux bras et aux jambes, suivies de chaleur diffuse. Schultz leur demande de penser par eux-mêmes à la lourdeur et à la chaleur. Encouragé par les résultats de ses patients, il ajoute la fonction cardiaque et la respiration comme autres objets de concentration. La chaleur dans l'abdomen et la fraîcheur au front viennent ensuite compléter la série des six exercices de base, appelée «le cycle inférieur».

Les méthodes autogènes, outre le cycle inférieur du training autogène, comprennent des exercices de méditation. Des couleurs, des objets concrets ou abstraits, la synchronicité entre les pensées et les émotions, la visualisation de personnes autres que soi-même et les questions posées à l'inconscient deviennent tour à tour objet de la méditation.

Les techniques de «modification autogène» nous proposent de répéter des suggestions pour nous aider à modifier notre fonctionnement organique (formules dites *organo-spécifiques*, comme «Mes mains sont chaudes») ou psychologique (formules dites *intentionnelles*, comme «Je suis calme»).

Les techniques de «neutralisation autogène» (abréactions et verbalisations) ont pour objectif de réduire le caractère inhibiteur du matériel psychologique refoulé. On vise à revenir à un équilibre qui a été perturbé, physiquement ou psychologiquement.

Les spécialistes utilisent aussi le training autogène en combinaison avec des techniques de modification du comportement, par exemple, dans les cas de phobies.

Théorie

Dans les méthodes autogènes, l'organisme est vu comme un tout, qui n'est qu'arbitrairement divisé en branches mentale et physique. Le résultat physique et psychologique de la pratique d'un exercice de training autogène est un état de conscience modifié. De tels exercices produisent des effets thérapeutiques contraires à ceux du stress.

Les méthodes autogènes contribuent à maintenir ou à recouvrer la santé en aidant les systèmes naturels à mieux travailler. Le patient y joue le rôle principal.

Environ 5 % des personnes qui commencent à pratiquer le training autogène deviennent plus tendues. C'est pourquoi on vérifie certains indicateurs de stress, dont la tension artérielle et la fréquence cardiaque. Si ces indicateurs continuent d'augmenter, même après que des formules adaptées ont été utilisées, mieux vaut alors choisir d'autres méthodes.

Le training autogène doit être enseigné par une personne dûment formée.

Aspects techniques

Voici les éléments techniques essentiels à une pratique du training autogène conforme à la méthode de Schultz.

1. *L'environnement.* On choisit un endroit plutôt silencieux, sans lumière vive. On ferme les yeux, on adopte une position physique qui réduit les tensions musculaires. On enlève nos lunettes, on détache notre ceinture.

2. *Les positions.* Le training autogène se pratique dans trois positions physiques de base: assise, couchée, et dans la position du cocher (voir exercice 18).
3. *La reprise.* On termine chaque exercice, même les plus brefs, en pliant vigoureusement les bras, en respirant à fond et en ouvrant les yeux.
4. *La concentration passive.* Bien que le sens des formules – comme «Mon bras droit est lourd» – puisse laisser entendre qu'il y a des résultats précis à obtenir, on doit faire les exercices en concentration passive, c'est-à-dire répéter les formules en étant attentif à ce qui se passe en nous pendant qu'on les répète, plutôt qu'en espérant un résultat précis («laisser être»).
5. *Les formules.* Les formules sont le plus souvent courtes et décrivent des états physiques («Mon bras droit est lourd») ou psychologiques («Je suis calme»). Toutes les formules sont affirmatives.
6. *La longueur des exercices.* Ces exercices sont courts au début (30 secondes). Ils peuvent cependant atteindre une durée d'une heure ou plus, dans la méditation autogène.
7. *Le nombre et la fréquence.* Les personnes qui ont obtenu des résultats satisfaisants avec le training autogène faisaient au moins trois séries de trois exercices quotidiens. Un nombre inférieur d'exercices ne produisait pas les effets escomptés de façon aussi régulière.
8. *Une suite personnalisée de formules.* Chaque individu réagit à sa façon aux exercices. Dans de rares cas, ces réactions amènent la personne responsable de la formation à personnaliser l'ordre des formules. La séquence proposée à l'exercice 47 convient cependant à la très grande majorité des gens.
9. *Les contre-indications relatives.* Il y a un certain nombre de contre-indications relatives à la pratique du training autogène, surtout pour les personnes qui prennent des médicaments contre l'hypertension artérielle

ou qui s'injectent de l'insuline pour contrôler leur diabète. Ces personnes doivent vérifier fréquemment les effets de leur pratique, de façon à ce que la médication puisse être ajustée en conséquence.

10. *Les décharges.* Il peut arriver qu'on réagisse à certains exercices de training autogène par des symptômes qui n'ont rien à voir *a priori* avec le contenu des formules. Par exemple, on ressent des démangeaisons intenses ou des sensations de brûlure ou de blessure. Schultz et Luthe pensent que ces réactions permettent à l'inconscient de se libérer d'un matériel psychologique refoulé. On note un plus grand nombre de décharges chez les personnes qui «se retiennent» et chez celles qui ont eu des opérations chirurgicales ou des accidents importants. On recommande de laisser passer ces décharges (limiter la durée des exercices à 30 secondes peut aider à les laisser passer, quitte à faire un grand nombre d'exercices durant la même séance).

Les clés

N° 2. Prendre une posture qui permet la décontraction musculaire.
N° 5. Être présent.
N° 6. Adopter l'attitude «laisser être».
N° 7. Utiliser la suggestion ou l'autosuggestion.
N° 8. S'entourer de conditions extérieures favorables à la détente.

Exercices

Le training autogène comporte une série de six exercices dans son cycle inférieur. Voici le premier. Pour les autres, voir Luthe et Shultz (1983) si on aime les démarches scientifiques, ou Eberlein (1980) si on désire surtout un guide pratique.

Exercice 47
Premier exercice régulier du training autogène: lourdeur

1. Prendre l'une ou l'autre des positions suivantes:
   A. Position assise: s'asseoir confortablement dans un fauteuil dont le dossier est suffisamment haut pour soutenir la tête, les pieds au sol, les bras reposant sur les accoudoirs, paumes des mains vers le bas.
   B. Position couchée: se coucher sur le dos, les pieds tombant vers l'extérieur, la tête soutenue par un petit oreiller, les bras de chaque côté du corps, les avant-bras étant parallèles au corps et les paumes des mains tournées vers le bas.
   C. Position du cocher: voir exercice 18.
2. Répéter deux, trois ou quatre fois chacune des formules suivantes après avoir établi un bon contact mental avec la partie du corps concernée.

Si on est droitier:
Mon bras droit est lourd.
Mon bras gauche est lourd.
Mes deux bras sont lourds.
Ma jambe droite est lourde.
Ma jambe gauche est lourde.
Mes deux jambes sont lourdes.
Mes bras et mes jambes
sont lourds.

Si on est gaucher:
Mon bras gauche est lourd.
Mon bras droit est lourd.
Mes deux bras sont lourds.
Ma jambe gauche est lourde.
Ma jambe droite est lourde.
Mes deux jambes sont lourdes.
Mes bras et mes jambes
sont lourds.

3. Terminer l'exercice en pliant vigoureusement les bras, en prenant une inspiration profonde et en ouvrant les yeux. Attendre quelques instants et recommencer deux autres fois.

Notes

Il est normal de ne pas toujours rester concentré sur nos bras ou sur nos jambes quand on fait cet exercice. On revient simplement à notre concentration quand on se rend compte qu'on pense à autre chose. Au début, il est souvent préférable de limiter la durée des exercices; par exemple, on se concentre de 10 à 30 secondes sur notre bras dominant et on termine tout de suite l'exercice. On recommence plusieurs fois cet exercice très court et, peu à peu, on ajoute les autres formules.

Application partielle

Le training autogène propose des exercices «partiels» qu'on peut utiliser avec plus de souplesse que les exercices réguliers. Il s'agit d'abord d'ajouter la formule «Ma nuque et mes épaules sont lourdes» à la suite de «Mes bras et mes jambes sont lourds». Après une trentaine de jours d'utilisation quotidienne, on peut alors répéter la seule formule «Ma nuque et mes épaules sont lourdes», sans nécessairement prendre de position particulière ni fermer les yeux. On peut l'utiliser en marchant, en travaillant, en écoutant parler les autres. On peut la répéter aussi longtemps qu'on veut. Il faut cependant éviter de faire ces exercices partiels si les deux conditions suivantes sont réunies:

1. On manque de sommeil.
2. Il serait dangereux pour soi ou pour les autres qu'on s'endorme: par exemple, on conduit une automobile ou on surveille les enfants pendant qu'ils se baignent.

Il arrive en effet que l'utilisation de la formule induise le sommeil quand on n'a pas suffisamment dormi.

On peut évidemment se servir de cet effet et utiliser l'exercice partiel pour s'endormir, quand on est dans son lit.

Références

Luthe, W. et Schultz, J.H. *Les techniques autogènes*, Décarie, Montréal, 1983.

Luthe, W. «La thérapie autogène», *Le médecin du Québec*, Montréal, avril 1979.

Eberlein, Gisela. *Guide pratique du training autogène*, Retz, Paris, 1980.

Les exercices d'espace

Historique

Dans son travail sur le développement des méthodes autogènes, le Dr Wolfgang Luthe s'intéresse non seulement à la santé mais aussi à la créativité. Dans les années 70, il poursuit des recherches en ce sens à l'Université de Montréal, où les stratégies de relaxation prennent une place de choix dans les cours sur le développement de la créativité. À cette époque, il n'y a guère que le training autogène et la relaxation progressive de Jacobson (voir p. 190) qui puissent prétendre à un statut scientifique et répondre à des exigences d'enseignement universitaire dans le domaine des stratégies d'harmonisation intérieure.

En plus d'enseigner les exercices de base du training autogène, le Dr Luthe développe d'autres outils de mobilisation des processus créateurs. Il conçoit notamment les «exercices d'espace», qui ont aussi pour effet d'augmenter la réponse de relaxation. Ces exercices destinés à favoriser la créativité trouvent alors des applications dans le monde médical, plus spécifiquement dans les cas d'insomnie et d'hypertension artérielle.

Théorie

Le stress provient, entre autres facteurs, de l'hyperdéveloppement des fonctions intellectuelles par rapport à celui des processus créateurs. Étant constamment à la recherche du «pourquoi» des choses, on a tendance à inhiber les capacités intuitives et créatrices de notre cerveau. Suspendre temporairement le fonctionnement rationnel ouvre la porte à la créativité. Les périodes de rêverie ou les promenades au grand air sont souvent fécondes en ce sens. Lorsqu'on laisse aller notre esprit là où il veut, en lui fournissant une idée de départ sans contrôler la suite, lorsqu'on «laisse être» ce qu'il y a dans notre tête, on éprouve une certaine décontraction psychique qui s'accompagne d'une détente corporelle. C'est précisément ce qui se passe pour la majorité des gens qui pratiquent les exercices d'espace correctement.

Aspects techniques

L'exercice d'espace numéro 1 doit être fait dans une position physique symétrique: chaque moitié du corps doit être «le miroir» de l'autre. Les formules sont dites assez lentement les unes après les autres, avec une pause de quelques secondes entre chacune.

Pour l'exercice d'espace numéro 2, la première formule est répétée à quelques reprises (deux, trois, quatre, cinq fois), puis la deuxième est aussi répétée un certain nombre de fois, et ainsi de suite jusqu'à la fin. «Laisser être» demeure l'attitude à conserver.

Les exercices d'espace numéros 1 et 2 peuvent être repris plusieurs fois au cours de la même séance.

Cette fois-ci, en détendant la mâchoire, bien laisser le fond de la gorge s'ouvrir, pour respirer plus librement. On peut s'aider à ouvrir davantage la gorge en imaginant le son «ô» (comme dans «rôle» ou dans «saule»), autant pendant l'inspiration que l'expiration.

Les clés

N° 2. Prendre une posture qui permet la décontraction musculaire.
N° 5. Être présent.
N° 6. Adopter l'attitude «laisser être».
N° 7. Utiliser la suggestion ou l'autosuggestion (pour l'exercice 49).
N° 8. S'entourer de conditions extérieures favorables à la détente.

Exercices

Notes

Les personnes dont la tension artérielle est élevée et qui veulent faire les exercices d'espace sur une base régulière doivent vérifier l'évolution de leur tension, car, dans de très rares cas, la pratique de ces exercices peut la faire augmenter.

Exercice 48
Exercice d'espace numéro 1

1. S'asseoir ou se coucher sur le dos, en gardant le corps symétrique (c'est-à-dire que chaque côté du corps est le miroir de l'autre).
2. Fermer les yeux.
3. *Lentement*, dire, entendre ou lire mentalement (en silence) les formules suivantes, l'une après l'autre, en laissant passer quelques secondes entre chacune:

J'imagine l'espace entre mes yeux.
J'imagine l'espace entre mes oreilles.
J'imagine l'espace entre mes épaules.
J'imagine l'espace entre mes coudes.
J'imagine l'espace entre mes poignets.
J'imagine l'espace entre mes mains.
J'imagine l'espace entre mes genoux.
J'imagine l'espace entre mes chevilles.
J'imagine l'espace entre mes pieds.
J'imagine l'espace entre mes jambes.

4. Après avoir dit la dernière formule, plier vigoureusement les bras, inspirer profondément et ouvrir les yeux.

Exercice 49
Exercice d'espace numéro 2

1. Prendre une position physique de détente: s'asseoir ou se coucher sur le dos.
2. Fermer les yeux.
3. Répéter la première formule un certain nombre de fois (deux, trois, quatre, cinq...) sans s'attarder à les compter.
4. Répéter de même les formules suivantes, dans l'ordre indiqué.
5. Être présent à la zone du corps dont il est question dans la formule que l'on répète.

Si on est droitier:
Mon bras droit est rempli d'espace.
Mon bras gauche est rempli d'espace.
Mes deux bras sont remplis d'espace.
Ma jambe droite est remplie d'espace.
Ma jambe gauche est remplie d'espace.
Mes deux jambes sont remplies d'espace.
Mes bras et mes jambes sont remplis d'espace.

Si on est gaucher:
Mon bras gauche est rempli d'espace.
Mon bras droit est rempli d'espace.
Mes deux bras sont remplis d'espace.
Ma jambe gauche est remplie d'espace.
Ma jambe droite est remplie d'espace.
Mes deux jambes sont remplies d'espace.
Mes bras et mes jambes sont remplis d'espace.

6. Une fois la dernière formule répétée, plier les bras vigoureusement, inspirer profondément et ouvrir les yeux.

Référence
Luthe, W. «La thérapie autogène», *Le médecin du Québec,* Montréal, avril 1979.

La relaxation progressive du Dr Jacobson

Historique

La relaxation progressive est une méthode de relaxation basée sur des mouvements de contraction suivis de détente des muscles.

En 1908, à Chicago, le Dr Edmund Jacobson commence ses recherches. Celles-ci l'amènent à comprendre que les réactions de stress ne sont pas causées uniquement par les événements: notre état de tension est aussi en cause. Par exemple, l'ampleur du sursaut d'un individu à un bruit dépend de sa tension: plus il est tendu, plus il sursaute. Jacobson en conclut que «toute irritation ou toute sensation subjective de malaise peut être atténuée en état de relaxation».

Il se veut rigoureusement scientifique: il décrit les phénomènes de la relaxation et il les mesure. Sa méthode, comme le training autogène, encourage l'autonomie. Elle se limite cependant à des instructions qui favorisent la relaxation des muscles par des contractions et des décontractions.

Théorie

Jacobson écrit que «relaxer est l'opposé physiologique de s'exciter ou d'être troublé». En relaxant, on arrive à contrer les effets du stress et à retrouver la santé. La résolution des problèmes de santé mentale va aussi de pair avec une réduction de la tension musculaire: la relaxation a une influence favorable sur la santé mentale, et toute psychothérapie qui porte fruit entraîne nécessairement une baisse de la tension musculaire, même si elle ne vise pas directement cet objectif.

Le corps reste tendu même couché, au repos. La relaxation vise à réduire cette tension résiduelle. Comme le Dr Jacobson considère la capacité de relaxer comme innée, il soutient qu'on peut tous réapprendre à utiliser ce «tranquillisant interne».

Aspects techniques

Le programme nécessite une heure par jour.

On exécute les exercices en position couchée.

Les clés

- Nº 2. Prendre une posture qui permet la décontraction musculaire.
- Nº 3. Détendre volontairement nos muscles.
- Nº 4 Étirer ou masser nos muscles et nos articulations.
- Nº 5. Être présent.
- Nº 8. S'entourer de conditions extérieures favorables à la détente.

Exercice 50
Relaxation progressive

Le Dr Jacobson décrit les exercices de la relaxation progressive dans son livre *Savoir relaxer pour combattre le stress* (1980). Il existe également de nombreuses versions de sa méthode sur cassette audio. Voici quelques-uns des exercices dont elle est constituée.

Se réserver 20 minutes.

1. Se reposer en position couchée, sur le dos, les bras de chaque côté du corps, les paumes des mains tournées vers le bas, les yeux fermés, pendant deux ou trois minutes.
2. Plier ensuite le poignet pour soulever la main droite, en laissant l'avant-bras et le coude sur la surface où l'on repose. Intensifier un peu ce geste, garder la main ainsi repliée une ou deux minutes et prendre conscience de la sensation ainsi créée dans l'avant-bras: elle résulte d'une tension musculaire. Apprendre à identifier cette sensation.
3. Laisser retomber la main *lentement*, jusqu'au bout, sans la placer soi-même. La sensation dans la partie supérieure de l'avant-bras vient de changer; on ressent maintenant de la détente.
4. Refaire l'exercice à quelques reprises pour apprendre à reconnaître une sensation de tension et une sensation de relaxation.
5. Faire le même exercice avec le bras gauche.
6. Tout en gardant le talon droit sur la surface où il repose, plier la cheville droite en tirant le pied vers soi. La sensation entre le haut de la cheville et le genou en est une de tension. Apprendre à la ressentir pendant qu'on tient la cheville ainsi pliée pendant une ou deux minutes.

7. Relâcher la tension et laisser le pied se placer lui-même: la sensation de tension est remplacée par une sensation de relaxation.
8. Répéter plusieurs fois.
9. Faire le même exercice avec la jambe gauche.
10. Hausser *lentement* les sourcils et prendre conscience de ce qu'on ressent alors dans le front: c'est une sensation de tension musculaire.
    Garder cette tension et rester présent à la sensation qu'elle engendre pendant une ou deux minutes.
    Lentement, permettre aux muscles du front de se détendre en laissant les sourcils revenir à leur place.
11. Recréer cette tension dans le front à quelques reprises et relâcher les muscles du front entre chacune.
12. Rester quelques minutes ainsi allongé et détendre tous les muscles où l'on reconnaît la même sensation que celle qu'on a appris à détecter dans le front, les jambes et les avant-bras.
    Terminer en bougeant progressivement les membres et en s'étirant.

Références

Jacobson, E. *Savoir relaxer pour combattre le stress*, Éditions de l'Homme, Montréal, 1980.

Cassette audio, Michel Sabourin, #RCA KPK1 0054, *Techniques de relaxation.*

La détente subliminale

Historique

L'utilisation de procédés subliminaux dans le domaine de la relaxation a été développée au Québec au début des années 70.

On qualifie de «subliminal» («sub» signifie *en dessous*, et «liminal» donne l'idée de *seuil*) un procédé qui permet de communiquer un message directement à l'inconscient d'un individu, c'est-à-dire sans qu'il en ait conscience.

François Borgeat, psychiatre, Louis Chaloult, médecin, et Rénald Chabot, conseiller en toxicologie, font des recherches en vue d'utiliser des procédés subliminaux dans le domaine de la toxicologie, du contrôle du poids, de la psychothérapie et de la relaxation. En 1978, ils présentent à la radio une émission de fin de soirée consacrée à des enregistrements comportant des messages subliminaux. Un sondage montre un taux élevé de satisfaction chez les auditeurs, dont 90 % affirment mieux dormir et se réveiller plus en forme (Viau, 1982).

Depuis, de nombreux enregistrements avec suggestions subliminales sont en vente chez les disquaires.

Théorie

On peut prendre conscience d'une information, dans la mesure où elle nous est présentée en deçà d'un certain seuil; au-dessus d'un autre, elle passe complètement inaperçue. Entre les deux, il se trouve une zone où elle est enregistrée de façon inconsciente. Par exemple, on peut lire et répéter des mots qui nous sont présentés jusqu'à une certaine vitesse. Au-delà d'une autre vitesse, nécessairement plus grande que la première, on ne peut ni les voir ni les répéter. Entre ces deux vitesses, on ne peut pas les répéter. On est alors persuadé qu'on ne les a pas vus; mais, comme des mesures physiologiques indiquent clairement que ces mots nous ont fait réagir, on doit conclure qu'on les a enregistrés inconsciemment. Ce processus de perception est *subliminal:* il se passe à un niveau où l'on enregistre des choses sans le savoir consciemment.

D'après les travaux du Dr Lozanov, en Bulgarie, tels que rapportés par Jean Lerède (1980), non seulement peut-on recevoir des suggestions sans en prendre conscience, mais encore réagit-on de façon plus marquée à des suggestions subliminales qu'à celles qu'on reçoit consciemment.

Dans un enregistrement musical «subliminal», des messages sont dissimulés dans la musique qui est consciemment entendue. Pour la détente, ces messages suggèrent de la lourdeur dans les membres, un sentiment de calme, etc. L'efficacité semble en partie liée à la volonté d'être influencé par les messages.

On sait aussi que toute personne qui s'étend confortablement et qui écoute de la musique pendant une période de 20 minutes, en concentration passive, réunit quatre des clés de la relaxation. Celles-ci amènent à elles seules des effets très positifs.

Aspects techniques

On exécute les exercices en position assise ou couchée. On a besoin d'un lecteur de disques ou de cassettes. La durée des exercices est d'environ 20 minutes.

Les clés

N° 2. Prendre une posture qui permet la décontraction musculaire.
N° 5. Être présent.
N° 6. Adopter l'attitude «laisser être».
N° 7. Utiliser la suggestion ou l'autosuggestion.
N° 8. S'entourer de conditions extérieures favorables à la détente.

Exercice 51
Détente subliminale

1. Contrôler l'environnement.
2. Prendre la position physique appropriée.
3. Écouter l'enregistrement.

Référence
La détente subliminale, (Cassette audio KD4-612).

2. Exercices de relaxation d'origine psychologique

En psychologie, on utilise le plus souvent les mêmes techniques qu'en médecine, dans le but de vaincre des phobies, de diminuer l'anxiété ou les sentiments dépressifs, etc. (voir chapitre 2).

On peut aussi utiliser la relaxation pour mieux vivre nos émotions, notamment pour moins les refouler. C'est une des applications du focusing.

Le focusing

Historique

La pratique du focusing est un moyen privilégié de prendre conscience de diverses sensations corporelles reliées à nos émotions, avec une attitude d'ouverture. Le focusing n'est pas d'abord et avant tout une technique de relaxation, mais il utilise un certain nombre de clés et, par conséquent, il en a les effets. Il a été créé dans les années 60, à l'Université de Chicago, par Eugene T. Gendlin, un psychologue de l'école humaniste. La psychologie humaniste a exploré la subjectivité, laissée de côté par les traditions antérieures, qui s'intéressaient davantage à la vie inconsciente (la psychanalyse) ou à la modification des comportements (le behaviorisme).

Théorie

On peut diviser les événements en deux grandes catégories: les événements extérieurs, qui se produisent dans le monde, et les événements intérieurs, qui se déroulent en nous: ces derniers constituent ce que Gendlin appelle notre «expérience».

Ces événements internes, qui s'accompagnent de sensations, possèdent des significations. Une «boule dans la gorge», une envie de pleurer, une sensation de lourdeur sur les épaules ou un sentiment de légèreté, par exemple, n'arrivent pas par hasard. En étant présent à ces expériences sensorielles avec une attitude d'accueil, on peut laisser se dégager ces significations qu'on interprète souvent trop vite comme des malaises passagers d'origine biologique.

Notre organisme a donc des façons corporelles de réagir psychologiquement. Si on s'ouvre à ces dernières, plutôt que de les combattre, on se découvre sur un plan plus profond que celui des mots et, le plus souvent, on retrouve un certain sentiment de paix et de sérénité. Plutôt que de réprimer un sentiment intérieur dès qu'il ne fait pas notre affaire, on apprend à le connaître et à se connaître soi-même à travers lui. Cette ouverture permet aussi graduellement de prendre des décisions qui sont plus en accord avec qui on est.

Ici comme ailleurs, le travail n'est pas que technique: le désir de s'ouvrir à soi-même et l'acceptation de l'inconfort à court terme que cela comporte à l'occasion sont tout autant nécessaires.

Aspects techniques

Le focusing se pratique en position assise. On apprend à le pratiquer avec un professionnel expérimenté. Quand on veut utiliser cette méthode, il vaut mieux avoir au moins une heure devant nous, même si la séance peut se terminer d'elle-même après 20, 30 ou 40 minutes.

Il y a beaucoup de façons d'aborder le focusing sur le plan technique. En voici une qui est simple et qui peut éventuellement être expérimentée sans aide extérieure, du moins dans ses premières étapes.

Les clés

N° 1. Respirer.
N° 2. Prendre une posture qui permet la décontraction musculaire.
N° 3. Détendre volontairement nos muscles.
N° 5. Être présent.
N° 6. Adopter l'attitude «laisser être».
N° 8. S'entourer de conditions extérieures favorables à la détente.

Exercice 52
Ouvrir un espace au centre de soi

1. S'asseoir confortablement.
2. Être présent à notre corps pendant quelques minutes et laisser nos muscles se détendre.
3. Prendre conscience de notre respiration et, graduellement, «faire de l'espace» au centre de notre corps, dans la partie supérieure de l'abdomen.
4. Quand cet espace «respire», accueillir la sensation corporelle qui attire le plus notre attention, maintenant, et «rester avec» en la recevant avec bienveillance, qu'elle soit agréable ou désagréable (une lourdeur, un point, une boule dans la gorge, une sensation de détente, une démangeaison, un engourdissement, etc.).
5. Prendre conscience de l'évolution de cette sensation, en conservant toujours l'espace au centre de soi.
6. Conserver constamment cet espace ouvert au centre de soi en respirant profondément et, selon l'évolution,

accueillir tour à tour toutes les sensations qui viennent solliciter notre attention; accorder à chacune tout le temps nécessaire pour qu'elle se transforme.

7. Terminer à un moment qu'on juge favorable, en s'étirant et en ouvrant les yeux. Rester une ou deux minutes en place avant de se lever.

Références

Gendlin, Eugene T. *Focusing: au centre de soi*, Le Jour Éditeur, Actualisation, Montréal, 1978.

Une adaptation spirituelle du focusing est présentée dans:

Campbell, Peter et McMahon, Edwin. *Bio-spirituality. Focusing as a Way to Grow*, Loyola University Press, Chicago, 1985.

3. Exercices de rééducation somatique

Les exercices de rééducation somatique visent à redonner harmonie et souplesse au corps. Ces méthodes, qui viennent du milieu paramédical, produisent également un relâchement musculaire et psychique. L'anti-gymnastique, la méthode Feldenkrais et la méthode Alexander en sont des exemples.

L'anti-gymnastique

Historique

Les exercices d'anti-gymnastique ont pour but d'étirer la musculature postérieure et de renforcer la musculature antérieure. Cette thérapie corporelle a été créée dans les années 70.

Après avoir étudié la kinésithérapie dans les écoles françaises officielles, Thérèse Bertherat est déçue du peu d'attention accordée aux patients; selon elle, on s'intéresse trop aux machines et aux techniques «éprouvées et approuvées», ainsi qu'aux parties du corps qu'on aborde toujours séparément les unes des autres, alors qu'on n'accorde pas assez d'attention aux interrelations entre ces parties, ni à la personne que l'on traite. Un jour, Mme Bertherat suit un cours de formation avec Françoise Mézières, dont les idées et la pratique sont radicalement différentes; c'est avec ces nouvelles idées que Mme Bertherat crée l'anti-gymnastique.

Théorie

La théorie de l'anti-gymnastique affirme que les muscles de l'arrière du corps, de la plante des pieds au cuir chevelu (musculature postérieure), sont trop forts par rapport à ceux du devant (musculature antérieure). Les muscles postérieurs, plus nombreux, sont reliés à plus d'articulations et sont plus gros que ceux du devant du corps; ils sont donc davantage sollicités dans tous les mouvements, ce qui les rend encore et toujours plus forts. Ce processus les raccourcit, et il s'ensuit toutes sortes de douleurs musculaires ou articulaires. D'autres difficultés, organiques et psychologiques, peuvent aussi apparaître.

Contrairement à ce qui est souvent enseigné en physiothérapie, les problèmes du dos ne viennent pas de ce qu'il manque de force, mais de ce qu'il est trop fort par rapport aux muscles du devant, ce qui produit un déséquilibre. Il convient de traiter ce dernier par une élongation des muscles postérieurs et un renforcement des muscles de la face antérieure. Autrement, tout exercice qui vise à rendre le dos plus fort ne fait qu'aggraver le problème qu'il veut résoudre.

Comme dans beaucoup d'approches corporelles, la pratique de l'anti-gymnastique peut déclencher des phénomènes psychologiques, comme des pleurs ou la remontée de certaines angoisses. On retrouve encore une fois ici le lien entre la tension corporelle et la tension psychique. Thérèse Bertherat conseille aux personnes qui ont de fortes réactions corporelles ou émotives d'aller en psychothérapie, car elle ne prétend pas traiter le psychisme par l'anti-gymnastique.

Aspects techniques

Les exercices sont simples à pratiquer. On a parfois besoin d'accessoires faciles à trouver, peu dispendieux (billes, balles, bâtons).

Le but est d'étirer la musculature postérieure, ce qui demande parfois de contracter fortement les muscles antérieurs (abdominaux, quadriceps, etc.).

Les exercices d'anti-gymnastique sont appelés «préalables». Ils peuvent être appris et pratiqués seul ou avec l'aide d'un professeur. La durée d'une séance varie selon les exercices choisis, de quelques minutes à une heure ou plus, dans les cours. Aucune fréquence n'est imposée.

Les clés

- Nº 1. Respirer.
- Nº 2. Prendre une posture qui permet la décontraction musculaire.
- Nº 4. Étirer ou masser nos muscles et nos articulations.
- Nº 5. Être présent.
- Nº 6. Adopter l'attitude «laisser être».
- Nº 8. S'entourer de conditions extérieures favorables à la détente.

Exercices

Voici quelques préalables d'anti-gymnastique; leur exécution demande entre une demi-heure et une heure.

Il est préférable d'enlever nos chaussures et de porter des vêtements confortables. On a besoin d'une balle de mousse de la grosseur d'une orange ou d'une balle de tennis, ou encore on se sert d'un morceau de tissu enroulé sur lui-même.

Pendant et après l'exécution de chaque préalable, on garde une attitude de concentration passive; on reste conscient de notre corps, sans attendre de résultat précis.

On fait les mouvements *lentement* et on prend le temps de se reposer pendant et après chacun des préalables.

On évite de réaliser les étapes de façon machinale; on reste présent à ce qui se passe.

Exercice 53
Préalables d'anti-gymnastique

Préalable 1

1. Se coucher sur le dos, les jambes allongées, les bras le long du corps, la tête droite (le nez vers le haut), la mâchoire décontractée.
2. Prendre conscience des points d'appui au sol: talons, mollets, cuisses, fesses, dos, omoplates, crâne; prendre aussi conscience des «non-appuis» au sol: sous les chevilles, sous les genoux, sous les cuisses, au bas du dos, sous la nuque. Visualiser mentalement notre empreinte sur le sol. Prendre notre temps, se reposer.
3. Plier les genoux et mettre les pieds à plat au sol. Écarter légèrement les genoux. L'empreinte au sol change-t-elle? Prendre notre temps, garder la mâchoire décontractée.
4. Tout en gardant la même position, placer la balle entre l'extrémité de la colonne vertébrale et le plancher, sous le coccyx. Reposer ainsi sur le dos, jambes fléchies, pieds à plat, le coccyx légèrement soulevé.
5. Ne rien faire d'autre. Laisser le bas du dos se rapprocher du sol, garder le ventre souple et le reste du corps détendu; laisser la gravité faire le travail pour nous. Puis, après deux ou trois minutes, enlever la balle tout en gardant la même position. Se reposer. Cela modifie-t-il

l'empreinte au sol? Quelles sont les sensations qui viennent?

Préalable 2

1. Dans la même position, placer maintenant la balle sous l'os de la fesse droite. Le côté droit du bassin sera ainsi soulevé.
2. Laisser la fesse gauche bien au sol, allonger la jambe gauche au sol. Soulever le genou droit et le tirer doucement vers la poitrine avec la main droite; relâcher. Reprendre une dizaine de fois, en synchronisant le geste et la respiration. Si cela est trop inconfortable, replier d'abord la jambe gauche et déposer le pied gauche à plat au sol avant de continuer à tirer la jambe droite vers la poitrine.
3. Dessiner une dizaine de cercles en tenant le genou droit de la main droite, dans un sens puis dans l'autre, *lentement*. Rester attentif à ce qui se passe dans notre corps.
4. Reprendre la position de départ (les deux jambes fléchies) et enlever la balle.
5. Se reposer.
   Remarquer comment est l'empreinte du corps au sol, comment se place le bassin, comment est le corps, y compris le visage, à droite et à gauche.
   Se lever doucement et faire quelques pas. Marche-t-on de la même façon des deux côtés?
6. Refaire le même préalable, cette fois pour le côté gauche du bassin.
7. Se reposer sur le dos, jambes fléchies.

Préalable 3

1. Couché sur le sol, les jambes fléchies, les pieds à plat, glisser la balle sous le dos, entre l'omoplate droite et la colonne vertébrale.

2. Respirer un peu, se laisser reposer sur la balle. Cela peut être douloureux. Si c'est le cas, expérimenter de s'abandonner sur la balle plutôt que de résister pour ne pas avoir mal, se détendre en accueillant les sensations plutôt que de se tendre en résistant. On peut aussi utiliser une balle plus molle, l'objectif n'étant pas de se faire mal mais plutôt de se détendre.
3. Lever ensuite le bras droit et l'étirer vers le plafond, pendant une expiration; relâcher en inspirant, le bras restant vers le haut et l'épaule revenant vers le bas.
4. Faire l'étirement à plusieurs reprises, toujours en harmonie avec la respiration.
5. Puis, faire des cercles avec le bras, d'abord dans un sens, puis dans l'autre, toujours en restant appuyé sur la balle.
6. Finalement, enlever la balle et replacer le bras le long du corps.
7. Laisser venir les sensations, se reposer un peu.
8. Refaire le même préalable, cette fois du côté gauche.
9. Enlever la balle et se reposer en étant présent à nos sensations.

Préalable 4

1. Se coucher sur le côté droit, les deux genoux très fléchis et reposant sur le sol, le genou gauche étant plus haut que le genou droit.
2. Allonger le bras droit perpendiculairement au corps, sur le plancher.
3. Déposer la tête, la joue droite reposant sur le sol.
4. Lever le bras et l'épaule gauches vers le plafond et les étirer vers le haut, en inspirant; à l'expiration, laisser l'épaule revenir à sa place, le bras gauche toujours vers le plafond, mais détendu. Reprendre une dizaine de fois, lentement.
5. Laisser le bras gauche retomber lentement sur le sol derrière soi, le long du dos, la main près de la fesse

droite, paume vers le haut, l'avant-bras détendu, la tête toujours au sol, *sans forcer.*

6. Profiter de l'étirement produit dans l'épaule et le cou pendant quelques secondes.
7. Pendant une inspiration, écarter un tout petit peu le bras gauche du corps, vers l'arrière, en laissant la main traîner sur le sol; l'éloigner ainsi un tout petit peu plus à chaque inspiration, sans jamais forcer, jusqu'à ce qu'on sente qu'on ne peut pas aller plus loin. Pendant toutes les expirations, la main gauche reste là où elle est rendue, avant de repartir avec l'inspiration suivante.
8. Lorsque la main gauche est rendue le plus loin possible du dos, l'y garder quelques instants, avant de la laisser revenir près de la fesse, très doucement.
9. Se coucher ensuite sur le dos et, pendant une minute, prendre conscience des changements produits par le préalable.
10. Faire le même exercice de l'autre côté.
11. Se reposer.

Références

Bertherat, Thérèse. *Le corps a ses raisons*, Seuil, Paris, 1976.
Bertherat, Thérèse. *Le repaire du tigre*, Seuil, Paris, 1989.
Labonté, Marie Lise. *L'antigymnastique*, Québec/Amérique, Montréal, 1990.

4. Exercices de méditation

Les exercices de méditation entendent permettre à la conscience d'accéder à la nature spirituelle de toute chose. Même si les méthodes de méditation viennent du monde spirituel, on les utilise de plus en plus en médecine: elles ont les mêmes effets de réduction du stress que la relaxation, et certaines recherches montrent également qu'une vie spirituelle active peut favoriser la santé et la guérison.

Méditer avec un mantra

Historique

Les mantras sont des mots, des sons ou de courtes formules. Ils peuvent être tirés de prières ou de psaumes («Père», «Que Ta volonté soit faite!» ou «Le Seigneur est mon berger», par exemple). Il viennent surtout des traditions orientales («Omm» ou «Omm manipadme Omm» ou encore «Khrisna Khrisna, Hare Hare», par exemple). Méditer avec un mantra consiste à le répéter inlassablement. On peut aussi le chanter.

Le cardiologue Benson propose de répéter les courtes formules sacrées pendant l'expiration et de rester silencieux durant l'inspiration. En fait, on remplace alors le son «one» (voir la méthode de Benson, p. 178) par la courte formule choisie. Benson considère que cela confère plus d'efficacité à sa méthode.

La méditation avec un mantra existe probablement depuis la nuit des temps. Elle revient à la mode en Occident depuis quelque temps, notamment à cause de la méditation transcendantale à laquelle beaucoup de personnalités se sont initiées, et qui est devenue ainsi plus populaire que les autres. On retrouve des centres de formation un peu partout. De nombreuses autres traditions suggèrent aussi de méditer avec un mantra.

Théorie

John Main, prieur jusqu'à sa mort du Monastère bénédictin de Montréal, qu'il avait fondé pour se dédier à la pratique et à l'enseignement de la méditation selon la tradition chrétienne, écrit: «Par la prière méditative, nous nous préparons à l'expérience globale de la présence de Dieu» (Main, 1985). Il rejoint ainsi ce que les autres écoles spirituelles, comme l'hindouisme ou le bouddhisme, pensent au sujet de la méditation, même si «la présence de Dieu» devient «Brahma» ou «la nature du Bouddha».

Il s'agit de diriger notre esprit de façon à ce que les perceptions habituelles du monde s'effacent peu à peu pour faire place à une autre conscience. Certaines traditions imposent un ou quelques mantras particuliers, qui auraient un pouvoir en eux-mêmes, alors que d'autres ne tiennent qu'à l'utilisation d'un mantra, peu importe lequel.

Ces méthodes sont toujours liées à un enseignement sur le sens de la vie, qui regroupe un certain nombre des mêmes éléments présentés différemment selon les traditions: l'amour, le respect de la vie, l'équité, la compassion, une conception du temps qui le ramène à un moment éternellement présent plutôt qu'à une durée sans fin, le non-attachement aux choses ainsi qu'à notre propre ego, pour en nommer quelques-uns.

Aspects techniques

Dans la tradition spirituelle, les mantras sont habituellement donnés à un élève par un maître de méditation. Dans notre monde plus profane, on trouve les mantras dans des livres.

Certains éléments techniques peuvent varier avec les traditions. La plupart des traditions recommandent de méditer en position assise, en gardant le dos droit. On peut cependant répéter notre mantra dans toutes nos activités quotidiennes. On peut même pratiquer certaines méthodes en marchant.

Selon les traditions, on peut méditer les yeux fermés, ouverts ou mi-clos.

On peut méditer pendant 30 secondes ou quelques heures.

Les clés

- Nº 2. Prendre une posture qui permet la décontraction musculaire.
- Nº 5. Être présent.
- Nº 6. Adopter l'attitude «laisser être».
- Nº 8. S'entourer de conditions extérieures favorables à la détente.

Exercice 54
Méditer avec un mantra

1. S'asseoir confortablement, en gardant le dos droit.
2. Prendre conscience du sens qu'on veut donner à l'exercice, du «plus grand que soi» auquel on veut se relier (facultatif).
3. Choisir un mot ou un son et le répéter intérieurement tout au long de l'exercice.
4. Ne pas se formaliser des pensées et distractions qui surviennent, mais revenir plutôt au mantra.
5. Poursuivre pendant 5 à 20 minutes.
6. Rester assis encore une minute quand on a fini de répéter le mantra.

Références

Main, John. *La méditation chrétienne,* Conférences de Géthsemani, Communitas, Montréal, 1985.

Rinpoché, Sogyal. *Le livre tibétain de la vie et de la mort,* La Table ronde, Paris, 1993.

Méditer avec le soutien de notre respiration

Historique

Certaines méthodes de méditation utilisent la respiration comme objet d'attention. On peut simplement ressentir l'inspiration et l'expiration, ou accompagner l'une ou l'autre d'une idée soutenue par un mot ou une image. Par exemple, utiliser «plénitude» à l'inspiration et «détente» à l'expiration, ce qui revient un peu à méditer avec un mantra. Il est parfois proposé de respirer consciemment d'une certaine façon, par exemple, en inspirant d'abord dans le bas du dos, dans l'abdomen, puis dans la poitrine, et en expirant en sens inverse. Ou on compte jusqu'à un certain nombre en inspirant, on retient son souffle pendant quelques secondes, et on expire, toujours en comptant. Il existe des centaines de méthodes et de variantes, dont les origines se perdent elles aussi dans la nuit des temps.

Théorie

Selon qu'on est chrétien, bouddhiste ou d'une autre tradition, le mot «souffle» revêt une signification bien différente. Par exemple, on peut penser que c'est le souffle de Dieu qui a animé Adam. Ou que l'air qui entre en nous et qui en sort nous montre l'impermanence des choses. Ou encore que l'énergie, au niveau «subtil», circule dans des canaux qu'il convient de purifier avec telle forme de respiration; ainsi, les énergies grossières se déposent et la conscience se clarifie. Les fondements théoriques varient donc beaucoup d'une tradition à l'autre, ce qui n'enlève rien à la fascination que peuvent susciter les visions du monde qui les sous-tendent.

Aspects techniques

L'attention à la respiration, peu importe sa forme, reste l'élément central de beaucoup de méthodes de méditation. On peut pratiquer ces dernières en position assise ou en marchant, observer notre respiration ou la transformer, faire les exercices en silence ou répéter des sons ou des mantras.

Les clés

- Nº 1. Respirer.
- Nº 2. Prendre une posture qui permet la décontraction musculaire.
- Nº 5. Être présent.
- Nº 6. Adopter l'attitude «laisser être».
- Nº 7. Utiliser la suggestion ou l'autosuggestion (selon la méthode).

Nº 8. S'entourer de conditions extérieures favorables à la détente.

Exercices

On peut méditer en utilisant les exercices respiratoires 6, 9 et 56. En voici un autre.

Exercice 55
Méditer avec le calme et le sourire

1. S'asseoir en silence quelques instants.
2. Prendre conscience de notre respiration.
3. À l'inspiration, dire: «En inspirant, je calme mon corps»; à l'expiration, dire: «En expirant, je souris», ou simplement «calme» à l'inspiration et «sourire» à l'expiration.
4. Respirer de cette façon de 5 à 15 fois.
5. Puis dire: «En inspirant, je reste au moment présent» pendant que l'on inspire, et «En expirant, je sais que c'est un moment merveilleux», pendant que l'on expire. On peut également dire uniquement «moment présent» à l'inspiration et «moment merveilleux» à l'expiration. Poursuivre ainsi pendant une quinzaine de respirations. On peut utiliser la méthode plus longtemps si on le désire.
   On peut faire cet exercice en dehors de la pratique formelle, dans toutes nos activités quotidiennes.

Référence

Hanh, Thich Nhat. *The Blooming of a Lotus. Guided Meditation Exercices for Healing and Transformation*, Beacon Press, Boston, 1993.

5. Autres exercices

Voici deux autres exercices. Le premier s'inspire des manuels d'Hatha Yoga et le second est basé sur les techniques d'aïkido.

Exercice 56
Respiration profonde complète

1. Vider les poumons (le plus possible, mais sans tension).
2. Inspirer en gonflant légèrement le bas du dos et l'abdomen, puis la poitrine, laisser les épaules se lever, mais toujours sans tension.
3. Expirer en laissant retomber les épaules, puis laisser les côtes revenir en place et contracter très légèrement les muscles abdominaux vers l'intérieur pour bien vider l'abdomen, toujours sans forcer.
4. Reprendre à l'étape 2.
5. Poursuivre pendant quelques minutes: deux ou trois au début, puis allonger progressivement les séances jusqu'à 20 minutes, une ou deux fois par jour.

Exercice 57
Exercice de centration

1. Se donner un environnement calme.
2. S'asseoir le dos droit, mais non tendu.
3. Fermer les yeux et prendre de longues respirations en imaginant que la tension s'en va à l'extérieur de notre corps de la tête vers les pieds; continuer jusqu'à ce que la détente s'installe; respirer ensuite normalement.
4. Imaginer un faisceau lumineux qui éclaire le centre du corps jusqu'au sommet de la tête; ce centre est gros comme un ballon de basket et se situe à environ cinq centimètres sous le nombril.

5. Laisser le faisceau se balancer de droite à gauche et suivre le mouvement avec le corps, doucement, avec souplesse et détente.
   Tout en gardant le même rythme de balancement, laisser à la fois la grosseur du faisceau et l'amplitude du balancement se réduire de moitié à chaque intervalle d'une quinzaine de secondes.
6. Continuer à réduire le faisceau de moitié toutes les 15 secondes même quand le mouvement cesse, en nous concentrant sur le point infiniment petit que le faisceau est devenu.
7. Poursuivre l'exercice environ 20 minutes, puis revenir à la respiration; respirer profondément dans chaque région du corps, avant de s'intéresser de nouveau à l'environnement.

Référence

Crum, Thomas F. *The Magic of Conflict,* Toughstone, New York, 1987.

Tableau récapitulatif

N° 1. Respirer.
N° 2. Prendre une posture qui permet la décontraction musculaire.
N° 3. Détendre volontairement nos muscles.
N° 4. Étirer ou masser nos muscles et nos articulations.
N° 5. Être présent.
N° 6. Adopter l'attitude «laisser être».
N° 7. Utiliser la suggestion ou l'autosuggestion.
N° 8. S'entourer de conditions extérieures favorables à la détente.

	Respirer	Prendre une posture…	Détendre volontairement…	Étirer ou masser…	Être présent…	… «Laisser être»	Utiliser la suggestion…	S'entourer…
Clé n°	1	2	3	4	5	6	7	8
Méthode								
Méthode de Benson	V	V	V		V	V		V
Premier exercice régulier du training autogène: lourdeur		V			V	V	V	V
Exercice d'espace (1)		V			V	V		V
Exercice d'espace (2)		V			V	V	V	V
Relaxation progressive		V	V	V	V			V
Détente subliminale		V			V	V	V	V
Ouvrir un espace au centre de soi	V	V	V		V	V		V
Préalables d'anti-gymnastique	V	V		V	V	V		V
Méditer avec un mantra		V			V	V		V
Méditer avec le calme et le sourire	V	V			V	V	V	V
Respiration profonde complète	V				V	V		
Exercice de centration	V	V			V	V		V

Chapitre 5

Apprendre à reconnaître nos tensions

Même si la relaxation est un outil de premier choix pour rester en santé et pour apprendre à se connaître soi-même, on n'y a le plus souvent recours que lorsque notre tension physique ou psychologique est devenue très grande, sinon insupportable. Elle donne alors de bons résultats, mais on pourrait s'épargner beaucoup de souffrance si on l'utilisait dans un esprit préventif: on apprendrait à s'arrêter, à revenir régulièrement à soi et à reconnaître la tension bien avant qu'elle ne fasse mal: ce sont de bonnes habiletés à développer si on veut éviter d'accumuler du stress jusqu'à ce qu'il engendre des douleurs telles qu'on se sente obligé d'y trouver remède rapidement.

Nous apprendrons ici à reconnaître ce qui engendre de la tension, ainsi qu'à détecter les premiers stades de ses formes musculaire, organique et psychique.

1. La tension musculaire: sources et manifestations

On doit contracter certains muscles pour marcher, rire, respirer, grimacer, bouger les doigts, etc. On doit également tendre des muscles pour s'empêcher de rire, de pleurer, de tomber par terre quand on est debout, etc. Lorsqu'on arrête de bouger ou de s'en retenir, la tension musculaire pourrait disparaître, mais les muscles peuvent également se tendre ou rester tendus pour d'autres raisons. Par exemple, quand on a fini de mastiquer, les muscles de la mâchoire sont théoriquement libres de se décontracter; mais si vous portez attention à votre mâchoire, maintenant, vous constaterez fort probablement qu'elle est plus ou moins tendue (vous pouvez la détendre...). Les poings, le dos et le front sont d'autres régions du corps qui restent très souvent tendues inutilement.

Voici quelques renseignements sur la tension musculaire; ils nous aideront à mieux comprendre les avantages de «relaxer» nos muscles avant que leur tension n'occasionne de la douleur. Ils sont accompagnés d'exercices qui permettent de détecter nos tensions dès les premiers signes.

D'où vient la tension musculaire?

Certains de nos muscles se contractent quand:

1. On garde une posture.
2. On les contracte volontairement.
3. On a consommé des excitants.
4. On est stressé.
5. On refoule nos désirs, nos opinions, nos émotions.

Si vous êtes présentement assis, un certain nombre des muscles de votre cou doivent être tendus pour garder votre tête droite; si ces muscles se détendaient, votre tête tomberait, en avant ou en arrière.

Quand les muscles ne font pas mal ou ne sont pas fatigués, on ne perçoit pas leur état de contraction et on considère à tort ce que l'on ressent comme une sensation de détente. On appelle «tonus de posture» ces contractions musculaires grâce auxquelles on peut garder longtemps une position physique sans ressentir de fatigue excessive. Cette sensation habituelle *n'est pas* une sensation de détente: elle résulte d'une tension musculaire modérée. C'est une tension «silencieuse».

Expérience
Reconnaître les contractions musculaires silencieuses

1. Prendre conscience de la tension de la nuque pendant quelques secondes.
2. Laisser ensuite tomber doucement la tête vers l'avant.
3. La relever lentement en dirigeant notre attention sur les muscles de la nuque.
4. Lorsque la tête est revenue dans sa position habituelle, ressentir les contractions plus ou moins silencieuses qui la tiennent en place.
5. Refaire plusieurs fois les étapes 2, 3 et 4, pour s'entraîner à ressentir les tensions musculaires «normales» qui gardent la tête dans sa position. Être spécialement attentif pendant les moments de transition, ces très courts instants où on commence à laisser tomber la tête ou à la relever.

Pour détendre tous nos muscles, il faut nécessairement se coucher et cesser de bouger; mais ce n'est habituellement pas suffisant. La gravité exerce sa loi même quand on est couché, et certaines tensions persistent même dans cette posture. On peut diminuer de beaucoup les effets de la gravité grâce aux bains flottants (Hutchison, 1985). Ces derniers sont suffisamment grands pour qu'on puisse s'y étendre complètement sur le dos. Ils contiennent environ 30 centimètres d'eau, dont la concentration en sels d'Epsom est suffisamment élevée pour que notre corps y flotte sans qu'on ait besoin de bouger pour le tenir à flot. On peut profiter de ces bains pour des périodes de durée variable dans les endroits spécialisés (inscrits sous la rubrique «bains de détente» dans l'annuaire téléphonique). C'est une autre façon intéressante d'aborder la relaxation.

Certaines *habitudes* (celles de porter des chaussures à talons hauts, de se tordre le cou pour tenir le combiné du téléphone sur l'épaule, de conduire la voiture longtemps sans changer la position des jambes, etc.), certains types de *mouvements répétitifs* (quand on travaille à la chaîne, quand on lave des murs, etc.) et certaines *sollicitations musculaires* trop grandes (l'haltérophilie) ou trop longues (nager ou courir pendant des kilomètres, sans repos ni étirement, avoir constamment un enfant dans les bras) font aussi en sorte que les muscles impliqués sont beaucoup plus difficiles à détendre. Ce n'est donc pas parce qu'on *s'étend* qu'on *se détend* parfaitement. Cela peut cependant aider (voir la deuxième clé de la relaxation).

La consommation de caféine, de cocaïne ou d'amphétamines engendre un certain degré de tension musculaire qu'il est impossible de diminuer directement avec des exercices de relaxation. L'organisme doit prendre le temps nécessaire pour éliminer ces produits afin que la tension qu'ils engendrent disparaisse.

Lorsqu'on vit du stress, les substances chimiques responsables de la tension musculaire proviennent de notre corps lui-même, qui se donne davantage d'énergie pour combattre ou pour fuir. On ressent alors le besoin de bouger constamment, nos dents et nos poings sont serrés, nos épaules restent hautes, etc. Notre corps se débarrassera d'une partie de ces hormones de stress quand on se sentira physiquement et psychologiquement en sécurité, ou quand l'émotion sera passée. Les exercices de relaxation permettent de diminuer le taux de ces hormones qui circulent dans notre organisme.

Certaines tensions musculaires sont créées par le refoulement des émotions, des opinions ou des désirs. Pour ne pas pleurer, pour ne pas éclater de colère ou de rage, pour ne pas sauter de joie, pour continuer de dire oui quand on pense non, il faut contracter plusieurs muscles, volontairement ou non. Par exemple, on serre la gorge, on avale, on bloque notre respiration, on serre les poings. Ces tensions musculaires échappent souvent au contrôle conscient, et il est à peu près impossible de les défaire sans exprimer nos émotions corporellement (en pleurant, par exemple) ou sans relaxer suffisamment pour commencer à les dénouer. Les méthodes de relaxation plus physiques, comme les massages, peuvent aussi les diminuer; quand c'est le cas, les émotions refoulées reviennent, sous forme de pleurs, de tremblements ou de rires.

Toutes ces sources de tension s'ajoutent les unes aux autres et créent l'état de contraction musculaire dans lequel on se trouve.

La quatrième clé (étirer ou masser nos muscles et nos articulations) et la troisième (détendre volontairement nos muscles), *utilisées dans cet ordre*, sont les plus efficaces pour dénouer les tensions musculaires. On peut évidemment les combiner avec les autres clés (par exemple, s'étirer en se suggérant la détente, se détendre tout en respirant plus profondément). On pourra trouver, dans les massages, la relaxation progressive du Dr Jacobson, les méthodes de rééducation somatique, le stretching ou encore le yoga, des exercices structurés pour étirer, masser et détendre toute la musculature ou certains muscles en particulier. Voir notamment les exercices 2, 3, 4, 11, 12, 13, 14, 15, 16, 17, 18, 19, 20, 21, 22, 23, 39, 40, 50, 53, 60, et plus précisément 58 pour les muscles qu'on trouve particulièrement tendus.

Cette fois-ci, après avoir détendu votre front, votre mâchoire et vos épaules tout en respirant profondément, regardez le signe ~ et laissez vos yeux se détendre; l'image du signe va se dédoubler. Puis, bougez la tête pour que ces deux images se retrouvent sur la même ligne horizontale. Comment vous sentez-vous quand vos yeux sont sur une même ligne horizontale? Votre tête est-elle droite et vos yeux sont-ils à des niveaux légèrement différents?

Pendant que vous faisiez ce petit exercice, votre front s'est-il tendu de nouveau? Votre respiration s'est-elle faite plus superficielle? Comment est votre mâchoire? Comment sont vos épaules?

Tension musculaire et fonctionnement cérébral

La tension musculaire «prend de la place» dans le cerveau (Feldenkrais, 1990). Lorsque notre cerveau est occupé à contracter fortement beaucoup de muscles, il remplit moins bien ses autres tâches. Les fonctions intellectuelles, émotionnelles, ainsi que les fonctions de régulation de l'organisme en souffrent: quand on est crispé, on a des difficultés de concentration, on est à fleur de peau, on a des maux de tête ou des brûlures d'estomac.

Pour expérimenter comment les états de grande tension musculaire cohabitent mal avec la capacité de concentration, répondre d'abord à la question suivante: Qu'avez-vous mangé hier soir?

Maintenant, au fur et à mesure que vous lisez le texte, exécuter ce qui y est demandé. Le faire légèrement d'abord, jusqu'à ce qu'il vous soit demandé d'augmenter l'intensité des contractions.

Expérience
Tension musculaire et capacité de concentration

1. Serrer doucement les poings.
2. Croiser les bras et les serrer sur soi.
3. Serrer légèrement les mâchoires.
4. Lever les épaules et y rentrer le cou, sans forcer pour l'instant.
5. Serrer les orteils sur le plancher.

6. Maintenant, augmenter très fortement toutes ces tensions, sans cependant aller jusqu'à la douleur.
7. Tout en conservant ce niveau de tension, répondre à la question suivante: Comment étiez-vous habillé hier midi?
8. Relâcher ensuite toutes ces tensions.

Vous avez sans doute eu plus de mal à trouver la réponse à cette seconde question qu'à la première, même si, une fois les tensions relâchées, elle n'apparaît pas plus difficile. Vous pouvez vous amuser à lire quelques paragraphes de cet ouvrage tout en gardant vos muscles plus ou moins tendus; vous constaterez à quel point les grandes contractions musculaires nuisent à votre concentration.

Or, le stress se manifeste notamment par de grandes tensions musculaires; c'est dire que plus nos problèmes nous obsèdent, moins notre cerveau fonctionne adéquatement pour les résoudre. Dans les cas extrêmes, la tension devient panique: c'est un état dans lequel on ne peut plus ni se concentrer, ni réfléchir. La relaxation et la méditation favorisent donc la concentration non seulement parce que les exercices constituent un entraînement à être présent (cinquième clé), mais aussi parce que le relâchement musculaire lui-même facilite la concentration.

Comment savoir à quel point nos muscles sont contractés?

On peut mesurer objectivement le degré de contraction d'un muscle avec un électromyographe. Mais comme on n'est pas branché en permanence sur cet appareil, on a tout intérêt à apprendre à reconnaître les *sensations* révélatrices de tension ou de détente dans nos muscles! Ces sensations ne sont pas évidentes pour qui n'a pas appris à les déceler, sauf quand elles sont très grandes. Et encore. Beaucoup de personnes m'ont dit, les dents serrées, les épaules hautes et le souffle court, qu'elles n'avaient pas de tensions musculaires, que leur stress se manifestait surtout sur le plan psychologique…

La «proprioception»

De la même manière qu'il peut déceler la chaleur et le froid, notre cerveau a la capacité de percevoir la détente ou la tension des muscles. On peut améliorer cette attitude en s'exerçant à décoder ces sensations.

Expérience
Reconnaître la tension musculaire (Nº 1)

1. Déposer l'avant-bras droit et la main droite à plat sur la cuisse, paume vers le bas.
2. Relever le poignet assez haut, en laissant les doigts détendus.
3. Ressentir la contraction musculaire nécessaire à ce mouvement. (Il ne s'agit pas de savoir où est la tension, mais de la *ressentir*.) Où donc sentez-vous une contraction musculaire quand vous faites ce geste?
4. Bien prendre le temps de reconnaître les diverses sensations que crée ce geste dans l'organisme, et essayer de discerner laquelle est une tension musculaire.
5. Relâcher.

Ce mouvement engendre des sensations sur le dessus de la main, dans le poignet, en dessous de l'avant-bras, sur le dessus de l'avant-bras, dans le bras, dans le coude et parfois même dans l'épaule. En fait, on sent des «choses» un peu partout, mais on ne sait pas reconnaître la sensation de tension musculaire parmi toutes ces sensations. Si vous faites le mouvement en laissant votre épaule et la partie supérieure de votre bras détendues, le plus gros de la tension musculaire se situe sur le dessus de votre avant-bras. Sous l'avant-bras et sous le poignet, vous ressentez probablement un étirement. Amusez-vous un peu à reconnaître ces deux sensations en refaisant le mouvement à quelques reprises, avant de poursuivre.

Expérience
Reconnaître la tension musculaire (Nº 2)

1. Pousser sur la cuisse assez fortement avec l'avant-bras, paume de la main sur la cuisse, main détendue.
2. S'entraîner à découvrir où se situe la tension musculaire. Prendre le temps de la ressentir avant de continuer la lecture.
3. Relâcher.

Si on a fait l'exercice en contractant la mâchoire, on en profite pour la détendre: ce n'était pas absolument nécessaire au mouvement...

La tension principale se situe derrière le bras, entre le coude et l'épaule, et sous l'avant-bras.

Vous pouvez reprendre cette même poussée et toucher ensuite votre bras droit avec votre main gauche, à plusieurs endroits. Les régions dures révèlent des muscles contractés.

Vous pouvez aussi pousser sur votre cuisse plusieurs fois et bien relâcher votre bras entre chacune des pressions, tout en touchant à l'une et l'autre des régions de votre main, de votre avant-bras et de votre bras droits avec votre main gauche: c'est une autre façon d'apprendre à ressentir la tension musculaire. Qu'est-ce qui se durcit quand on pousse? Qu'est-ce qui reste mou?

Expérience
Reconnaître la tension musculaire (No 3)

1. Laisser doucement tomber la tête vers l'avant, jusqu'au bout.
2. Reconnaître où se situe la tension. Encore une fois, prendre un peu de temps avant de continuer la lecture. Bien faire l'exercice de reconnaissance.
3. Relever la tête et décontracter les épaules.

Une fois terminée, la première étape de l'expérience qu'on vient de faire ne demande plus de contraction. Ce qui est ressenti dans la nuque et peut-être même dans le dos, c'est un étirement, la force de gravité suffisant à elle seule à produire le mouvement. Les muscles de la nuque demeurent légèrement tendus *pendant* qu'on laisse tomber la tête. À la fin, il peut également rester une contraction dans la nuque si on retient la tête, si on ne la laisse pas aller au bout du mouvement, pour éviter que l'étirement ne fasse mal. Quand on laisse la tête aller jusqu'au bout, le menton est appuyé (ou presque) sur la poitrine.

Il est impossible d'étirer un muscle en même temps qu'on le contracte. Quand on laisse la tête tomber complètement vers l'avant, on détend donc nécessairement la nuque. Si, en plus, on s'avance suffisamment sur notre chaise pour pouvoir laisser pendre nos bras dans le vide tout en décontractant nos épaules, toute cette région se détend. Vous pouvez l'expérimenter pendant une minute ou deux, avant de poursuivre votre lecture.

Éventuellement, on peut faire cet exercice d'étirement pendulaire plus longtemps, ou le reprendre dans d'autres circonstances, comme sous la douche, en dirigeant le jet d'eau sur la nuque ou sur le haut du dos. On peut alors ajouter quelques rotations d'épaules, tout en laissant pendre les bras. On peut aussi «respirer» en expirant de longs «ah» de soulagement, de tristesse, de plaisir ou d'abandon, selon l'émotion du moment.

Puis, on relève la tête et on l'incline d'un côté et de l'autre, d'abord doucement, pour la laisser finalement aller jusqu'au bout de son mouvement, de chaque côté. Quand cette dernière est tombée vers la gauche, on laisse l'épaule droite bien détendue et on étire toute la région qui la sépare de la tête; on fait de même avec l'épaule gauche quand la tête est du côté droit, en laissant toujours pendre les bras. Garder la position entre 30 secondes et une minute, quitte à exécuter l'exercice à plusieurs reprises en alternant d'un côté et de l'autre.

Ce pourrait être une bonne habitude de prendre ainsi quelques minutes pour décontracter la nuque et les épaules, quelques fois par jour.

Expérience
Reconnaître différentes sensations de tension musculaire et de détente

1. Poser le bras droit sur la cuisse et le soulever à quelques reprises, *très* lentement, avant de le laisser retomber. Apprendre ainsi à ressentir la tension (quand on lève le bras) et la détente (quand le bras est retombé). Où la tension se trouve-t-elle?
2. Contracter maintenant *très lentement* le poing gauche, jusqu'aux trois quarts de sa force maximale, puis conserver cette tension à la même intensité assez longtemps pour ressentir l'évolution de la sensation: sa naissance, son augmentation, puis la fatigue, peut-être un point.
3. Relâcher pour ressentir la détente.
4. Faire mentalement le tour de notre organisme. Voir si on y reconnaît l'une ou l'autre des sensations créées à l'étape 2.

Vous souvenez-vous d'avoir déjà ressenti des sensations de ce genre? Si oui, vous savez maintenant qu'elles correspondent à des tensions musculaires.

Les muscles *de la nuque et des épaules, de la mâchoire, du front et des mains (des poings)* sont souvent tendus. Si on veut les détendre, on peut, dans une première étape, contracter davantage ces muscles (en relevant les épaules, en serrant les dents); puis, dans une seconde étape, on relâche la tension qu'on a créée. Si on s'habitue à s'arrêter et à prendre conscience de nos points de tension dans le visage (sourcils froncés, front plissé, mâchoires serrées, sourire forcé) ou ailleurs (jambes, dos, poings, etc.), on pourra les dénouer avant qu'ils ne deviennent douloureux.

Exercice 58
Augmenter la tension avant d'étirer pour décontracter

1. Prendre conscience d'une région de notre organisme souvent tendue: la nuque, le front ou la mâchoire, par exemple.
2. Exécuter un mouvement progressif pour *augmenter* la tension, et maintenir cette contraction une dizaine de secondes, tout en respirant bien.
3. Relâcher.
4. Exécuter le mouvement contraire à celui qui a été fait à l'étape 2, tout aussi progressivement, pour étirer les muscles de cette région.
5. Garder l'étirement une dizaine de secondes, tout en respirant bien.
6. Relâcher.
7. Reprendre deux ou trois fois les étapes 2 à 6, et bien relâcher à chaque fois.

Exemples

• *La mâchoire*

Augmenter la tension en serrant les dents, exécuter le mouvement contraire pour étirer la mâchoire en ouvrant doucement la bouche le plus possible sans se faire mal. Bien respirer tout au long de l'exercice.

• *Le front*

Augmenter la tension en fronçant les sourcils, exécuter le mouvement contraire pour étirer le front en levant les sourcils et en soulevant le front. Bien respirer tout au long de l'exercice.

• *Les poings*

Augmenter la tension en serrant les poings, exécuter le mouvement contraire pour les étirer en ouvrant les mains au maximum. Bien respirer tout au long de l'exercice.

• *La nuque et les épaules*

Augmenter la tension en soulevant les épaules et en y rentrant la tête, exécuter le mouvement contraire en baissant les épaules et en laissant la tête aller vers la poitrine. Bien respirer tout au long de l'exercice.

• *Le bas du dos*

Se placer «à quatre pattes».

Augmenter la tension en soulevant la tête vers l'arrière tout en poussant le ventre vers le bas, pour faire plier le dos, sans plier les bras; exécuter le mouvement contraire pour étirer en arquant le dos, comme un chat qui s'étire, en laissant retomber la tête entre les bras. Bien respirer tout au long de l'exercice.

Terminer en prenant la position de l'enfant (exercice 19) et en la gardant pendant une minute.

Certaines tensions musculaires sont plus difficiles que d'autres à déceler; ce n'est souvent que lorsque les muscles sollicités se détendent (après un massage, un préalable d'anti-gymnastique, etc.) qu'on se rend compte qu'ils étaient tendus.

La sensation habituelle qu'on ressent dans nos muscles en est une de tension moyenne, qui passe inaperçue parce qu'on la considère comme normale. *Apprendre à relaxer permet de découvrir qu'on est plus tendu qu'on ne le pense.* Ce n'est sans doute pas la plus belle découverte au monde... mais c'est un bon point de départ pour comprendre à quel point il est important de diminuer notre tension!

Expérience
Découvrir des tensions musculaires silencieuses

1. Se placer debout devant un miroir.
2. Vérifier la hauteur relative de nos deux épaules.
3. Noter jusqu'à quel point on les sent.

Très détendues	1	2	3	4	5	6	7	8	9	10	Très tendues

4. Tendre les bras devant soi et joindre naturellement les deux mains ouvertes. Les poignets, les paumes des mains et les doigts s'ajustent-ils parfaitement les uns sur les autres ou un bras semble-t-il plus long que l'autre? Laisser tomber naturellement les bras de chaque côté du corps.
5. Rester debout et lever l'épaule droite *doucement*, en gardant le bras droit le long du corps, détendu; se rendre lentement le plus haut possible sans susciter trop de douleur, maintenir pendant quelques secondes et laisser l'épaule retomber.
6. Reprendre trois fois, tout en respirant bien.
7. Glisser la main droite le long du côté extérieur de la cuisse droite et se rendre le plus bas possible en laissant la tête tomber à gauche, le tout sans plier le tronc, lentement. Éviter cependant de se faire mal. Maintenir pendant quelques secondes et relâcher.
8. Reprendre l'étape 7 trois fois, toujours en respirant bien.

9. Faire ensuite *lentement* une dizaine de cercles avec l'épaule droite dans un sens, puis une dizaine de cercles dans l'autre sens, toujours *lentement* et en respirant bien.
10. Finalement, masser l'épaule droite avec la main gauche et pétrir les muscles en remontant de l'épaule vers la nuque, jusqu'au crâne, pendant environ une minute.
11. Maintenant, bien relâcher les épaules.
12. Vérifier de nouveau la hauteur relative des deux épaules devant un miroir ainsi que le niveau de tension qu'on ressent dans l'épaule gauche et dans l'épaule droite.
13. Ressentir la détente de l'épaule droite. L'évaluation que vous aviez faite du niveau de tension de cette épaule au début de l'exercice était-elle juste, ou avez-vous l'impression d'avoir dénoué *plus* de tension que ce que vous croyiez avoir au début de l'exercice?
14. Joindre les deux mains devant soi. Un bras semble-t-il plus long que l'autre?
15. Reprendre le même exercice du côté gauche pour détendre l'autre épaule.

Sentez-vous mieux ce que sont la tension musculaire et la détente? Comprenez-vous mieux que beaucoup de tensions musculaires restent inconscientes?

Prendre conscience des autres manifestations de contraction musculaire

On peut prendre conscience de nos tensions musculaires autrement que par la sensation spécifique qu'on ressent quand un muscle est tendu. Voici une liste des principaux signes de tension musculaire. Si vous apprenez à mieux les identifier et à en tenir compte, vous pourrez reconnaître plus rapidement les signes de tension musculaire et vous augmenterez votre intérêt à relaxer vos muscles *avant* que leur tension ne se manifeste par de la douleur.

Observation personnelle
Identifier les signes de tension musculaire

Repérer les signes qui vous sont familiers et noter à quelle fréquence vous les ressentez en inscrivant le chiffre approprié devant chacun.

(0) Jamais (1) Rarement (2) Souvent (3) Très souvent

( ) 1. J'ai du mal à rester immobile, je ressens le besoin de bouger.
( ) 2. J'ai de la difficulté à me détendre.
( ) 3. J'ai des «points» entre les omoplates, dans le dos, dans la mâchoire, dans la nuque ou ailleurs: ____________________.
( ) 4. Je sursaute.
( ) 5. Je tremble.
( ) 6. J'ai mal à la tête.
( ) 7. J'ai mal au dos.
( ) 8. Je sens un poids sur mes épaules.
( ) 9. Je respire rapidement et peu profondément.
( ) 10. Je ressens une «mauvaise» fatigue.
( ) 11. Je ressens les signes habituels de tension musculaire.

Quand on fait de l'exercice physique de façon modérée, on ressent une sorte de fatigue qui disparaît assez facilement au repos. L'exercice physique aide même à se détendre. Mais la tension musculaire qu'engendre le stress laisse dans notre organisme des substances (lactates) dont on ne se débarrasse pas rapidement. Sous l'effet du stress, les muscles restent plus ou moins tendus et le taux de lactate demeure élevé. On ressent alors une «mauvaise» fatigue, qui en est la manifestation. Les exercices de relaxation ont, entre autres bienfaits, celui de faire diminuer le taux de ces substances.

✓ Applications au quotidien

- Éviter de garder longtemps la même position.
- Étirer les muscles avant d'entreprendre un travail ou un loisir qui vont les solliciter.
- Faire varier les contractions musculaires (balayer ou pelleter en inversant la position des mains régulièrement, par exemple).
- Interrompre fréquemment notre travail quelques secondes pour s'étirer.
- Apprendre à donner et à recevoir des massages et partager ce plaisir avec un partenaire.
- Inclure des exercices de relaxation et de méditation plus «physiques» (relaxation progressive, yoga) ou des exercices de rééducation somatique dans notre routine de relaxation et de méditation.
- Apprendre à ressentir les variations de notre tension musculaire ou organique pour mieux reconnaître les situations qui nous stressent. Si notre respiration se fait superficielle ou se bloque quand on est en présence de telle ou telle personne, si nos muscles se tendent quand on nous demande telle ou telle chose, si notre estomac se noue ou que notre cœur se serre quand on pense à tel ou tel événement, on saura que la situation nous dérange, même si notre «tête» préférerait de beaucoup qu'il n'en soit rien et enclencher ses mécanismes de défense pour nous le faire croire. Le corps est un honnête compagnon...

2. La tension psychique: sources et manifestations

La tension psychique est un domaine plutôt complexe. Nous décrirons ici ses principales sources et ses manifestations les plus fréquentes. Nous verrons que toute tension psychologique s'accompagne de tensions musculaires. La relaxation agit sur les deux formes de tension, même si certaines méthodes visent davantage à diminuer les tensions psychologiques alors que d'autres mettent l'accent sur la détente corporelle.

D'où vient la tension psychologique?

Dans notre monde actuel, caractérisé par la multiplication des tâches à la maison et au travail ainsi que par les dépendances affective et financière qu'on apprend à entretenir, la tension psychique est à peu près constante. Dès l'entrée à la maternelle et même avant, il faut penser, il faut être occupé, il faut plaire; on apprend à désirer ce qu'on n'a pas et à s'en faire avec tout ce qui, du moins théoriquement, ne va pas. Rêvasser ou «perdre» notre temps à regarder couler la rivière est sévèrement réprimandé. Et puis, le temps, c'est de l'argent. Alors, ouste! allons nous stresser, ça presse!

Comme la tension musculaire, la tension psychique peut avoir plusieurs sources.

1. On veut se concentrer.
2. On répond de façon insatisfaisante à nos besoins.
3. On ne vit pas en conformité avec nos valeurs morales ou on subit des injustices.
4. On se sent obligé de vivre avec les exigences des autres.
5. On ressent de l'insécurité.
6. On vit des pertes.
7. On a beaucoup de choses à faire ou à terminer.
8. On a consommé des excitants.

Pour que le monde mental se «tende», il suffit de réfléchir à un problème ou de se concentrer. Tout comme on ne saurait vivre sans tension musculaire, on a besoin d'un certain niveau de tension psychologique. Le problème, ce n'est donc pas que cette dernière existe, mais plutôt qu'elle soit continuellement présente, et ce, à un degré d'intensité relativement élevé: le stress vient beaucoup de ce qu'on est constamment préoccupé.

On ressent tous à divers degrés certains besoins d'ordre physique ou psychologique: besoin de sommeil et besoin d'amour, par exemple. Quand on répond de façon insatisfaisante à ces besoins, une tension intérieure naît: elle vient nous pousser à mieux répondre. La tension se manifeste sous forme de frustration, de préoccupation, de colère, de désir ou d'autres sentiments et émotions qui troublent sans cesse notre paix intérieure. Observer nos pensées (exercice 31) peut être une façon de prendre conscience de cette agitation perpétuelle et d'apprendre à s'en dégager. Cet exercice peut aussi nous motiver à démêler ce qui est important de ce qui est accessoire. Ainsi, on se préoccupera moins de choses futiles, et on agira davantage sur les choses importantes.

On entretient aussi de la tension psychologique quand on ne vit pas en conformité avec nos valeurs. Les sentiments comme la culpabilité et la honte tiennent une grande place dans notre champ psychologique. On vit également de la tension psychique quand les autres n'agissent pas en conformité avec nos attentes morales, par exemple, quand ils commettent des injustices: le ressentiment est une autre importante source de tension.

Expérience
Ressentir une émotion désagréable

1. Penser à un geste qu'on a déjà commis et dont on n'est pas très fier. Laisser venir les images, les dialogues intérieurs, les émotions et les sensations que cela suscite. Garder cette situation en tête pendant trois ou quatre minutes, maintenant, *avant* de poursuivre la lecture.
2. Repenser à l'expérience qu'on vient de faire et observer comment la tension s'est manifestée: on a répété nos accusations contre nous, on a essayé de se justifier, on s'est condamné, on a tenté de trouver comment les autres n'avaient pas été loyaux, etc.
3. Prendre conscience que les scénarios de ce type ont tendance à revenir régulièrement dans nos pensées quand on a le sentiment d'avoir agi de façon immorale.
4. Prendre conscience de la tension que ces scénarios ont créée dans notre monde psychologique, mais peut-être aussi dans notre corps: respiration moins profonde, serrements à la poitrine, etc.
5. Regarder quelques objets autour de nous, détendre front et mâchoire, respirer profondément et poursuivre la lecture.

Notre volonté de plaire et notre tendance à satisfaire les demandes des autres sont une autre source de tension psychologique. On veut être à la hauteur, finir nos études dans les limites fixées par les institutions, posséder toutes les compétences requises pour obtenir l'emploi qu'on désire, en faire assez pour plaire à Marie-Lou, respecter les échéanciers de travail, etc.

Notre soumission aux attentes ou aux exigences des autres a comme conséquence de nous faire vivre des tensions. Le plus souvent, notre soumission nous empêche en effet de répondre de façon satisfaisante à nos propres besoins et désirs. Alors, on se sent frustré, on pense souvent à la personne ou à l'entreprise dont on se considère la victime; viennent alors des émotions, des dialogues intérieurs, des images, des scénarios, des réflexions sur ce qui est correct et incorrect, des reproches. Cela engendre du ressentiment, de la colère, etc.

Parfois aussi, on se retrouve incapable de satisfaire certaines exigences des autres alors qu'on voudrait bien y arriver; on ressent alors de la culpabilité, de la tristesse, etc.

Les pertes qu'on subit (celles du conjoint, d'un emploi, de la santé, d'une capacité, de biens matériels, etc.) engendrent aussi de la tension dans notre monde mental: pendant un certain temps, on ne fait que penser à ça. Les changements (d'emploi, de domicile, etc.) obligent eux aussi à s'adapter et portent à réfléchir sans arrêt à la façon d'y arriver.

L'insécurité (affective, financière, etc.) occupe également une grande place dans notre esprit. Non seulement les pensées concernant des pertes réelles nous envahissent-elles, mais une tension psychologique est aussi engendrée quand on est incertain de pouvoir continuer à satisfaire nos besoins et nos désirs, même si on y répond adéquatement pour l'instant. On a de quoi payer l'hypothèque, mais il se peut qu'on perde notre emploi; ou on aime notre conjoint, mais on sent qu'on s'éloigne l'un de l'autre depuis quelque temps. Cela crée de la tension.

Les situations de danger – réel ou imaginaire – sont elles aussi sources de tension psychologique: on ne peut pas se sentir à la fois en danger et en paix!

Malgré leur côté stimulant, les projets et les défis génèrent aussi du stress; il nous faut planifier et organiser une multitude d'actions et tenir compte des embûches. On peut cependant garder une saine tension en faisant alterner le travail et le repos et en apprenant à être moins esclave de nos propres attentes amoureuses, familiales, financières ou sociales.

Finalement, la consommation de caféine, de nicotine, de cocaïne, d'alcool ou d'amphétamines engendre une agitation mentale, parfois une certaine vivacité d'esprit. On peut y trouver des avantages à court terme, mais ces substances empêchent le repos mental pendant quelques heures. On ne peut pas rester détendu si on boit *beaucoup* de café, si on prend quelques consommations d'alcool, si on fume *beaucoup*, ou si on prend de la cocaïne ou des amphétamines.

Observation personnelle
Sources de tension psychologique

Voici les principales sources de tension psychologique; noter jusqu'à quel point elles vous touchent en inscrivant le chiffre approprié devant chaque numéro.

(0) Jamais (1) Un peu (2) Moyennement (3) Beaucoup

( ) 1. J'ai besoin de me concentrer.
( ) 2. Je réponds mal à certains de mes besoins personnels.
( ) 3. Je me soumets aux exigences des autres.
( ) 4. Je ressens de l'insécurité.
( ) 5. Je vis des pertes.
( ) 6. J'ai des choses dans ma vie qui ne sont pas réglées.
( ) 7. Je fais face à des changements.
( ) 8. Je pose des gestes qui sont en désaccord avec mes valeurs morales.
( ) 9. J'ai des choses à reprocher aux autres.
( ) 10. J'accomplis tâche après tâche.
( ) 11. J'ai des projets qui m'occupent ou qui me préoccupent.
( ) 12. Je consomme des excitants (café, tabac, etc.).

Manifestations de tension psychologique

Comme la tension musculaire, la tension psychologique est indispensable. Ce sont les états de tension psychologique continuelle ou excessive qui créent un problème. La diminution des habiletés intellectuelles, l'hyperréactivité affective ainsi que certaines formes particulières que peut prendre notre activité mentale nous indiquent qu'on est psychologiquement tendu. Voici une liste de ces signes de tension psychologique.

Observation personnelle
Identifier les signes de tension psychique

Inscrire le chiffre approprié entre les parenthèses qui précèdent chaque symptôme.

(0) Très peu (1) Un peu (2) Moyennement (3) Beaucoup

Manifestations intellectuelles

( ) 1. Je pense: je planifie, j'organise, j'évalue, j'apprends, etc.
( ) 2. Je suis mentalement fatigué.
( ) 3. J'ai des difficultés à me concentrer.
( ) 4. J'ai des tourbillons d'idées.
( ) 5. Je suis confus.
( ) 6. J'ai des problèmes de mémoire.
( ) 7. J'ai des idées fixes.

Manifestations émotionnelles

( ) 1. Je suis irritable.
( ) 2. J'ai des obsessions.
( ) 3. J'ai des préoccupations indues.
( ) 4. J'ai des peurs ou des inquiétudes.
( ) 5. Je suis songeur.
( ) 6. Je panique.
( ) 7. Je m'isole.
( ) 8. J'ai des difficultés à m'apaiser ou à me détendre.
( ) 9. Je me sens mal quand je ne suis pas occupé.
( ) 10. Je change d'humeur pour des riens.
( ) 11. J'ai des sentiments dépressifs.

Manifestations émotionnelles (suite)

( ) 12. Je suis agressif.
( ) 13. Je suis fragile sur le plan émotionnel.
( ) 14. Je suis sur la défensive.

Autres signes

( ) 1. J'ai une attitude négative de prime abord.
( ) 2. Je suis incapable de prendre des décisions.
( ) 3. J'ai tendance à dramatiser.
( ) 4. J'ai tendance à m'enthousiasmer outre mesure.
( ) 5. Je me dévalorise.
( ) 6. Je suis découragé.
( ) 7. J'ai de la difficulté à me mettre à la tâche.
( ) 8. J'ai de la rancune.
( ) 9. Je m'apitoie sur mon sort.
( ) 10. Je vois tout comme une montagne.
( ) 11. Je manque d'intérêt ou de motivation.
( ) 12. Je ne sais pas ce que je veux.

La cinquième et la sixième clés («être présent» et «laisser être») sont les clés les plus favorables à la détente psychique. Tous les exercices de ce livre sont des façons d'utiliser ces deux clés, car on peut tous les faire en état de concentration passive.

Répercussions de la pratique des stratégies d'harmonisation intérieure

La pratique des stratégies d'harmonisation intérieure influence plusieurs aspects de la tension psychologique. Elle a pour effet de diminuer le taux des substances biologiques que notre corps produit quand on est anxieux, sans l'aide de produits pharmaceutiques. C'est notamment par son action régulatrice sur le plan physiologique que la pratique de la relaxation permet de diminuer progressivement la consommation de médicaments anxiolytiques ou antidépresseurs.

La pratique nous aide aussi à changer la relation qu'on entretient avec nos émotions ou avec nos pensées, et, par conséquent, avec les situations qui paraissent problématiques. Dans une majorité de méthodes, on apprend en effet à observer nos émotions et nos pensées sans les juger: on les «laisse être». Cela crée une distance bénéfique qui permet de nous dégager quelque peu de nos émotions, sans les refouler, et de moins nous laisser duper par nos pensées, sans les chasser. On prend mieux conscience qu'*on n'est ni nos pensées ni nos émotions*, mais qu'on est habité par elles, une à la fois, pendant quelques secondes ou quelques heures, sur des périodes qui peuvent varier de quelques jours à... quelques années. Si on établit et qu'on maintient cette distinction entre nous-même et nos pensées ou nos émotions, on se laissera moins envahir par elles et on acceptera mieux nos propres ambivalences. Ainsi, on vivra plus en paix avec nous-même.

Exercice 59
Distinguer notre propre personne de ce qui se passe dans notre tête

1. Expérimenter pendant trois ou quatre minutes d'être présent à ce qui se passe dans notre tête. Suivre simplement nos pensées plutôt que les diriger: écouter les idées, voir les images, prendre conscience des scénarios.
2. Ensuite, diriger notre conscience non plus exclusivement sur nos pensées ou nos émotions, mais aussi sur nous-même, sur la *personne* en qui ces pensées et ces émotions surgissent. Observer tour à tour notre respiration, les sensations dans nos membres, prêter attention à la présence de notre corps dans l'environnement. Prendre conscience que, lorsque les idées ou les émotions changent, on ne devient pas un autre, même si on se sent parfois un autre. Ce qui se passe dans notre tête est une chose, ce qu'est notre être en est une autre.

Si on établit et qu'on maintient cette distinction entre qui on est et ce qui se passe dans notre tête, on aura un atout majeur pour vivre en paix. La vie intérieure est trop souvent faite de préoccupations. Ces dernières engendrent des émotions et poussent à faire des gestes précis de façon urgente. Puis, d'autres pensées arrivent; l'action qui paraissait tantôt si nécessaire perd tout à coup son importance et on a même parfois des regrets de l'avoir accomplie.

Ce qui apparaît intolérable à un moment devient plus admissible quelques heures plus tard, ce qu'on désire très fort finit par perdre son attrait, ce dont on était certain nous apparaît tout à coup douteux. Mais, tout change encore: on revoit les mêmes choses comme intolérables, urgentes, etc. On prend souvent nos pensées beaucoup trop au sérieux.

Observer nos pensées permet d'être moins à la merci des événements et de nos propres idées. Nos émotions varient énormément d'un jour à l'autre, même si rien ne change dans les situations auxquelles on se trouve confronté. Peut-on croire que notre paix intérieure dépend nécessairement du fait que les événements évoluent comme on le désire? *Quand on est nous-même en paix, les événements nous troublent moins.* Quand on est de bonne humeur, les événements nous font rire. Quand on se sent ouvert, ils nous mettent moins sur la défensive.

Les émotions et les pensées qui nous habitent à un moment donné nous *paraissent* les seules possibles, mais l'immense majorité d'entre elles fluctuent selon les événements ou nos humeurs et ne résistent jamais totalement au passage du temps. Dans les pensées comme «Je t'aime et je veux vivre avec toi pour toujours» ou «Je te hais et je ne veux plus jamais te voir», il manque les mots «maintenant», ou «souvent», ou «à l'occasion». «*Maintenant*, je ressens telle émotion par rapport à telle personne ou telle situation.» «*Souvent*, je pense ceci de tel sujet.» «*À l'occasion*, il m'arrive de ressentir très vivement telle émotion ou de penser telle chose.» Même si elles nous *paraissent* vraies ou inévitables au moment où elles sont présentes à notre esprit, nos pensées et nos émotions vont et viennent.

Parfois, les fluctuations dans l'émotion et les pensées sont faibles, mais il arrive aussi que la transformation soit radicale. Malgré que des changements dans nos émotions et dans notre perception de «ce qu'il faut faire» surviennent tous les jours, on se laisse prendre au jeu et on «croit» qu'on pense et pensera toujours ceci ou qu'on ressentira toujours cela, comme si nos idées ou nos émotions nous venaient des situations elles-mêmes.

Nos opinions sur notre propre personne varient elles aussi de la même façon: on croit qu'on est comme ceci jusqu'à ce que ça change et qu'on croie qu'on est plutôt comme cela. Puis, tout à coup, on change encore notre jugement sur nous-même. Par exemple, on n'a pas été à la hauteur d'un de nos défis et on se considère comme un être faible. Mais, à un moment donné, on se prend en main: on se retrouve enfin, nous voilà fort comme on sait l'être. Puis, on dégringole de nouveau et force nous est de constater à quel point on «est» faible, jusqu'à ce qu'on change de nouveau d'opinion sur «ce que l'on est».

Comme on s'appuie beaucoup sur ces «certitudes» de pensée ou de sentiment pour prendre des décisions, on choisit souvent à tort. Il est plus utile d'apprendre à observer le jeu des forces qui nous habitent que de croire qu'on a «vraiment» et «définitivement» certaines qualités ou certains défauts. D'autant plus qu'en optant «irrévocablement» pour une définition de soi-même et en se comportant en conséquence, on se retrouve... obligé d'en changer! Par exemple, se croire fort et s'y contraindre en toute circonstance mène à s'épuiser, tout comme penser qu'on est un être sans volonté et se laisser aller mène un jour ou l'autre à se reprendre en main.

Pour régler cette apparente difficulté, certaines personnes se ferment à leurs émotions et à la plupart des idées qui pourraient remettre les leurs en question. «C'est comme ça que ça va fonctionner, *point final.*» Vingt ans plus tard, ça fonctionne encore de la même façon ou, si elles ont été forcées de changer de direction, la nouvelle orientation a encore été prise *point final*. Le refoulement des émotions et l'opposition farouche au changement sont de grandes sources de tension psychologique qui demandent beaucoup d'énergie.

L'ouverture et la flexibilité sont paradoxalement des solutions plus «durables» à la tension psychologique. Les stratégies d'harmonisation intérieure proposent d'observer avec bienveillance les pensées et les émotions qui nous habitent pendant les exercices, en restant centré sur la *personne* qui ressent ces émotions et entretient ces pensées, c'est-à-dire sur soi-même, non pas tel que l'on est «vraiment», mais tel que l'on est *maintenant*. On observe nos pensées et nos émotions ici et maintenant, sans juger. Si on juge, on évite de juger le juge, on le prend comme il est. Si on quitte le «ici et maintenant», on y revient quand on en prend conscience.

Progressivement, on arrive alors à une plus grande acceptation de nous-même avec nos pensées et nos émotions du moment, dont on est de moins en moins prisonnier. On peut tolérer que des points de vue différents et des émotions contradictoires reviennent à la surface selon les moments. On devient plus patient, on laisse les choses se tasser, on prend nos décisions non pas en fonction des «certitudes» du moment, mais en se fondant sur une sorte de mélange d'intuition et de raison qui comporte sa part de risque d'erreur, qu'on apprend par ailleurs à assumer. Les expressions comme «Il faut», «Je dois», «Je n'ai pas le choix», «Il est nécessaire de», «Je suis obligé de», etc. cèdent graduellement la place à «Je choisis». Il est évidemment avantageux d'accomplir parallèlement un travail psychologique de modification de nos attitudes.

On constate encore ici que le travail de réduction du stress qui s'appuie sur les stratégies d'harmonisation intérieure peut aller beaucoup plus loin s'il se combine à d'autres outils de développement que s'il vise uniquement la maîtrise des éléments d'ordre technique rattachés à une méthode ou à une autre.

Expérience
Observer le va-et-vient de nos pensées

1. S'installer confortablement.
2. Approfondir la respiration pendant une ou deux minutes (voir exercice 9).
3. S'étirer longuement tout en inspirant, puis relâcher pendant qu'on expire.
4. Détendre les bras et les jambes, le front et la mâchoire.
5. Laisser ensuite notre cerveau penser comme il l'entend. Pendant cinq minutes, observer ce qui se passe dans notre tête. Quand une pensée survient, la noter mentalement: «Présentement, il y a telle pensée, tel désir, telle émotion, telle peur dans ma tête.» On peut fermer les yeux.
6. Noter combien de sujets différents ont défilé dans notre monde mental pendant ce bref exercice.

En reprenant souvent cet exercice, on observe encore mieux la fluctuation de nos pensées, et on réalise mieux à quel point on se laisse beaucoup trop troubler par elles. Pourquoi se laisser constamment bouleverser par toutes ces choses qui, dans quelques minutes ou quelques heures, nous sembleront banales?

Comment mieux dégager ce qui est important de ce qui ne l'est pas?

✓ Applications au quotidien

- Développer notre capacité de choisir: «Pourquoi faut-il ce qu'il faut?», «Qu'est-ce qui arrive si ce que je pense qu'il faut faire n'est pas fait?», «D'où me viennent mes certitudes en ce qui concerne mon devoir et celui des autres?», «Quelles sont les émotions que je vis quand je m'écarte du chemin auquel je me sens contraint?», «Comment me donner une plus grande marge de manœuvre sans devenir médiocre?»

- Travailler ces questions à partir de choses très simples au début: pourquoi faut-il déposer le couteau à droite et la fourchette à gauche? Pourquoi faut-il suivre telle routine pour faire le ménage? On ira progressivement vers les choses plus engageantes, comme la dépendance affective ou financière.
- Apprendre à voir comment ce qui nous apparaît absolument urgent à un moment donné perd une bonne partie de son importance dès qu'on pense à autre chose ou qu'on s'adonne à une autre activité. On peut prendre ce recul volontairement en choisissant de remettre à un peu plus tard ce qui nous paraît impérieux: plutôt que de ranger la cuisine ou de communiquer avec notre confrère dans la minute, on va marcher ou on ouvre un autre dossier. Tout à coup, ce qu'on avait pris pour une urgence vitale presse moins. Un peu plus tard, on peut ranger la cuisine ou communiquer avec notre confrère. Il est important d'explorer ce sentiment d'«urgence nationale» et de «devoir» qui nous envahit devant chaque petit geste du quotidien si on veut vivre avec moins de stress. Ainsi, on apprendra à consacrer du temps aux choses importantes de la vie (par exemple, soigner nos relations, s'intéresser à notre monde intérieur, faire de l'exercice et, bien sûr, relaxer ou méditer), activités qu'on délaisse parce quelles n'ont presque jamais ce caractère urgent (Covey, 1995).
- Une autre façon de s'aider à prendre du recul consiste à se demander si, dans trois mois, on considérera encore ce que l'on perçoit en cet instant précis comme tel [comme urgent ou dramatique]. Si oui, on le fait, évidemment. Sinon, on *choisit* de le faire, de l'écarter totalement ou d'attendre. On est moins stressé quand

on se permet de choisir que lorsqu'on s'astreint à faire quelque chose ou qu'on s'y croit obligé. Le développement d'une plus grande liberté intérieure nous mène à des choix plus riches et plus féconds.

Relations entre la tension psychologique et la tension physique

La tension psychologique s'accompagne toujours d'une certaine tension physique: dès qu'on est préoccupé ou angoissé, nos muscles se tendent, notre pouls s'accélère et notre respiration devient plus superficielle. En corollaire, on déduit que les stratégies d'harmonisation qui visent la détente mentale ont toujours un effet positif sur la musculature et sur les fonctions organiques.

La tension dont l'origine est surtout physique augmente également la tension psychologique et organique. Par exemple, pendant que l'haltérophile soulève un poids très lourd au-dessus de sa tête, son cerveau n'est pas très disponible pour faire du calcul mental ou pour être angoissé (sauf si l'haltère lui glisse des mains!). Mais il doit rester attentif, il ne peut pas se reposer l'esprit: la tension physique implique ainsi une certaine tension psychologique. Quand les muscles se relâcheront, le monde mental pourra lui aussi se détendre.

On sait également que des sources de tension physique comme le froid, la chaleur, le bruit, la douleur et l'effort constant augmentent la tension psychologique et organique: le bruit empêche de penser, le froid contracte les vaisseaux sanguins, la douleur préoccupe, l'effort sans repos augmente le taux de lactate, etc.

✓ **Applications au quotidien**

- Pratiquer régulièrement une activité physique. L'exercice physique suppose des contractions musculaires, certes, mais également des *dé-contractions* musculaires entre les mouvements: quand on marche, chaque jambe passe alternativement d'un état de contraction à un état de détente. L'exercice physique détend.
  Cette alternance tension/repos (quatrième clé) est utilisée avec d'autres clés dans plusieurs stratégies d'harmonisation intérieure: le yoga, la relaxation progressive, l'anti-gymnastique, le taï chi, en sont des exemples. La succession contraction/détente vient contrer l'effet du stress qui est de garder les muscles en état de tension.

L'expérience de tous les jours et la science, comme on le verra au chapitre suivant, nous indiquent que la relaxation touche à la fois les muscles, les fonctions organiques et la vie intérieure.

Chapitre 6

Que signifie «relaxer»?

Pour contrer les effets néfastes de cette tension qu'est le stress, il semble logique de se *dé-tendre.* Cette logique est fondée puisque les méthodes de relaxation qui ont été abordées précédemment ont survécu au passage du temps: elles seraient disparues si elles n'avaient pas donné des résultats tangibles.

Une méthode de relaxation combine des techniques psychologiques ou corporelles (nos huit clés) qui soutiennent la capacité innée de l'organisme à retrouver son équilibre physique et mental.

La nature n'a pas attendu que les spécialistes programment des méthodes de relaxation pour donner à notre organisme la capacité de se détendre! La relaxation est avant tout une *réponse organique,* une réaction on ne peut plus naturelle. Ce n'est pas quelque chose que l'on *fait* directement, mais quelque chose *qui nous arrive*, quand on réunit des conditions propices. Ce n'est pas en se forçant à se détendre qu'on relaxe, mais en se laissant aller à ce qui se passe naturellement quand on utilise les clés de la relaxation, qui ne sont rien d'autre que des conditions qui facilitent ce processus inné.

La réponse organique de relaxation est l'opposée de celle du stress. Ces deux réactions naturelles sont reliées entre elles de la même manière que le chaud et le froid: dès que l'une augmente, l'autre diminue. *Utiliser une méthode de relaxation efficace permet de diminuer le stress.*

Parfois, notre séance de pratique nous laissera très détendu, physiquement et mentalement. Plus souvent, on se sentira simplement *moins* tendu, et il arrivera à l'occasion qu'on ne percevra pas vraiment de différence. Il est donc possible qu'on se sente encore stressé après avoir pratiqué une technique de relaxation, mais on l'est *moins*. Exercice après exercice, on retrouve de plus en plus notre capacité naturelle de relaxer, et notre état de détente dure plus longtemps. Toute détente de l'organisme, même si elle n'est pas complète, permet aux nombreux effets bénéfiques que nous avons vus au chapitre 2 de se développer.

Le précédent chapitre nous a donné des moyens de mieux reconnaître nos réactions de tension. Voici maintenant comment la *détente* se manifeste, sur les plans musculaire, organique et mental.

1. Pour mieux reconnaître la détente musculaire

La proprioception, ce sens interne qui nous renseigne entre autres sur nos tensions musculaires, se développe comme l'oreille musicale, le goût ou l'odorat: en s'entraînant.

On est habituellement capable de reconnaître les signes de tension intense, tels que les «points» à un endroit ou à un autre, les douleurs dans le dos, les crispations dans la nuque ou l'incapacité de rester en place. Si on s'entraîne à mieux reconnaître les sensations de tension et de détente, on pourra repérer nos contractions musculaires avant qu'elles ne fassent mal: on aura alors la possibilité d'éviter la souffrance qui nous avertit que la tension est trop grande.

On découvrira sans doute aussi que notre état habituel se situe plutôt vers le pôle de la tension que vers celui de la relaxation.

Expérience
Reconnaître la détente de la mâchoire

1. Laisser la mâchoire s'ouvrir un peu.
2. Constater que certains muscles devaient être tendus pour la maintenir fermée.
3. Pour sentir la différence, serrer progressivement les dents, modérément.
4. Puis, détendre la mâchoire de nouveau.
5. Ressentir la relaxation des muscles de la mâchoire.
6. Répéter cet exercice de contraction et de relaxation à quelques reprises et observer ce qui se passe dans les muscles concernés. Constater que les muscles de la mâchoire sont ordinairement plus ou moins crispés.
7. Reconnaître la sensation de détente.
8. Rester une ou deux minutes avec la mâchoire ainsi légèrement ouverte et détendue, pour mieux ressentir cette «étrange» sensation, et pour mieux s'y habituer.

En plus de la tension habituelle de la mâchoire, beaucoup d'autres tensions musculaires passent inaperçues (voir les expériences du chapitre 5).

Notre cerveau étant constamment occupé, on ne prend pas davantage conscience de notre tension psychique: on ne se croit psychologiquement tendu que lorsqu'on est *très* préoccupé, malheureux ou obsédé.

Sur le plan organique, on peut aussi apprendre à détecter comment se manifeste la détente avant qu'elle ne nous oblige à nous soigner.

Pour vous aider à reconnaître la détente, nous en verrons les principales manifestations. Voici d'abord les signes de détente musculaire.

Ressentir la décontraction musculaire

Observation personnelle
Ressentir la détente musculaire

Noter les sensations qui reviennent le plus souvent quand vos muscles se détendent. Inscrire le chiffre approprié devant chaque signe de détente musculaire.

(0) Jamais (1) Rarement (2) Souvent (3) Très souvent

( ) 1. Je ressens de la lourdeur.
( ) 2. Je ressens de la légèreté.
( ) 3. Mon corps s'enfonce dans le tapis, le matelas ou le fauteuil.
( ) 4. Je perds la sensation de mes membres, qui «disparaissent» plus ou moins.
( ) 5. Je ressens de la chaleur.
( ) 6. L'image que j'ai de l'une ou l'autre partie de mon corps se déforme. Par exemple, j'ai l'impression que l'un de mes bras est beaucoup plus long ou plus gros que l'autre.
( ) 7. Mon dos est plus à plat sur le sol.
( ) 8. Mes épaules sont plus basses.
( ) 9. J'ai moins besoin de bouger.
( ) 10. J'ai davantage besoin de bouger. (Les sensations de relaxation musculaire me sont étrangères et me mettent mal à l'aise, me dérangent.)
( ) 11. Je ressens un plus grand espace intérieur dans mes muscles.
( ) 12. J'ai une plus grande souplesse de mouvement.
( ) 13. Je constate que mes «points» sont moins douloureux ou disparaissent.
( ) 14. Je sens que je «flotte».
( ) 15. Je sens mes muscles tout simplement moins tendus.
( ) 16. Autre ________________________________.

Toute la musculature peut se détendre à divers degrés; la détente peut aussi se restreindre à certains muscles – ceux de la nuque, du dos, d'un bras, etc. La détente musculaire peut aussi être ressentie comme une diminution de certains malaises tels que les maux de tête, les maux de dos, l'impression de manquer d'air, etc.

Exercices pour ressentir de la relaxation musculaire

En ce moment, votre épaule et votre bras droits sont probablement dans leur état de tension habituel. Si vous portez votre attention sur cette région de votre corps, constatez-vous de la tension ou de la détente dans votre bras et votre épaule?

Mon épaule et mon bras droits sont présentement:

1 2	3 4	5 6	7 8
Très détendus	Plutôt détendus	Plutôt tendus	Très tendus

Exercice 60
Relâcher la tension dans nos bras

1. S'asseoir sur une chaise sans accoudoir, de façon à laisser pendre librement le bras droit.
2. Lever le bras droit à l'horizontale, vers la droite, la paume de la main tournée vers le bas, et se concentrer pendant environ 30 secondes sur les sensations qui viennent du bras droit ainsi tendu. Où se situe la tension? Quelles sont les autres sensations?
3. Laisser doucement le bras redescendre. Se pencher légèrement vers la droite de façon à ce que l'avant-bras et la main pendent librement dans le vide. Laisser les muscles du bras et de l'épaule se détendre complètement. Abandonner épaule, bras, coude, avant-bras, poignet, main et doigts à la gravité. Observer pendant environ une minute la sensation qui

accompagne cette détente. Comment décririez-vous cette sensation?

4. Tout en laissant le bras droit ainsi détendu, saisir le poignet droit avec la main gauche et le soulever comme un poids mort, tout le bras droit restant détendu. Sentir l'avant-bras droit devenir un poids lourd.
5. Laisser le bras droit retomber brusquement, sans le retenir.
6. Répéter les étapes 4 et 5 à quelques reprises.
7. Déposer l'avant-bras détendu sur la cuisse droite. Ressentir le poids de la même façon que lorsque le bras détendu pendait librement. Le pousser avec la main gauche pour qu'il retombe dans le vide.
8. Après quelques instants, le «ramasser» avec la main gauche, en ressentir le poids, le déposer de nouveau sur la cuisse avant de le repousser dans le vide. Expérimenter cette sensation de relâchement.
9. Toujours avec l'épaule et le bras droits détendus, se promener un peu. Constater comment le bras se balance lorsqu'il reste détendu. Comprendre que, lorsqu'on marche normalement, nos bras sont toujours un peu tendus, pour limiter ce mouvement de va-et-vient.
10. Ressentir si les épaules sont à la même hauteur.
11. Se rendre, le bras droit toujours détendu, jusqu'à un miroir suffisamment grand pour qu'on puisse y voir nos deux épaules. Comparer visuellement leur hauteur respective. Ce que vous voyez confirme-t-il ce que vous sentiez? (Les épaules tombent un peu lorsque les muscles qui y sont attachés se détendent.)
12. Se coucher et ressentir la détente du bras pendant une minute.
13. Prendre conscience des sensations différentes qui proviennent des deux épaules et des deux bras. La sensation «normale» ressentie à gauche est en partie une sensation de tension musculaire.

Comparer avec l'évaluation du début de cet exercice.
Mon épaule et mon bras droits sont présentement:

1 2	3 4	5 6	7 8
Très détendus	Plutôt détendus	Plutôt tendus	Très tendus

Souvent, on constate ici que ce qu'on avait pris pour du relâchement avant de faire l'exercice n'était en quelque sorte qu'une sensation de tension «normale», qu'on confond souvent avec la détente musculaire. En fait, le plus souvent, ce n'est que lorsqu'elle nous fait souffrir qu'on perçoit la tension de nos muscles. Notre état «normal» est un état de tension musculaire, plus ou moins grand, dont on n'a pas vraiment conscience. On se dit: «Je suis comme ça.» Il n'y a rien comme se détendre pour constater à quel point, habituellement, on est tendu. C'est un peu comme lorsqu'on achète nos premières lunettes: ce n'est qu'en les portant qu'on se rend compte de tout ce qu'on ne voyait pas avant!

Exercice 60
Relâcher la tension dans nos bras (suite et fin)

14. Refaire le même exercice pour détendre l'épaule et le bras gauches.

Souvent, cet exercice procure non seulement une détente dans les bras, mais aussi un relâchement musculaire plus général et une certaine détente mentale. L'exercice nécessite en effet l'utilisation de certaines des clés de la relaxation: étirer ou masser nos muscles, être présent, laisser être, détendre notre musculature, suggérer (l'idée de poids) et prendre des positions qui facilitent la détente.

2. Pour mieux reconnaître la détente organique

En plus de ressentir des changements dans notre musculature, on peut également prendre conscience de la réponse de relaxation sur le plan organique.

Les fonctions organiques se «contractent» avec cette réponse de combat ou de fuite qu'est le stress. Il est normal qu'elles se décontractent avec la réponse de relaxation. On le ressent parfois par une sensation de chaleur qui résulte d'une dilatation des vaisseaux sanguins microscopiques, souvent précédée de picotements ou d'engourdissements. On peut percevoir qu'on respire plus lentement et plus profondément. Si on prend notre pouls avant et après un exercice, on constate aussi que le cœur ralentit quelque peu.

Observation personnelle
Ressentir la détente organique

Noter les signes qui reviennent le plus souvent à la suite des exercices de relaxation. Inscrire le chiffre approprié entre les parenthèses qui précèdent chaque signe de détente organique.

(0) Très peu (1) Un peu (2) Moyennement (3) Beaucoup

( ) 1. Je ressens de la chaleur.
( ) 2. Je ressens de la fraîcheur.
( ) 3. Mon rythme cardiaque se ralentit.
( ) 4. Mon rythme respiratoire se ralentit.
( ) 5. Ma respiration s'approfondit.
( ) 6. Mon ventre laisse entendre des borborygmes.
( ) 7. J'ai des picotements ou une sensation d'engourdissement dans les doigts, les orteils, la peau, etc.
( ) 8. Je m'endors ou j'ai envie de dormir.
( ) 9. Je me sens énergique.

( ) 10. Mon champ de vision s'agrandit.
( ) 11. Autre ______________________________.

De très nombreux autres changements organiques surviennent, mais ils sont moins directement perceptibles (diminution de l'acidité gastrique et du taux de lactate sanguin, ajustement de la tension artérielle, etc.).

3. Pour mieux reconnaître la détente mentale

Souvent, on ne se dira mentalement détendu que si toute préoccupation et toute idée ont disparu. Or, il est *extrêmement rare* que la détente mentale se traduise par un vide mental. L'incapacité de produire le vide ne doit donc jamais être considérée comme un signe d'échec. La relaxation ralentit le cœur, mais elle ne l'empêche pas de battre! La relaxation n'empêche pas la «tête» de penser, mais elle induit davantage de calme.

Observation personnelle
Ressentir la détente mentale

Noter les éléments qui reviennent le plus souvent à la suite des exercices de relaxation. Inscrire le chiffre approprié entre les parenthèses qui précèdent chaque signe de détente mentale.

(0) Très peu (1) Un peu (2) Moyennement (3) Beaucoup

( ) 1. Le rythme de mes pensées se ralentit.
( ) 2. J'ai moins de tension face à mes préoccupations.
( ) 3. Je m'endors.
( ) 4. Je ressens un apaisement général.
( ) 5. J'ai davantage d'énergie mentale.
( ) 6. Je me concentre plus facilement.

( ) 7. Je ressens de nouveau des émotions que je croyais disparues.
( ) 8. Je ne pense plus à rien.
( ) 9. J'éprouve un sentiment de plénitude.
( ) 10. Autre ________________________________.

La relaxation se produit sur les plans physique et mental. On peut en prendre conscience pendant les exercices par les sensations musculaires, organiques et mentales décrites précédemment. Mais les effets ne s'arrêtent pas là. D'exercice en exercice, de mois en mois, les changements deviennent plus profonds, les résultats plus durables: les épaules et la mâchoire demeurent davantage décontractées, la respiration reste plus profonde, la tension artérielle tend à se stabiliser, les palpitations cardiaques se font de plus en plus rares, les états de sérénité sont plus fréquents. Beaucoup d'autres changements moins directement perceptibles surviennent: baisse du taux d'acidité gastrique, sommeil plus profond, augmentation des forces créatrices, développement spirituel, etc.

La transformation n'est ni magique, ni immédiate. Mais, combinée à d'autres outils de développement (l'utilisation de méthodes fructueuses pour résoudre les conflits interpersonnels, l'expression créatrice, l'exercice physique, la mise en priorité des choses vraiment importantes, etc.), la relaxation permet de vivre plus harmonieusement.

Chapitre 7

Pour déterminer la meilleure méthode

La meilleure stratégie d'harmonisation intérieure, *c'est celle qui* ***nous*** *donne des résultats*… et c'est celle qu'on pratique! Il n'y a pas de méthode meilleure que toutes les autres, pour toutes les personnes, et pour tous les objectifs à tous les moments. Selon que l'on veut, par exemple, réduire l'intensité de nos douleurs lombaires ou que l'on désire se laisser gagner par le sommeil, retrouver une certaine paix intérieure ou encore mettre un frein au sentiment de panique qu'on commence à ressentir, les techniques qui nous donnent les plus grandes chances de succès risquent fort d'être différentes, même si toutes peuvent avoir une influence favorable. Il vaut mieux rechercher la méthode la plus appropriée pour nous, maintenant, que «la» meilleure méthode.

Trouver «la» méthode

Chaque expert propose une technique qui peut réellement donner des résultats, mais pas nécessairement tous les résultats, ni pour tout le monde. Il est bon de rester vigilant, car ce qu'on lit chez les auteurs qui se restreignent à une seule méthode ou à une seule façon de penser est *très* séduisant.

Chaque fois qu'on enseigne plusieurs techniques de relaxation à l'intérieur d'un même cours, certains étudiants adorent des exercices que d'autres ont en horreur. Mais *tous* trouvent des techniques qui leur conviennent.

Il importe davantage d'apprendre à relaxer que d'apprendre une méthode particulière. *Le but importe davantage que chacun des moyens de l'atteindre.*

Beaucoup de personnes croient qu'il leur est impossible de relaxer. Elles tirent leur conviction de ce que, ayant tenté de se détendre avec une méthode particulière, elles n'y ont pas réussi. Par exemple, elles n'arrivent pas à faire le vide, elles s'endorment toujours avant la fin de leur cassette de relaxation, elles n'arrivent pas à se concentrer uniquement sur leur respiration, elles se sentent mal quand elles demeurent immobiles, leur cœur se serre quand elles restent dans le silence, elles ne peuvent pas se tenir sur la tête ou s'asseoir dans la position du lotus, etc. Il est plus juste de penser qu'elles n'ont pas encore trouvé de méthodes qui leur conviennent et qu'elles auraient avantage à mieux comprendre ce que signifie relaxer.

Trouver «des» méthodes

Aucune méthode d'harmonisation intérieure ne pourra jamais offrir toutes les possibilités qu'on peut créer en combinant toutes les clés de la relaxation. La question est d'arriver à déterminer quelles clés nous aident le plus à produire ce résultat particulier que l'on désire atteindre à tel moment de notre vie ou à tel moment de la journée: réduire les palpitations cardiaques, couper court à la montée d'une crise de panique, détendre un dos douloureux, se préparer à un travail intellectuel, donner à l'organisme l'occasion de se rééquilibrer, soutenir notre vie spirituelle, etc.

Les méthodes qu'on choisit pour leurs effets à court terme permettent de réduire la dysharmonie; déjà, à ce premier niveau, on peut faire des choix qui nous conviennent. Par ailleurs, pour vraiment aller vers l'harmonie intérieure, il nous faudra pratiquer assidûment nos méthodes, et ce, sur une longue période. Pour y arriver, il est donc préférable de choisir les méthodes qui nous plaisent, à ce moment de notre vie, et de les changer selon les transformations qui s'opéreront progressivement en nous au cours des années.

La meilleure technique dépend donc de chacun. Si on tient compte de *nos* objectifs, de *nos* aptitudes, du temps dont *on* dispose, de ce qui *nous* aide à persévérer, on trouvera chaussures à notre pied. Oui, sans doute, chaussures avec un «s». Si on cherche au contraire à l'extérieur de soi *la* seule vraie méthode, les risques sont grands qu'on l'abandonne après quelques semaines de pratique de plus en plus chancelante, avec en prime une bonne dose de la culpabilité qui accompagne les échecs à se conformer aux prescriptions de santé.

Une technique qui devrait théoriquement favoriser le sommeil peut garder certaines personnes bien réveillées. Ces réponses quelque peu paradoxales sont *fréquentes*. Il vaut donc mieux adapter les techniques à soi que d'essayer de s'adapter soi-même à ces techniques. Pour bien choisir ce qui nous convient, maintenant, on n'a qu'à tenir compte de *nos* réactions à la pratique de chacune des techniques qu'on explore. Non pas les réactions qu'on prévoit avoir compte tenu de ce qu'on pense, mais celles qu'on a *vraiment* à la suite d'une pratique *concrète*. Il arrive souvent, en effet, que des méthodes qu'on aurait tendance à laisser de côté à cause de nos préjugés se révèlent tout à fait adéquates quand on accepte de les expérimenter, tout comme il nous arrive de persévérer dans la pratique d'une méthode qui ne présente qu'un intérêt théorique et qui, dans les faits, ne nous donne rien.

Choisir la meilleure méthode en fonction du résultat recherché

Les différents effets de chaque technique dépendent en partie de leur façon particulière de combiner les clés et en partie de certaines caractéristiques individuelles des personnes qui les pratiquent. Voici les résultats d'une recherche qui le confirme.

On a enseigné quatre techniques de relaxation à 15 étudiants. Ces derniers devaient pratiquer chaque technique quotidiennement pendant deux semaines, à raison de 30 minutes chaque jour.

Huit semaines plus tard, à la fin de l'expérience, les participants ont évalué jusqu'à quel point chacune des méthodes produisait de la détente physique, de la détente psychologique, de la somnolence, ainsi que d'autres effets spécifiques. Chaque étudiant a aussi déterminé la méthode qui lui paraissait la meilleure pour se préparer à dormir, à travailler, etc. (Borgeat, 1982).

Les résultats (voir tableaux II et III) montrent d'un côté que certaines techniques ont été jugées plus efficaces pour produire de la somnolence, de la vivacité d'esprit, des images mentales, des sensations corporelles ainsi que des émotions. Si on désire l'un ou l'autre de ces résultats, on peut commencer par pratiquer les techniques qui offrent les plus grandes probabilités de succès. On verra l'influence qu'elles ont sur nous. Par exemple, on peut lire que la détente subliminale a produit plus d'images mentales que les autres méthodes.

Par ailleurs, les évaluations portant sur la détente physique, la détente psychologique, la présence de vide mental, l'agacement et l'énergie n'ont pas couronné de technique championne. L'élément «présence de vide mental» a reçu un pointage moyen maximum de 4,27 et minimum de 3,20, sur une échelle de 8. Pourtant, tous les participants affirment avoir relaxé puisque, à l'élément «détente physique», la moyenne des pointages se situe à 6,20, et à l'élément «détente psychologique», elle est de 6,07. On peut donc relaxer même si on ne fait pas le vide dans notre tête. Les résultats indiquent aussi que la détente tant physique que psychologique n'a pas été totale, comme c'est le cas pour la plupart des gens, même après des années de pratique.

La majorité des étudiants n'ont privilégié aucune méthode pour la détente physique et la détente psychologique, qui sont pourtant les principaux indices de l'augmentation de la réponse de relaxation. D'où l'utilité d'expérimenter plusieurs façons de relaxer!

Tableau II **Effets subjectifs des quatre méthodes de relaxation**

	Training autogène	Relaxation progressive	Détente subliminale	Méthode de Benson	F	P
Détente physique	5,80*	6,20	6,13	5,20	1,43	n.s.
S$\bar{x}$ = ± 0,39						
Détente psychologique	5,53	5,07	6,07	5,47	0,85	n.s.
S$\bar{x}$ = ± 0,44						
Somnolence	4,20	3,27	4,93	2,47	3,99	<,05
S$\bar{x}$ = ± 0,54						
Vivacité d'esprit	4,20	3,47	2,93	4,93	3,30	<,05
S$\bar{x}$ = ± 0,49						
Énergie	3,93	3,87	2,73	4,13	1,84	n.s.
S$\bar{x}$ = ± 0,48						
Agacement	0,53	1,35	0,53	1,29	1,17	n.s.
S$\bar{x}$ = ± 0,42						
Présence d'images mentales	3,80	1,60	4,80	3,33	6,62	<,01
S$\bar{x}$ = ± 0,52						
Présence d'émotions	2,73	1,93	4,27	2,80	4,64	<,01
S$\bar{x}$ = ± 0,46						
Présence de sensations corporelles	5,20	5,60	4,67	2,87	5,54	<,01
S$\bar{x}$ = ± 0,56						
Présence de vide mental	4,27	4,20	3,20	3,80	0,65	n.s.
S$\bar{x}$ = ± 0,61						

* Score moyen sur une échelle de 0 à 8 (n=15)

Source: Borgeat, François, «Comparaison des effets subjectifs de quatre méthodes de relaxation», *Union médicale du Canada, Tome III*, octobre 1982.

Quand les étudiants évaluent les effets de détente physique et psychologique que chacune des méthodes pratiquées a produits, les quatre méthodes donnent des résultats équivalents. Quand les étudiants sont invités à choisir *une seule* méthode en vue d'un résultat précis, par contre, certaines semblent alors convenir à plus de gens (voir tableau III).

Tableau III **Efficacité subjective comparée des quatre méthodes de relaxation**

Quelle méthode vous semble la plus efficace pour:	**Training autogène**	**Relaxation progressive**	**Détente subliminale**	**Méthode de Benson**
Détendre le corps	50 %*	50 %	0 %	0 %
Calmer les émotions	26 %	17 %	46 %	11 %
Préparer au travail	30 %	26 %	7 %	37 %
Préparer au sommeil	17 %	13 %	70 %	0 %
Stimuler l'imagination	26 %	0 %	52 %	22 %

* Pourcentage des choix donnés (n = 15)

Source: Borgeat, François, «Comparaison des effets subjectifs de quatre méthodes de relaxation», *Union médicale du Canada, Tome III*, octobre 1982.

Tous les étudiants ont affirmé vouloir continuer à pratiquer l'une ou l'autre méthode après la recherche. Treize des quinze participants ont affirmé vouloir continuer à faire de la relaxation en utilisant *plusieurs* des méthodes apprises, deux seulement ne désirant conserver qu'une seule méthode.

On voit que la meilleure façon d'obtenir un résultat précis varie d'une personne à l'autre et que c'est en utilisant plusieurs techniques que chacun trouvera les meilleurs moyens d'atteindre ses différents objectifs.

La meilleure méthode reste donc celle qui *nous* aide le plus à atteindre les résultats désirés au moment de la pratique, que ces résultats soient recherchés dans l'immédiat (détendre notre dos) ou en vue d'un objectif à plus long terme (ressentir davantage de sérénité).

Choisir la meilleure méthode pour soi

Toutes les méthodes de relaxation présentent des particularités. Elles peuvent exiger un bon niveau de concentration ou, au contraire, être constituées d'exercices qui ne demandent pas vraiment de maintenir l'attention. Pour s'entraîner à certaines techniques, il faut disposer d'une ou deux heures, ou avoir à notre disposition des accessoires spéciaux (bain flottant, lecteur de cassettes). Quelques méthodes comportent des mouvements qui requièrent un espace particulier, d'autres exigent un enseignement qui peut durer quelques mois. Selon nos ressources externes (temps, argent, espace, etc.) et selon les habiletés qu'on a développées (par exemple, la facilité à se concentrer sur des sons plutôt que sur des images ou sur des sensations), on verra à choisir les méthodes qui nous conviennent le mieux.

Dix caractéristiques des stratégies d'harmonisation intérieure

Cette section réunit un éventail d'éléments qui varient d'une méthode de relaxation à l'autre. En ayant ces caractéristiques en tête, on pourra mieux choisir ce qui nous convient.

Notes

Remplir les évaluations en cochant *tous* les éléments qui s'appliquent. Même si ceux-ci semblent parfois s'opposer les uns aux autres, ils peuvent tout aussi bien convenir: par exemple, même si le mouvement et l'immobilité sont des contraires, on peut aimer bouger *et* on peut aimer rester immobile.

1. Activité/passivité

Les techniques *passives* se pratiquent en restant immobile avec le minimum de contraction musculaire (par exemple, le réflexe de relaxation ou le training autogène). Les méthodes *actives* nous amènent à bouger (par exemple, l'anti-gymnastique ou le yoga).

Évaluation personnelle

( ) J'aime bouger.
( ) J'aime rester immobile.
( ) J'ai besoin de faire des choses, mais je peux aussi rester tranquille pendant ___ minutes.

J'aime me concentrer sur:

( ) Des images internes (imaginer un coucher de soleil).
( ) Des images externes (regarder une fleur).
( ) Des sons internes (répéter intérieurement un mantra, une prière, un son).
( ) Des sons externes (cassette audio de relaxation, musique de détente).
( ) Des sensations (étirements, massages).
( ) Des mouvements (rotation de tête, d'épaules).

2. Avec ou sans soutien extérieur

Les techniques *hétéro-dirigées* requièrent une forme ou une autre de soutien extérieur, comme des consignes sur cassette (par exemple, la relaxation subliminale ou l'hypnose).

Les techniques *auto-dirigées* nous laissent seul et autonome dans notre pratique, après une période d'apprentissage qui peut nécessiter un enseignement (par exemple, les exercices d'espace ou la respiration abdominale).

Évaluation personnelle

( ) J'aime être soutenu par des directives sur cassette ou par un professeur.
( ) J'aime faire des exercices sans soutien extérieur.

3. Rigidité/flexibilité

Les techniques *rigides* ont un protocole d'enseignement très rigoureux, que leurs créateurs justifient minutieusement et que les professeurs doivent apprendre à faire respecter (par exemple, le training autogène ou la relaxation progressive, dans leur version originale).

Les méthodes *flexibles* s'accommodent de beaucoup plus de souplesse et laissent à l'apprenti plus de marge de manœuvre, à l'intérieur cependant de consignes précises (par exemple, le réflexe de relaxation pratiqué en marchant ou en travaillant, ou les bains flottants).

Évaluation personnelle

( ) J'aime qu'on s'occupe de moi personnellement.
( ) J'aime les méthodes rigoureuses.
( ) J'aime les méthodes souples.

4. Avec engagement/sans engagement

Certaines techniques de relaxation reconnues demandent *qu'on s'engage* à les pratiquer quotidiennement et sur une asssez longue période si on veut des résultats satisfaisants (par exemple, le training autogène ou les méthodes de méditation).

D'autres techniques laissent *relativement libre* quant à la durée et au nombre des séances qu'on doit leur consacrer (par exemple, l'anti-gymnastique ou les exercices d'espace).

Finalement, d'autres ne présentent *aucune exigence* en ce sens ou ont des exigences qui varient en fonction de notre condition et de nos objectifs (par exemple, les massages).

Évaluation personnelle

( ) Je suis plutôt discipliné.
( ) Je ne suis pas vraiment discipliné.
( ) Je ne suis pas discipliné mais ceci (________________) m'aiderait à pratiquer quotidiennement.
( ) Je veux pratiquer quand j'y pense ou quand j'en ai envie.
( ) Je suis prêt à me déplacer pour pratiquer.
( ) Je suis prêt à investir de l'argent pour apprendre.
( ) Je préfère pratiquer chez moi.

5. Avec résultat immédiat/avec résultat différé

Tout comme en psychothérapie, où certaines personnes demandent un soutien à court terme pour les aider à régler un problème aigu alors que d'autres cherchent à mieux se comprendre et à changer plus profondément, on peut pratiquer des exercices de relaxation pour obtenir des résultats dans l'immédiat ou qui s'inscrivent dans un projet à plus long terme. Si on veut réduire l'intensité et la durée de crises de panique, il est sans doute préférable d'apprendre d'abord à maîtriser la respiration abdominale et à utiliser l'autosuggestion. Par ailleurs, si on veut réduire les malaises qui découlent d'un niveau de stress beaucoup trop élevé ou mieux exprimer nos émotions, il faudra sans doute être plus patient et faire l'apprentissage de techniques qui supposent davantage de «conscience de soi» et qui peuvent mener à la résolution de conflits inconscients. Il y a ainsi des méthodes qui, enseignées avec l'objectif de s'ouvrir à l'inconscient, constituent à elles seules de véritables psychothérapies. On peut penser ici aux méthodes autogènes et au focusing, par exemple.

Certaines techniques ont des effets *immédiats* (par exemple, respirer en contractant volontairement nos muscles abdominaux et thoraciques, ou étirer nos muscles).

D'autres produisent habituellement des effets anti-stress *à moyen terme* (par exemple, le réflexe de relaxation ou la relaxation progressive).

Évaluation personnelle

( ) J'ai besoin de sentir certains effets des exercices au moment même où je les pratique.
( ) Sans avoir besoin de résultats immédiats, j'ai besoin de résultats à court terme.
( ) Je peux m'inscrire dans une démarche à long terme.

6. Avec visée locale/avec visée globale

On peut avoir une *visée globale*, c'est-à-dire vouloir utiliser une méthode pour détendre notre corps et notre esprit (par exemple, le réflexe de relaxation ou la relaxation subliminale).

On peut aussi vouloir apprendre à détendre et à réchauffer nos mains pour lutter contre les migraines, ou à détendre certains muscles particuliers pour effectuer des gestes précis, comme des plongeons ou des sauts, de façon plus efficace (par exemple, certains exercices de relaxation progressive, ou le biofeedback). On peut chercher des façons de détendre certains muscles quand ils nous font mal (par exemple, on utilise des massages ou la relaxation progressive qu'on applique à des endroits précis du corps). On peut donc avoir une visée *locale*.

Évaluation personnelle

( ) Je cherche des méthodes pour détendre certains muscles.
( ) Je cherche des méthodes pour me détendre.

7. Apprentissage immédiat/apprentissage progressif

Une technique *toute prête* peut être apprise en une seule séance (par exemple, le réflexe de relaxation ou la respiration avec contractions abdomino-thoraciques).

L'apprentissage de méthodes *progressives* peut nécessiter de quelques semaines à quelques mois (par exemple, le yoga ou la sophrologie).

Évaluation personnelle

( ) Je cherche des méthodes qu'on peut apprendre rapidement.
( ) Je cherche des méthodes dont l'apprentissage est progressif.

8. Exercices brefs/exercices longs

Les techniques *brèves* ne demandent que quelques secondes (par exemple, une respiration profonde ou un étirement).

D'autres exercices, plus ou moins *longs*, demandent de 20 minutes à quelques heures dans certains cas (par exemple, le réflexe de relaxation ou le yoga).

Évaluation personnelle

( ) Je suis prêt à consacrer _____ minutes par jour à une pratique régulière (presque quotidienne).
( ) Je veux réserver de longues périodes à la pratique, pendant mes journées de congé.
( ) Je souhaite intégrer de très courts exercices (30 secondes et moins) dans ma vie quotidienne.

9. Avec objectif précis/avec objectif général

On tient évidemment aussi compte de nos objectifs pour en choisir les méthodes les mieux adaptées. Si on ne cherche qu'à mieux dormir, les techniques qui font appel à l'introspection ne seront guère utiles. Si on veut soulager des maux de dos, on tirera davantage profit des techniques corporelles que de celles qui passent par l'immobilité contemplative. Si on cherche à apaiser notre monde mental pour rencontrer Dieu, il sera sans doute préférable de consacrer du temps à la méditation ou à la contemplation plutôt que de se suggérer de la chaleur dans les mains. Aucune technique ne mène automatiquement au résultat recherché, mais certaines offrent plus de chances de succès.

Évaluation personnelle

( ) Je cherche des techniques de détente immédiate.
( ) Je cherche des méthodes précises pour
_________________________________ .
( ) Je cherche à diminuer mon niveau de stress.

10. À pratiquer en groupe/à pratiquer seul

La majorité des méthodes se prêtent tout aussi bien à un apprentissage et à une pratique individuels qu'à une démarche en groupe.

Selon que le travail en groupe nous motive ou nous rebute, on pourra choisir une formule ou l'autre. Un groupe peut aussi être constitué de deux personnes; souvent, il est plus facile de consacrer du temps à relaxer quand on pratique avec notre conjoint ou avec un ami.

Évaluation personnelle

( ) Pratiquer avec d'autres me plaît.
( ) J'aime pratiquer seul.

Chaque méthode de relaxation possède *son* ensemble de caractéristiques: active ou passive, hétéro-dirigée ou auto-dirigée, rigide ou flexible, etc. Malheureusement, aucune technique ne donne tous les résultats en ne demandant qu'une seule courte période de pratique…

On peut choisir nos méthodes en nous basant sur ces caractéristiques. On peut aussi se servir de ces dernières pour créer nos propres méthodes. Dans le prochain chapitre, on verra comment on peut procéder pour combiner les clés de la relaxation qui nous conviennent le mieux dans une ou plusieurs méthodes, tout en tenant compte des évaluations qu'on vient de faire. Cela permettra d'ajuster le côté technique de la relaxation à notre style de vie, nos objectifs et notre personnalité.

Chapitre 8

Créer nos propres méthodes

On peut créer des méthodes d'harmonisation intérieure sans être un spécialiste. En relaxation et en méditation, ce sont les *théories* qui sont compliquées. Sur le plan *technique*, toutes les méthodes sont simples; il s'agit ici non pas de créer des théories, mais justement des méthodes concrètes, qui *nous* aident à relaxer.

En plus de s'inventer des méthodes, il est aussi très utile de rendre nos séances de pratique intéressantes. Habituellement, les périodes de relaxation et de méditation sont consacrées à une seule méthode: dans une séance de méditation transcendantale ou de training autogène, on ne pratique que la méthode en question et, quand on a terminé de la pratiquer, notre séance de relaxation est finie. Encore ici, on peut être plus créateur et pratiquer plusieurs méthodes dans une même période de relaxation, tout en l'agrémentant de pauses ou de lectures qui nous donnent le goût de continuer à pratiquer, jour après jour.

1. Créer nos méthodes

Pour créer nos méthodes, on choisit simplement un certain nombre des clés de la relaxation parmi celles qui fonctionnent bien pour nous, et on les associe entre elles de façon à ce qu'elles s'ajustent bien, qu'elles forment un tout cohérent.

Voici quelques exemples:

- On écoute de la musique paisible tout en faisant des étirements. (Clé n° 8: s'entourer de conditions extérieures favorables à la détente; clé n° 7: utiliser la suggestion par analogie; clé n° 4: étirer ou masser nos muscles et nos articulations.)
- On approfondit notre respiration tout en visualisant intérieurement une marée montante, vague après vague, qu'on synchronise avec notre respiration: la vague déferle: expiration; la vague se retire: inspiration. (Clé n° 1: respirer; clé n° 5: être présent à des images internes; clé n° 7: utiliser l'autosuggestion par analogie.)

Il s'agit donc de combiner à notre guise quelques-unes de ces clés, soit celles qui nous plaisent le plus. Des centaines d'associations sont possibles. À chacun de créer les siennes!

Chaque clé aura un nom court, pour simplifier.

Les clés

N° 1 *Respirer.*
N° 2 *Se placer:* Prendre une posture qui permet la décontraction musculaire.
N° 3 *Détendre:* Détendre volontairement nos muscles.
N° 4 *Étirer ou masser:* Étirer ou masser nos muscles et nos articulations.
N° 5 *Être présent.*
N° 6 *Laisser être:* Adopter l'attitude «laisser être».
N° 7 *Suggérer:* Utiliser la suggestion ou l'autosuggestion.
N° 8 *Adoucir:* S'entourer de conditions extérieures favorables à la détente.

Voici d'autres exemples.

1. *Se détendre, se placer, adoucir, être présent, étirer.*
   - Dehors, à l'ombre, par une journée d'été *(adoucir);*
   - trouver des façons originales (*se placer*) de laisser pendre diverses parties de notre corps – la nuque, les épaules, les poignets, une jambe ou l'autre, etc. (*étirer*);
   - en étant présent tantôt à nos sensations, tantôt aux divers sons qui nous parviennent (*être présent*);
   - en prenant le temps de bien relâcher tous nos muscles entre les étirements et à la fin de la période de pratique (*détendre*).

2. *Respirer, suggérer, adoucir, se placer, être présent, détendre.*
   - S'installer confortablement dans notre bain avec un oreiller soufflé (*se placer*);
   - dans de l'eau chaude ou tiède, avec un éclairage réduit et, en arrière-fond, un enregistrement qui combine des bruits de la nature et de la musique (*adoucir*);
   - et respirer (*respirer*);
   - «dans» chacune des parties de notre corps (*être présent*);
   - pendant qu'on les détend (*détendre*);
   - en disant intérieurement à chaque expiration des mots comme «détente», «chaleur», «espace», «légèreté» (*suggérer*);
   - laisser ensuite flotter nos bras et les laisser se balancer (*détendre*) au gré de vagues qu'on fait en bougeant très doucement les jambes pour décontracter le bassin (*détendre*).

3. *Laisser être, respirer, se placer, masser, détendre, être présent.*
   - S'asseoir sur une chaise droite, basculer légèrement le bassin et appuyer le bas du dos sur le dossier (*se placer*);
   - observer les sensations dans les muscles des épaules (*être présent*);
   - quand, pendant une inspiration (*respirer*), on place la main droite le plus bas possible à l'intérieur de l'omoplate gauche;
   - et que, en expirant (*respirer*), on laisse traîner le bout des doigts directement sur la peau, avec force, le long de l'omoplate, puis entre l'épaule et le cou, puis sur la clavicule jusqu'au milieu du sternum, d'un seul trait (*masser*), la main droite allant finalement se reposer sur la cuisse droite (*détendre*);
   - une ou deux respirations plus tard, on masse de la même façon l'épaule droite avec la main gauche;
   - on reprend ainsi ces exercices en croisée à quelques reprises, en laissant arriver ce qui arrive (*laisser être*).

4. *Être présent, respirer, se placer, adoucir, laisser être.*
   - Choisir un endroit paisible, très faiblement éclairé (avec une bougie ou une veilleuse), et dresser un petit autel avec des fleurs (*adoucir*);
   - s'asseoir les jambes croisées sur un coussin (*se placer*);
   - et approfondir notre respiration pendant quelques minutes (*respirer*);
   - puis, observer nos pensées (*être présent*), tout en continuant de respirer profondément (*respirer*);
   - quand une pensée concerne une personne, appeler sur elle, telle qu'elle est (*laisser être*), les bénédictions de Dieu, de l'Univers ou du Bouddha, selon nos croyances;

- répéter les bénédictions pour chacune des personnes dont l'image viendra s'imposer à nous (*être présent*), amis comme ennemis.

Ce pourrait être une façon relaxante d'«aimer nos ennemis et de prier pour ceux qui nous persécutent».

5. *Si on aime la position couchée, le silence, respirer profondément et une suggestion de légèreté.*
   - Se coucher dans un endroit silencieux en adoptant notre position préférée, et respirer profondément tout en répétant pendant les inspirations que chacune des parties de notre corps est légère.

6. *Si la position physique nous importe peu et si un éclairage à la bougie, une musique douce et des étirements nous détendent.*
   - Faire des exercices d'étirement, de yoga ou d'anti-gymnastique sur un fond de musique douce dans une pièce éclairée à la bougie.

En combinant les clés, on arrive à se créer une ou plusieurs méthodes d'harmonisation intérieure sur mesure. Le principe est simple, il n'y manque que votre créativité.

Pour vous donner quelques idées, vous pouvez cocher les éléments qui vous ont le plus aidé à vous détendre (voir vos évaluations, au chapitre 3) et remplir les espaces laissés vides, si vous le jugez utile.

Éléments favorables

1. Respirer

( ) En contractant les muscles abdominaux et thoraciques.
( ) En amplifiant la respiration abdominale.
( ) En observant la respiration.

( ) En visualisant des soleils guérisseurs ou d'autres symboles selon le résultat que l'on souhaite.
( ) Autres symboles:

____

____

( ) Autres formes de respiration déjà expérimentées:

____

____

2. Prendre une position physique qui permet la décontraction musculaire

Positions préférées, dans l'ordre:

____

____

____

3. Détendre volontairement nos muscles

( ) Détendre nos muscles en relâchant successivement toutes les parties de notre corps.
Variantes préférées:
( ) ______________________________
( ) ______________________________
( ) Détendre nos muscles en étant guidé par un enregistrement sur cassette audio ou sur disque.
( ) Détendre nos muscles dans un bain flottant.
( ) Autres façons déjà expérimentées de détendre volontairement nos muscles:

____

____

4. Étirer ou masser nos muscles et nos articulations

( ) S'étirer.
Plus spécifiquement:

____

____

( ) Utiliser des massages.
Plus spécifiquement:

____

____

( ) Autres façons déjà expérimentées d'étirer ou de masser nos muscles et nos articulations (yoga, anti-gymnastique, méthode Feldenkrais, stretching, massages suédois, do-in, massage des pieds, etc.):

____

____

5. Être présent

( ) Images préférées:

____

( ) Sons préférés:

____

( ) Sensations préférées:

____

( ) Autres façons déjà expérimentées d'être présent:

____

____

6. Adopter l'attitude «laisser être»

( ) Devant nos pensées.
( ) Devant un objet.
( ) Autres façons déjà expérimentées d'adopter l'attitude «laisser être»:

____

____

7. Utiliser la suggestion ou l'autosuggestion

( ) Suggérer de la lourdeur.
( ) Suggérer de la légèreté.
( ) Répéter que notre respiration s'approfondit.
( ) Enchaîner des suggestions plausibles.

( ) Suivre le développement de notre détente et amplifier ce qu'on ressent par l'autosuggestion.
( ) Suggérer la détente de façon directive.
( ) Déconnecter nos tensions.
( ) Se suggérer un massage.
( ) Utiliser l'analogie avec une descente.
( ) Écouter une musique douce.
( ) Utiliser l'imagerie mentale.
( ) Autres formes de suggestions déjà expérimentées et qui nous détendent (cassettes, hypno-thérapie, exercices d'autohypnose, etc.):

____

____

8. S'entourer de conditions extérieures favorables à la détente

( ) Décrire une ou des combinaisons de lumière et de sons préférées:

____

____

( ) Aller dehors.
Façons préférées d'être dehors:

____

____

( ) Profiter de la nature.
Endroits préférés:

____

____

( ) Utiliser des éléments de la nature à la maison (fleurs, plantes, aquarium, etc.):

____

____

( ) Autres façons déjà expérimentées de s'entourer de conditions extérieures favorables à la détente:

____

____

On vient de sélectionner des «ingrédients» pour élaborer nos propres «recettes» de relaxation. Il nous reste à utiliser intelligence et créativité pour les combiner en méthodes qu'on aura plaisir à pratiquer.

La façon la plus simple de commencer consiste à ne combiner que deux clés. On reprend le tableau des éléments favorables que l'on vient de remplir et, pour chacun des éléments qui nous aide à nous détendre, on en trouve un autre qui nous convient tout autant et qui s'associerait bien avec lui.

Par exemple, on respire «dans» nos muscles tout en suggérant qu'ils deviennent plus spacieux, on détend nos bras tout en chantant une gamme descendante, on prend la position du cocher et… on imagine une ballade dans un fiacre en se fiant à ce brave cheval et en se laissant aller au gré des mouvements occasionnés par les bosses et les creux de la rue, etc.

Vos exemples:

____

____

____

____

On créera ensuite quelques méthodes plus élaborées en associant plusieurs clés qui nous détendent, ainsi qu'illustré au tout début de cette section. Si, par exemple, on choisit *respirer, se placer, adoucir, s'étirer, suggérer et être présent,* on trouve une façon d'être présent à des étirements qu'on a choisis, en respirant d'une façon qu'on aime, dans un environnement organisé selon nos goûts et dans une position qui nous détend, tout en nous suggérant les sensations par lesquelles on reconnaît la détente. On peut inclure des éléments d'ordre spirituel.

Première méthode

Trois clés:

Façon de les combiner:

Deuxième méthode

Quatre clés:

Façon de les combiner:

Troisième méthode

Cinq clés:

Façon de les combiner:

Ces trois méthodes constituent un début; vous pouvez aussi en créer beaucoup d'autres et les décrire sur papier.

Vous pouvez tout autant créer vos méthodes avec spontanéité: vous réservez du temps pour vous détendre et... vous voyez comment vous avez le goût de procéder.

2. Créer des périodes de pratique originales, bien adaptées à nous

Les attitudes qu'on nous propose d'adopter pendant nos exercices de relaxation modernes sont les mêmes que celles avec lesquelles les humains méditent depuis des millénaires. Elles viennent d'époques très différentes de la nôtre, où les horloges n'existaient pas, où le regard ne se heurtait pas constamment à un mur, où il n'y avait pas toutes ces lumières qui font disparaître les étoiles, où les humains se sentaient partie intégrante de la nature et où le sacré imprégnait toute chose. Le pêcheur ne s'impatientait pas quand il attendait pendant des heures que son frère le poisson vienne s'offrir à lui, à sa famille et à sa tribu. D'une certaine manière, il était présent à lui-même et au monde... tout comme nous, n'est-ce pas, quand le poissonnier n'a plus que douze personnes à servir avant que ce soit notre tour?

Dans notre monde, on pose sur les stratégies d'harmonisation intérieure le même regard que celui qu'on jette sur nos autres occupations: elles doivent servir à quelque chose. Loin de faire partie intégrante de la vie, elles sont plutôt des «activités» ou des «traitements» dont on se passerait bien si on le pouvait, tout comme le sommeil, qui est considéré par plusieurs comme du temps perdu, et l'exercice physique, qui demande un appareillage si sophistiqué qu'on doit absolument se rendre dans des centres spécialisés pour en «faire». Que vienne ce temps béni où le sommeil et l'exercice seront offerts sous forme de pilules et où on pourra enfin passer toute notre vie à travailler!

Pour une majorité d'entre nous, qui n'y sommes pas habitués, les idées qui sous-tendent les stratégies d'harmonisation intérieure, tout comme les pratiques qui en découlent, apparaissent étranges, comme si elles ne se rattachaient à rien de ce qu'on connaît. Une fois passée la phase d'emballement qui accompagne notre «dépaysement» du début, on ne sait plus trop quoi en faire. Elles deviennent assez rapidement ennuyeuses et les exercices apparaissent, par conséquent, toujours trop longs. Pendant la phase d'acclimatation, voire d'«acculturation», il est bon de se limiter à des périodes de pratique plutôt courtes, et qui ne jurent pas trop avec ce à quoi on est habitué. Ainsi, la pratique devient plus facilement «naturelle».

Voici quelques suggestions en ce sens:

- Faire fréquemment des pauses pendant les exercices qui demandent de la concentration, pour laisser penser notre cerveau comme il l'entend, comme «d'habitude», durant quelques secondes. Vous verrez, on se détend tout autant, et parfois davantage, pendant ces pauses...
- Organiser nos périodes de détente en y prévoyant la pratique de plusieurs méthodes différentes, les unes étant plus «physiques» et les autres plus «mentales».
- Durant la même période, utiliser tour à tour des méthodes auto-dirigées et des méthodes hétéro-dirigées (voir p. 264). Il est très utile d'avoir *plusieurs* cassettes de relaxation (relaxation dirigée, musique douce, bruits de la nature, etc.) et de disposer de plusieurs méthodes qu'on peut pratiquer sans soutien extérieur.
- Suspendre la pratique quelques minutes pour lire quelques pages d'un ouvrage sur la relaxation ou sur la méditation; ainsi, les exercices sont moins longs, on développe notre «culture» de relaxation et on nourrit notre motivation.
- Au fur et à mesure que, dans nos lectures, on découvre des «pensées» ou des textes plus longs qui nous font bien comprendre certaines choses reliées à la pratique,

qui nous suggèrent la détente ou qui nous inspirent le sens du sacré, les noter dans un cahier et garder ce dernier à portée de la main. On peut aussi écrire ces pensées pour y revenir à l'occasion, durant la journée: on les écrit alors dans notre agenda ou sur des feuilles qu'on place à des endroits stratégiques.

- Se donner des cadres de pratique favorables, et même exotiques à l'occasion: faire des exercices dehors, ou dans une pièce éclairée à la bougie; faire brûler de l'encens si cela nous aide, s'entourer de fleurs ou d'images qui nous inspirent la détente, etc.
- Faire nos exercices en continuité avec d'autres gestes quotidiens: *après* certains gestes qui peuvent nous y préparer (après une marche dehors, après un bain), ou *avant* d'autres pour lesquels ils peuvent être utiles (avant de dormir, avant d'étudier).
- Utiliser les clés de la relaxation durant nos activités quotidiennes, de façon à ce que la relaxation apparaisse de moins en moins comme une «activité» un peu bizarre à laquelle «il faut» se livrer, et de plus en plus comme une façon d'augmenter la possibilité naturelle qu'a notre organisme de se détendre. De cette façon, la détente n'est plus en lutte avec la tension, cette autre possibilité naturelle dont on dispose pour mieux répondre à ce qui nous menace ou pour réaliser nos projets, mais en *harmonie* avec elle.
- Faire nos exercices avec d'autres, à la maison ou dans des groupes.

Qu'est-ce qui vous aiderait?

Chapitre 9

Intégrer les clés et les méthodes de relaxation dans notre vie quotidienne

La découverte et la création de méthodes qui nous conviennent constituent le premier volet de la stratégie proposée ici pour intégrer la relaxation dans notre vie quotidienne. Le second consiste à utiliser l'une ou l'autre des clés de la relaxation *pendant* qu'on accomplit les gestes de tous les jours.

On peut transformer de nombreux moments de notre vie en oasis de détente. Ainsi, tous les jours, on pose certains gestes: se lever, manger, accomplir certaines tâches, rencontrer des gens, se déplacer, se coucher, etc. Toutes les semaines, on reprend certaines activités: faire les courses, conduire les enfants à une activité sportive ou culturelle, payer des factures, etc. On peut accomplir ces activités quotidiennes, hebdomadaires, mensuelles, annuelles, routinières ou moins régulières tout en pensant à se détendre.

Par exemple:

- Écouter les bruits de la maison et respirer consciemment pendant qu'on fait chauffer de l'eau pour faire du café.
- Passer le balai et accomplir d'autres gestes ordinaires consciemment, avec grâce.
- Enfiler notre chandail en faisant lentement un grand cercle avec les mains pour étirer la nuque, les bras et les épaules.
- Prendre une position plus confortable pour accomplir les gestes qui reviennent souvent: si on passe beaucoup

de temps au téléphone, utiliser un téléphone mains libres pour ménager notre colonne cervicale; régler notre table de travail et notre chaise à une hauteur qui permette un maximum de relâchement, etc.

- Profiter de ce qu'on écoute de la musique avec notre conjoint pour s'étendre sur le dos et se faire mutuellement un massage des pieds, chacun posant un talon sur la poitrine de l'autre.
- Faire des lectures inspirantes en prenant le temps de respirer profondément, quand on lit des paragraphes qui nous touchent.

Voici quelques autres suggestions:

- *Réveil*. S'étirer doucement, longuement, ou faire quelques respirations profondes.
- *Lever*. Faire une salutation au soleil (exercice de base en yoga). Dire bonjour consciemment.
- *Repas du matin*. Expérimenter le petit-déjeuner sans la radio ou la télévision, à l'occasion ou régulièrement, quelques minutes ou pendant toute la durée du repas. Manger et boire consciemment, en étant présent aux sensations gustatives et olfactives, du moins pendant quelques secondes. Manger assis, plutôt que debout ou en se rasant dans l'auto…
- *Toilette*. Être présent sous la douche ou dans son bain, au moins quelques secondes. Masser nos pieds, nos mollets et l'arrière de nos genoux si on prend un bain, ou masser les muscles situés entre la nuque et les épaules, et laisser pendre la tête, les bras et les épaules quelques instants si on préfère la douche.
- *Transport*. Si on se déplace en automobile, utiliser les feux rouges et les «bêtises» des autres conducteurs pour détendre mâchoire et bras, ou pour respirer profondément en se suggérant: «Maintenant, je profite des

contrariétés pour me détendre». Se déplacer le plus souvent possible à pied, pour être dehors, ou réserver au moins une vingtaine de minutes, trois ou quatre fois par semaine, pour marcher dehors. On marche en «étant présent» ou en «respirant».

Allez-y de vos idées:

1. Activité ou moment choisi: ____________________
   Façon de favoriser la détente: ____________________
   ____
   ____
2. Activité ou moment choisi: ____________________
   Façon de favoriser la détente: ____________________
   ____
   ____
3. Activité ou moment choisi: ____________________
   Façon de favoriser la détente: ____________________
   ____
   ____
4. Activité ou moment choisi: ____________________
   Façon de favoriser la détente: ____________________
   ____
   ____
5. Activité ou moment choisi: ____________________
   Façon de favoriser la détente: ____________________
   ____
   ____

On peut donc *d'abord* penser à quelques activités et déterminer *ensuite* les clés qui s'y intègrent le mieux. C'est une première façon d'organiser notre vie en pensant davantage à la détente. La seconde façon consiste à choisir *d'abord* une clé de relaxation particulière et à l'intégrer dans la plupart de nos activités pendant un certain temps.

Premier exemple: prendre une position confortable

Aujourd'hui, penser à prendre une position confortable:
- au lever;
- au petit-déjeuner;
- pendant le trajet en voiture ou en métro;
- en sermonnant les enfants;
- en embrassant les enfants;
- en se servant de l'ordinateur;
- en attendant notre monnaie;
- etc.

Pendant cette journée, permettre davantage à notre corps de se détendre:
- opter pour le bain plutôt que la douche habituelle;
- s'asseoir pour manger, prendre le temps de régler plus convenablement le siège de l'auto ou les rétroviseurs;
- debout, s'équilibrer sur nos deux jambes;
- plier les genoux si on doit soulever un objet;
- en profiter pour aller acheter ce coussin qui manque et qui rendrait la causeuse tellement plus confortable, ce repose-pieds qui nous permettrait de travailler en position assise avec moins de tension, ou procéder à d'autres modifications du même type;
- etc.

Second exemple: être présent

Aujourd'hui, penser à «être présent» aux couleurs:
- lors du lever;
- en faisant notre toilette;
- à la maison;
- au travail;
- dehors;
  On prend 15 minutes exprès pour marcher dehors avec l'intention d'être présent aux couleurs.

On peut tout aussi bien choisir d'être présent:
- aux formes;
- au poids des objets;
- à la lumière;
- aux nuages;
- au vent;
- à la température;
- à nos sensations musculaires;
- à notre respiration;
- aux sons;
- à nos idées;
- au goût des aliments;
- aux textures;
- à nos gestes;
- aux odeurs;
- à nos émotions;
- autres:
- ______________________________
- ______________________________
- ______________________________

Une façon intéressante de développer des habiletés pour vivre davantage au présent consiste à changer notre façon de faire les choses, qui est toujours plus ou moins automatique. Par exemple, on peut prendre conscience de notre façon de nous brosser les dents et la changer un peu, ne serait-ce qu'en commençant du côté droit si on commence toujours du côté gauche. On peut être présent à notre façon de marcher, de descendre les escaliers, de tenir le volant de la voiture, etc.

On peut également développer notre capacité d'«être présent» en cherchant des couleurs ou des formes particulières: par exemple, regarder autour de nous pour trouver du vert, ou des objets carrés. On peut aussi chercher à entendre des choses particulières à travers tout le reste: le son le plus faible qui nous parvient, le bruit de la circulation, le chant des oiseaux, etc.

Noter ici ce à quoi vous pourriez être davantage présent:

____

____

On peut trouver beaucoup de façons d'intégrer l'une ou l'autre des clés de relaxation dans notre vie de tous les jours, en dehors de la pratique d'exercices formels. Pendant 10 secondes ou quelques minutes, une ou 10 fois par jour. En saisissant les multiples occasions que nous offre le quotidien, on peut développer une plus grande paix intérieure.

Première clé: *Respirer*
Activités ou moments pour l'utiliser:

____

____

Deuxième clé: *Se placer*
Activités ou moments pour l'utiliser:

____

____

Troisième clé: *Détendre*
Activités ou moments pour l'utiliser:

____

____

Quatrième clé: *Étirer ou masser*
Activités ou moments pour l'utiliser:

Cinquième clé: *Être présent*
Activités ou moments pour l'utiliser:

Sixième clé: *Laisser être*
Activités ou moments pour l'utiliser:

Septième clé: *Suggérer*
Activités ou moments pour l'utiliser:

Huitième clé: *Adoucir*
Activités ou moments pour l'utiliser:

On peut donc respirer, détendre, se placer, étirer/masser, être présent, laisser être, suggérer ou adoucir notre environnement pendant la plupart de nos activités quotidiennes. Vous l'avez peut-être fait tout au long de votre lecture grâce à ce petit rappel: ~. Pour penser à se détendre, on peut ainsi placer de petits signaux dans notre environnement:

- on dépose une pantoufle sur le réveille-matin;
- on colle des papiers sur la porte du réfrigérateur;
- on entoure la bouteille de shampooing d'une bande élastique;
- on programme un avertissement régulier sur notre ordinateur;
- on suspend un vilain petit canard au rétroviseur;

- on décore l'horloge d'une banderole rouge pour se souvenir de respirer profondément quand on regarde l'heure;
- on se sert d'une nouvelle barrette pour attacher les cheveux de Mimi, jeune aventureuse et spécialiste des dégâts...;
- l'hiver, on range nos gants ou nos mitaines dans un endroit inhabituel pour se rappeler de détendre nos épaules quand on sort;
- on place un autocollant près de l'interrupteur de l'aspirateur pour penser à le passer plus doucement;
- Autres:
- ____
- ____
- ____

Notre stratégie globale d'harmonisation intérieure nous amènera peu à peu à:

1. Pratiquer des exercices courts (quelques secondes).
2. Pratiquer des exercices longs.
3. Planifier des séances de pratique comportant des séquences (étirements - lecture - méditation en position assise - etc.), organisées d'une façon agréable.
4. Utiliser les clés ou les méthodes pendant certaines activités.
5. Développer une façon d'être et de vivre qui allie le quotidien à la pratique formelle: par exemple, marcher dans la nature et écouter les oiseaux n'est pas forcément un «exercice de relaxation». Ça peut devenir une activité «normale» qui a les mêmes effets apaisants. Dès qu'on utilise quelques clés, l'organisme s'oriente vers la détente.
6. Développer des habitudes de relaxation autour d'activités régulières, comme se coucher, se lever, se laver, etc.

Par exemple, on pourrait:

- S'étirer avant de se lever.
- Se suggérer le sourire, le calme et la joie.
- Faire ensuite un exercice de training autogène ou de méditation.
- Dire «bonjour» consciemment, être présent à nos proches.
- Être le plus possible présent à nos sensations ou à nos mouvements sous la douche.
- Approfondir notre respiration pendant 30 secondes en sortant de la maison.
- Détendre le front et la mâchoire aux feux rouges ou aux arrêts d'autobus.
- Laisser le téléphone sonner un ou deux coups avant de répondre, le temps de respirer.
- De retour à la maison, remplacer une période de télévision par la pratique d'une méthode de relaxation, entrecoupée certains soirs de lectures motivantes ou inspirantes.
- Prendre quelques secondes pour sentir l'air frais et la texture de la neige avant de commencer à pelleter. Y aller doucement: commencer par s'étirer, puis être conscient de nos gestes, les rendre gracieux, suggérer la «légèreté».
- Prendre régulièrement une demi-journée de fin de semaine pour aller dans la nature et se réserver quelques minutes pour être présent aux arbres, aux pierres, au chant des oiseaux, ou simplement au plaisir de marcher.
- Garder un livre de relaxation ou de méditation sur la table de chevet pour mieux se souvenir de nos intentions, et se donner ainsi des occasions de nourrir notre motivation.

Encore ici, on peut créer de multiples variations et consacrer le temps qu'on veut à ces pratiques.

Il ne s'agit évidemment pas de se laisser écraser par de nouvelles obligations. Ce qui est proposé ici constitue une *invitation* à se détendre çà et là dans le quotidien. Les très nombreuses suggestions de moyens et de moments pourraient faire croire *qu'il faut* maintenant utiliser chaque seconde de sa vie pour se détendre! Ce n'est absolument pas le cas.

Il ne s'agit pas de s'imposer toutes ces nouvelles façons de faire au plus vite, mais plutôt d'expérimenter un certain nombre d'entre elles, peu à peu, d'une façon qui nous plaise et qui nous aide à ressentir davantage de calme et d'harmonie. Il s'agit moins de bouleverser notre vie que d'y intégrer des méthodes de relaxation et de découvrir des façons plus apaisantes de faire les choses, plus en accord avec nous-même, à ce moment-ci. Puis, au fil des jours, des mois et des années, nos besoins évoluent et notre vie quotidienne change. On continue alors d'adapter régulièrement nos façons de se détendre ou de se recueillir en fonction de cette évolution. C'est en s'acceptant et en se respectant qu'on trouve l'harmonie: il est donc très important de partir de là où on est quand on aborde des moyens de vivre plus en paix.

Chapitre 10

Pour garder la motivation

On sait maintenant qu'il existe une multitude de bonnes raisons de pratiquer des stratégies d'harmonisation intérieure. Et ces bonnes raisons ont de quoi susciter un certain enthousiasme:

- Meilleure santé.
- Plus grande sérénité.
- Ouverture et approfondissement spirituels.

Malgré ces résultats intéressants, qui pourraient pourtant nous motiver à pratiquer ces stratégies avec une certaine ferveur tous les jours, on délaisse souvent la pratique, et ce, même quand elle n'est pas très exigeante. Comment peut-on s'aider à persévérer?

1. Se méfier de l'emballement

C'est souvent quand on va mal qu'on a recours aux stratégies d'harmonisation intérieure. Le désir d'être soulagé constitue l'essentiel de notre motivation: *on attend des résultats*. Des amis ou des professionnels de la santé nous ont affirmé que telle méthode nous soulagerait, on l'a lu, on a vu des artistes à la télévision qui disaient avoir été transformés par la méditation et des athlètes extrêmement talentueux qui se préparaient à leurs compétitions en relaxant avec telle méthode révolutionnaire. On est emballé et on s'engage dans la pratique, d'autant qu'on nous a affirmé que quelques minutes par jour suffiraient.

Mais, comme pour l'exercice physique, il est difficile de continuer jour après jour, pendant des années, quand notre motivation n'est fondée que sur des attentes à court terme. Même si on voit tout à coup de nouvelles possibilités de guérir ou de nouveaux moyens de développer notre spiritualité, la pratique nous apparaîtra bientôt comme une tâche... qui deviendra de moins en moins nécessaire. Les bonnes résolutions durent rarement plus de quelques mois, car on les prend en ne tenant compte que d'un seul aspect de nos désirs: tôt ou tard, certaines forces plus ou moins conscientes ramènent «le naturel». On réussit mieux à changer quand on procède progressivement: cela permet à notre nouvel intérêt de se faire une place parmi tous les autres, ce qui mène peu à peu à une nouvelle habitude.

Nos premiers pas en stratégies d'harmonisation intérieure sont relativement faciles. On est même un peu zélé: on fait plus que ce qui nous est demandé ou, du moins, on *voudrait* faire plus. C'est exactement là que réside le danger. On est pressé, on veut des résultats, on imagine le bonheur qu'on vivra enfin quand «ça aura marché», on bouscule nos habitudes pour faire de la place à la pratique (par exemple, on se lève une heure plus tôt tous les matins...). On se sent même coupable quand on passe une journée sans faire nos exercices!

Cette attitude résolue convient très bien quand on s'attaque à une tâche pour s'en débarrasser. Par exemple, pour terminer un travail qui traîne depuis longtemps ou pour rédiger notre déclaration de revenus la veille de l'échéance. On «donne un coup», et c'est fait. Mais cette approche ne fonctionne jamais quand on veut intégrer un changement à long terme dans notre vie.

On ne réussira pas à changer dans le même mois notre menu habituel «escargots au beurre à l'ail, entrecôte à la crème et au poivre, pommes de terre frites, vin, fromages, café et marquise au chocolat» pour des repas composés de «tofu aux arachides non rôties non salées, salade verte, vinaigrette au jus de citron et lait de soja, tisane». On a beau attendre des miracles de la diète «nature», il y a quelque chose à l'intérieur de nous qui regimbe. Heureusement! Pour aller vers un menu quotidien plus sain, on a intérêt à faire des changements moins draconiens, sur une plus longue période, tout en s'assurant de s'offrir des plats appétissants.

L'emballement *nuit* à la pratique régulière et durable des stratégies d'harmonisation intérieure. Il y a des embûches:

1. *La pratique nous vole du temps.* Allons-nous relaxer ou accomplir l'une des millions de tâches qui nous attendent?
2. *La pratique ne cadre pas avec le reste de notre vie.* Où et quand relaxer au travail, en visite, à la maison, quand personne d'autre ne le fait?
3. *La pratique n'est pas très intéressante, du moins au début.* On ne ressent pas nécessairement beaucoup plus de calme, on ne sait pas encore quoi faire des idées qui viennent sans cesse troubler notre concentration.
4. *La pratique dérange les habitudes et le programme quotidien.* Comment faire notre période de méditation de fin d'après-midi quand il faut aller chercher les enfants à la garderie?
5. *La pratique suppose des modifications concrètes qui contrarient les autres.* Comment dire à notre belle-sœur qu'on veut se retirer quelques minutes dans une pièce tranquille de son appartement quand, en visite chez elle pour trois jours, on n'a pas encore pris le temps de faire notre relaxation? Comment va réagir notre conjoint(e) si on le fait?

Devant toutes ces difficultés, on se sent tôt ou tard coincé par le fait de devoir faire des exercices, plutôt que d'être heureux de se détendre: alors qu'elle pourrait faire partie d'un ensemble de solutions qui nous aident à mieux vivre, la pratique finit par être un problème de plus!

Mais il y a davantage. L'enthousiasme du débutant désireux de résultats rapides ou spectaculaires se situe *à l'opposé* de presque toutes les attitudes qui aident à relaxer, telles que ne rien attendre, ne pas juger, «être» plutôt que «faire», prendre notre temps et s'accepter tel que l'on est, vivre ici et maintenant. Vouloir exceller en relaxation pour obtenir un changement rapide, parce qu'on n'accepte pas ce qu'on est ou ce qui nous arrive, c'est donc prendre un bien mauvais départ si on souhaite utiliser des stratégies d'harmonisation intérieure de façon régulière, et pour longtemps. On ne peut pas espérer de grands résultats si on aborde ces méthodes avec une attitude contraire à celles qu'on veut développer en les utilisant!

Au début, on ne veut pas vraiment «utiliser des stratégies d'harmonisation intérieure de façon régulière, et pour longtemps»: on veut seulement aller mieux. On veut *réussir* et non pas *changer*. La volonté d'obtenir des résultats spectaculaires n'est qu'un premier niveau de motivation, souvent nuisible si on souhaite davantage d'harmonie intérieure.

Il est impossible de relaxer ou de méditer si on est pressé, à moins qu'on accepte justement d'observer calmement qu'on est pressé, ici, maintenant. *Ce n'est pas tant ce qu'on fait qui compte que l'attitude qu'on adopte en le faisant.* Peu importe ce qu'on fait, on peut s'entraîner à y être présent, sans juger. C'est déjà une attitude harmonisante. Toutes les méthodes permettent cet entraînement.

S'il est notre seul moteur, l'emballement n'aura pas la force suffisante pour nous mener à une pratique à long terme. Il s'essoufflera rapidement devant les difficultés et l'effet «plateau» aura finalement raison de lui.

L'effet «plateau»

Les premières semaines de pratique nous font habituellement réaliser des gains sur les plans de la santé et du bien-être. Puis, arrive une période de stagnation: les étirements ne nous font plus guère gagner de souplesse, notre respiration plus profonde nous amène au degré de détente auquel on est maintenant habitué, mais pas plus loin. En outre, les résultats atteints étant moins spectaculaires que ceux qu'on cherchait, on est moins enthousiaste. C'est aussi ce que vivent beaucoup de personnes qui s'engagent à perdre du poids: à un moment donné, malgré le maintien de la diète amaigrissante, le poids ne diminue plus. Et elles sont encore loin du résultat souhaité.

L'effet «plateau» est inhérent à tout processus de restructuration. La pratique amène des changements importants dans tout notre être bio/psycho/spirituel et aussi dans notre vie quotidienne. Les premiers changements s'opèrent à une vitesse qui, sans être celle de la lumière, dépasse les capacités d'adaptation de l'ensemble: c'est comme une poussée de croissance, dans une seule direction. Ces changements nécessitent une période d'ajustement, pendant laquelle tout ce qui a été bousculé va prendre le temps de se restructurer pour mieux s'intégrer à cette poussée. Puis, un beau jour, l'organisme est prêt et ça repart: une autre étape devient possible.

Dans le développement moteur, la marche constitue un progrès par rapport au rampement. Mais l'enfant qui vient d'apprendre à marcher ne peut pas se mettre à courir tout de suite. Son organisme a besoin d'intégrer la marche, d'ajuster le fonctionnement des muscles et des articulations, des organes internes, de la pression sanguine, des mécanismes responsables de l'équilibre, etc. Il n'y a plus de progrès apparent, mais, bien sûr, tout le monde aura compris que ce n'est pas une raison pour arrêter de marcher! Courir, danser, faire du vélo, du ski, tout cela viendra en son temps si on sait se contenter de marcher le temps qu'il faut.

Si la technique de relaxation choisie ne donne ni plaisir, ni résultat, il convient d'en chercher une autre. Si, ayant donné des résultats au début, la méthode qu'on pratique ne semble plus produire de nouveaux bienfaits, on s'y exerce encore pour conserver les acquis et permettre l'intégration qui nous mènera vers autre chose. On peut aussi en profiter pour s'initier à une technique qui combine d'autres clés: par exemple, on ajoute du yoga quand le training autogène semble être devenu une routine.

2. Accueillir nos difficultés et nos résistances

Malgré sa valeur incontestable, la pratique des stratégies d'harmonisation intérieure finit par apparaître comme une tâche. On se dit: «*Il faut* que je fasse mes exercices, mais plus tard» ou, pire: «Pas encore ça!» Les jours passent et, de «plus tard» en «pas encore ça», on arrête complètement de pratiquer.

Notre éducation nous ayant enseigné à combattre nos résistances et à serrer les dents pour rester vertueux, on se sent coupable et on se dévalorise quand on délaisse la pratique. Or, quand on veut acquérir des habitudes de santé, la culpabilité et la baisse de l'estime de soi nous font tourner en rond. Par exemple, on suit un régime durant quelques semaines et, malgré nos bonnes intentions, on se remet à mal manger; on se déteste, on se sent coupable, on entreprend un autre régime quelques mois plus tard, mais on succombe de nouveau. Et on recommence ainsi, perpétuellement. De la même manière, en relaxation, la pratique nous aide à améliorer notre état de santé ou à accroître notre paix intérieure. Mais la vie courante reprend le dessus et on délaisse la pratique. On se sent un peu coupable, on n'est pas fier de nous. Quelque temps plus tard, on recommence à pratiquer, souvent avec une nouvelle méthode. Mais «on ne tient pas le coup», encore une fois. Et ainsi de suite.

Voici une façon différente de réagir: on peut accueillir les difficultés à pratiquer comme résultant d'un conflit entre deux tendances intérieures saines, plutôt que comme la preuve qu'on est paresseux ou qu'on n'a pas de volonté.

On veut diminuer les effets du stress ou augmenter notre sentiment de paix intérieure. Pour cela, on veut relaxer ou méditer. C'est un premier désir bien légitime.

Mais on veut aussi regarder la télévision pour se reposer, ou terminer un travail, ou prendre soin des autres, ou dormir le matin plutôt que de se lever pour méditer, etc. Ce sont des désirs tout aussi sains que celui de relaxer.

La pratique ne s'oppose à nos autres bonnes tendances que parce qu'il est impossible de faire deux choses en même temps: ranger la maison et faire du yoga, par exemple. Il peut être profitable d'apprendre à *concilier* ces tendances qui nous habitent, plutôt que d'attiser le conflit qui, à première vue, les oppose.

On ne trouve pas la paix en nourrissant des conflits! Il est donc pour le moins paradoxal de se *contraindre* à pratiquer des stratégies d'harmonisation. Le combat contre soi-même n'est certainement pas le meilleur moyen de cultiver la paix intérieure. C'est une stratégie vouée à l'échec, comme nous le montrent toutes ces bonnes résolutions qu'on reprend année après année... ou celles qu'on a finalement abandonnées. L'acquisition de nos bonnes habitudes n'a pas été le résultat de la victoire de notre volonté sur notre «paresse», mais celui de l'intégration de diverses forces qui s'exerçaient et s'exercent encore en nous.

Au début, il vaut souvent mieux chercher à concilier la pratique et les résistances à se détendre. On se retrouve alors non plus en lutte, mais unifié. Cette unité constitue l'un des piliers de l'harmonisation. Voici comment on peut désamorcer nos difficultés à pratiquer.

Par exemple, on songe à pratiquer, mais ça nous crée un problème pour l'instant, car ça nous apparaît comme «quelque chose qu'on doit faire», alors qu'on préférerait s'écraser devant le téléviseur et, justement, n'avoir rien à faire, se reposer, s'alléger temporairement des exigences du monde. C'est là une intention saine. Plutôt que de se sentir coupable de ne pas méditer, on regarde la télé en ayant le sentiment de se faire du bien. On est déjà plus en paix quand on cesse cette guerre continuelle contre notre tendance innée à se reposer. Les personnes qui ont vraiment changé à la suite d'un *burnout* vous le confirmeront.

Cette tendance est contrebalancée chez tout le monde par une prédisposition à faire des choses. Il n'y a donc pas de quoi s'inquiéter de ce «mauvais côté»: il s'agit simplement de l'intégrer dans notre vie et de l'harmoniser avec notre propension à faire quelque chose.

Une fois qu'on a accepté de regarder la télévision, rien ne nous empêche de le faire en utilisant quelques clés de relaxation. On peut, par exemple:

- s'installer dans un bon fauteuil;
- prendre une position bien confortable;
- se réserver quelques secondes pour détendre volontairement nos muscles;
- tamiser l'éclairage (expérimenter la relaxation avec une veilleuse ou avec une bougie, à l'occasion, par exemple);
- régler le volume à un bas niveau;
- profiter des «pauses» publicitaires pour utiliser des techniques brèves (des étirements) ou pour être présent à notre respiration;
- remarquer comment ce qu'on regarde influence notre tension.

Si on regarde la télévision détendu, sans se juger, en acceptant notre besoin de ne rien exiger de nous, dans des conditions qui se prêtent au calme, on fait déjà quelque chose d'apaisant. On arrive ainsi à concilier les deux intentions qui nous habitent, plutôt que de se condamner pour notre peu de volonté et d'aller se coucher en se sentant coupable de ne pas avoir fait nos exercices, ou frustré de s'être contraint à les faire et accablé de voir qu'on devra encore s'y obliger demain. Notre position physique et notre environnement étant déjà conciliables avec la pratique d'une méthode, il peut même arriver qu'on ait spontanément le goût, après un certain temps, d'éteindre le téléviseur et de faire quelques exercices de relaxation. *Rien n'est impossible quand les conflits internes font place à la collaboration avec soi-même.*

Voici une façon de concilier les intentions dans le cas où on désire terminer un travail. On commence ici encore par accueillir les intentions positives qui se cachent derrière la difficulté. On croit sans doute que c'est une bonne chose de terminer le travail en question, que cela nous fera plus de bien que de mal; on pourra peut-être enfin se reposer, être tranquille, avoir la satisfaction du devoir accompli, etc. Encore une fois, il serait absurde de combattre ces intentions en s'obligeant à relaxer pour trouver la paix!

On peut alors prendre conscience de notre tendance à voir du travail partout et de l'obligation qu'on se fait toujours de terminer toutes ces corvées avant de prendre soin de soi. Cette façon de se contraindre est une attitude *très* stressante, qu'il est très important de changer si on veut être moins stressé. Mais, si on croit encore qu'il faut accomplir nos tâches avant de se donner la permission de se reposer, on peut choisir de travailler.

Cependant:

- On prend un peu de temps pour bien respirer et se centrer.
- On détend notre visage. *Ainsi, on travaillera mieux.*
- On se donne régulièrement des signaux pour penser à respirer profondément; par exemple, si on repasse des vêtements, on approfondit notre respiration chaque fois qu'on en prend un nouveau. Cela ne nous retardera pas.
- On s'exerce à être présent: on touche les tissus, on les regarde, on prend conscience des sensations qui accompagnent nos gestes, qu'on rend plus gracieux juste pour le plaisir de bouger avec élégance.

Être ici, maintenant, est habituellement apaisant. On s'exerce ainsi à être présent au travail que l'on fait plutôt que de chercher à s'en débarrasser tout en pensant à autre chose, particulièrement à tout ce qui reste à faire: c'est déjà une stratégie de relaxation, «être présent» constituant l'une de nos clés.

Si on travaille à l'ordinateur:

- On approfondit notre respiration pendant qu'il se met en route.
- On règle un avertisseur pour qu'il nous signale toutes les 15 minutes d'enregistrer le travail accompli. Pendant que l'ordinateur enregistre:
  - On respire profondément.
  - On lève les bras, on les redescend en dessinant un grand cercle.
  - On ajuste notre posture pour éviter les maux de dos.

Ainsi, quatre fois par heure, on se détend, on rétablit notre posture et on revient à soi.

On peut aussi arbitrer une négociation «gagnant-gagnant» entre les parties apparemment en opposition dans notre monde intérieur: «Je vaque à mes occupations jusqu'à telle heure et ensuite je me fais le plaisir de pratiquer telle méthode.» Mais cela suppose qu'on a du plaisir à pratiquer les stratégies d'harmonisation intérieure…

Quand on apprend ainsi à accueillir nos résistances plutôt que de s'évertuer à les combattre, on s'aide à vivre en paix plutôt qu'en perpétuel conflit avec soi-même. On prend mieux conscience de nos attitudes néfastes et on peut commencer à les changer. On réussit plus facilement à poursuivre notre pratique longtemps et avec plaisir, en intégrant nos forces intérieures plutôt qu'en les utilisant les unes contre les autres, ce qui est épuisant.

Cela ne dispense cependant pas de réserver du temps à la pratique formelle. L'accueil des difficultés va de pair avec la discipline, qu'on voit comme un rappel quotidien de nos engagements sains. Être ouvert, oui, mais aussi rester vigilant.

Accueillir nos résistances, ce n'est pas leur céder, mais plutôt les concilier avec une nouvelle priorité: celle de pratiquer.

On peut appliquer ce genre de conciliation à n'importe quel conflit intérieur. C'est une façon intéressante de trouver des solutions tout en apprenant à s'accepter tel que l'on est. Apprendre à assouplir et à changer au besoin nos attitudes reste une habileté fondamentale si l'on entend réduire notre niveau de stress.

3. Trouver des solutions de rechange au «tout ou rien»

La plupart des méthodes d'harmonisation intérieure précisent des durées et des fréquences pour les exercices qu'elles proposent; par exemple, il faut faire trois séries d'exercices de 15 minutes par jour, ou deux périodes de 20 minutes, ou pratiquer une heure chaque matin, etc., à défaut de quoi la «garantie s'annule». D'autres conditions s'appliquent: il faut respirer par le nez et non par la bouche, faire nos exercices sur une surface dure plutôt que dans notre lit, se coucher sur le dos plutôt que sur le côté, etc.

Il y a sans doute de bonnes raisons derrière ces exigences, mais il y a aussi tout un folklore. L'organisme humain *peut* se détendre couché sur le côté, sur un matelas, en respirant par la bouche, et même dans le métro malgré le bruit. Le côté rigide des exigences de certaines méthodes a des conséquences fâcheuses: par exemple, on s'abstient de faire des exercices si on n'a pas tout le temps nécessaire ou tout l'appareillage soi-disant indispensable. Ces exigences constituent alors des *restrictions*. Si on remet nos exercices à plus tard à cause de ces limitations de puriste, on pratique de moins en moins jusqu'à ne plus le faire du tout.

Bien sûr, les règles imposées par les différentes écoles de pensée en stratégies d'harmonisation intérieure ne sont pas absolument ridicules: elles ont leur histoire et elles partent souvent d'un bon principe. Cependant, si on les considère comme un «tout ou rien», c'est souvent le «rien» qui finit par l'emporter, alors que «un peu» pourrait aider à la fois à relaxer à ce moment précis, même si tout n'est pas parfait, et à persévérer dans la pratique. Ceci ne constitue évidemment pas une excuse pour relaxer n'importe comment, car le je-m'en-foutisme conduit tout autant à l'abandon. Cela signifie que le corps se détend avec les clés de la relaxation, et non avec le respect intégral des consignes reliées à une méthode. Et, si on veut méditer, il peut être important de savoir que Dieu ou le Bouddha n'ont pas nécessairement besoin qu'on garde le dos droit ou qu'on se serve d'un mantra plutôt que d'un autre pour nous faire ressentir leur présence…

Il est important d'apprendre *plusieurs* techniques, de façon à pouvoir pratiquer dans toutes sortes de circonstances, plus ou moins longtemps. Se donner 10, 15, 30 petits moments de détente chaque jour aide à garder la motivation pour des exercices plus longs. Quand on pense «un peu vaut beaucoup mieux que rien», on arrive aussi à mieux tenir compte de nos résistances et de nos difficultés.

4. Aimer relaxer, aimer méditer

Quand on a trouvé des moyens d'atteindre nos objectifs, deux choses peuvent se produire: ou bien on aime les moyens et on s'en sert, même s'ils ne nous donnent pas tous les résultats que l'on souhaite chaque fois qu'on les utilise; ou bien on ne les aime pas et on les abandonne… même s'ils donnent des résultats!

Par exemple, on veut devenir pianiste. Il nous faut donc faire des gammes. Si on déteste exécuter ces exercices de dextérité, si on doit encore et encore se motiver, gamme après gamme, en pensant aux contrats qu'on pourra obtenir plus tard, on ne jouera jamais du piano. À un certain moment, on voudra retrouver notre liberté, même si notre motivation du début était forte et les moyens, efficaces. Si, au contraire, on trouve un certain plaisir à faire des gammes, alors on apprendra le piano, même si on se rend bien compte qu'on n'en fera pas une carrière, même si on doit réduire nos objectifs. On ne poursuit pas longtemps un but si on n'aime pas les moyens de l'atteindre, à moins qu'on ne le considère absolument comme obligatoire.

Quand on aime jouer au badminton ou marcher, alors on le fait régulièrement, pendant de longues années. L'activité se maintient d'elle-même. On joue ou on marche *pour le plaisir.* Tant mieux si, *en plus,* c'est bon pour le système cardiovasculaire, si ça apaise, si ça aide à perdre du poids, si ça renforce la musculature, si le sommeil y gagne, si on se fait de nouveaux amis, etc. Le plaisir de jouer ou de marcher reste la motivation principale, et on obtient d'autres résultats désirables. L'activité devient «naturelle». Aimer relaxer, aimer méditer, c'est fondamental si on veut le faire longtemps. Il importe donc de choisir des méthodes qui nous plaisent.

On ne pratique pas pour devenir meilleur: on pratique parce qu'on aime cette façon de se détendre, ici, maintenant. En relaxation, l'attitude avec laquelle on fait nos exercices a beaucoup plus d'importance que les «progrès» que l'on peut faire sur le plan technique. Par exemple, on se détendra beaucoup plus si on fait des étirements en toute conscience et en respectant nos limites que si on s'étire au-delà de notre limite pour faire le maximum, en espérant qu'on aura fini plus rapidement. Il est vrai que, peu à peu, les étirements aident à devenir plus souple, mais il faut bien comprendre qu'un contorsionniste peut être tout aussi stressé qu'une personne moins souple! Ce n'est pas la souplesse qui détend: c'est l'étirement fait en toute conscience. Peu importe la méthode qu'on choisit, il vaut mieux qu'elle devienne une activité plaisante qu'un objet de performance.

5. Utiliser la force de l'habitude

Les gens qui lisent régulièrement leur journal le font même quand les nouvelles n'ont rien d'intéressant. Les habitués de télévision regardent souvent des émissions qu'ils trouvent quelconques, tout comme on boit un bon café... même quand il n'est pas très bon.

L'intérêt et le plaisir soutiennent la motivation, mais la force de l'habitude contribue aussi beaucoup au maintien d'une activité. Cette force peut jouer *en faveur* de l'intégration des stratégies d'harmonisation intérieure dans notre vie. Si, par exemple, on fait du yoga tous les soirs, et ce, depuis des années, ou si on ne se lève jamais le matin sans avoir fait notre prière ou un peu de méditation, ces exercices sont devenus des «drogues positives», c'est-à-dire de bonnes choses dont on a du mal à se passer (Glasser, 1997). Mais on ne crée pas de telles routines en un mois.

La pratique *s'oppose* aux autres habitudes, au début. Par exemple, on peut avoir du mal à prendre une minute pour approfondir notre respiration chaque fois qu'on ouvre ou qu'on ferme ce livre, simplement parce qu'on n'est pas habitué à profiter d'une période de lecture pour se détendre. (Le signet de la couverture vous a-t-il aidé à prendre cette minute?) Les premières fois, on essaie, mais, à la longue, les vieilles habitudes risquent de reprendre le dessus et on se dit: «La prochaine fois» ou «Ah non! Pas encore ça!»

Quand on a développé l'habitude d'utiliser l'escalier plutôt que l'ascenseur ou l'escalier mobile, nos pas se dirigent d'eux-mêmes vers les marches. Le geste devient automatique, il n'y a pas de lutte intérieure, on n'oublie pas notre choix et on se souvient (au moins un peu) des intentions qui nous ont mené à choisir cette option longtemps auparavant. La même chose s'applique à l'habitude de relaxer.

Mais comment acquiert-on une habitude? Comment a-t-on appris à lire le journal, à regarder la télévision ou à jouer d'un instrument de musique presque tous les jours? *On acquiert une habitude en répétant souvent des gestes que l'on aime et auxquels on trouve un sens.* On apprendra de la même manière à relaxer et à méditer.

6. Pratiquer avec d'autres

Une excellente façon de soutenir notre motivation consiste à pratiquer avec d'autres, que ce soit en couple, en famille, en groupe ou au sein d'une petite communauté. On se retrouve alors plusieurs à partager un même intérêt. Non seulement les occasions de pratiquer deviennent-elles plus nombreuses pour chacun, mais on peut aussi discuter ensemble à loisir de ce qui sous-tend notre pratique: on parle, par exemple, de stress, de santé, de valeurs profondes, etc.

7. Vouloir guérir/vouloir se développer

Au début de la cinquantaine, Claude, sur les conseils de son médecin, s'inscrit à un cours de relaxation. Les tests usuels ne révélant pas de maladie, son médecin ne voit rien d'autre que des manifestations somatiques de stress dans les palpitations cardiaques de son patient.

Claude commence à faire du training autogène quotidiennement et il expérimente au moins à quelques reprises chacune des autres techniques enseignées pendant le cours. À la sixième semaine, il est question des effets biologiques du stress. Claude découvre que ses palpitations sont en grande partie engendrées par la peur qu'il en a, et aussi par des situations concrètes qui le stressent depuis longtemps. Il comprend que le stress joue un rôle important dans sa «maladie»... et que sa peur de la maladie joue un grand rôle dans son stress.

À la fin de ce cours qui s'étale sur 15 semaines, ses palpitations se font rares. *Et ces brèves périodes où son cœur s'af-*

fole ne le dérangent plus. Il sait qu'il ne court aucun danger, et il attend que ses palpitations s'arrêtent d'elles-mêmes. C'est très souvent ainsi que le «traitement» se déroule: diminution de la durée, de la fréquence et de l'intensité des symptômes, qui s'accompagne d'un changement d'attitude, particulièrement d'une réduction graduelle des préoccupations concernant les symptômes. Un premier pas est franchi. S'il n'y a pas encore d'harmonie intérieure à proprement parler, il y a quand même moins de tension, moins d'obsession, la panique n'est plus là pour entretenir les symptômes qui font... paniquer.

On atteint alors un point critique en ce qui concerne la pratique. Plus souvent qu'autrement, on délaisse peu à peu les exercices. On garde une courte période de relaxation le soir, au coucher, mais cela ne dure pas très longtemps. On finit par laisser tomber. S'il y a une remontée des symptômes, on reprend pendant quelque temps. Mais on arrête de nouveau de pratiquer dès qu'on va mieux.

On change habituellement des choses dans notre vie parce qu'on souffre ou parce qu'on veut se développer. Et on souffre très souvent parce qu'on n'avance plus depuis longtemps. Si on s'arrête dès que notre souffrance devient supportable, ne manque-t-on pas une belle occasion de poursuivre notre développement personnel?

Si on pratique des méthodes de relaxation uniquement *pour* obtenir des résultats à court terme, on peut être certain qu'on abandonnera. On fera comme avec les régimes qu'on entreprend pour perdre du poids et qu'on laisse de côté avec bonheur dès qu'on a réussi... et parfois même avant, quitte à se sentir coupable. Mais avec cette attitude, jamais on ne mange sainement; tout est toujours à reprendre. Il est beaucoup plus bénéfique de maintenir notre poids en mangeant bien tous les jours, ce qui suppose qu'on s'interroge autant sur ce qui se cache derrière notre surplus de poids que sur les aliments eux-mêmes, c'est-à-dire qu'on s'intéresse autant à soi qu'aux choses extérieures ou aux calculs savants.

Ce livre vise à vous aider à vous familiariser avec les stratégies d'harmonisation intérieure et à vous en faire aimer la pratique. C'est pourquoi vous y trouvez toutes sortes de méthodes. C'est aussi pourquoi vous êtes invité à vous composer des techniques sur mesure et à intégrer les clés de la relaxation dans votre vie quotidienne. Le processus d'harmonisation intérieure ne s'affine qu'avec les années de pratique, et on ne peut persévérer que si on se donne des conditions favorables. Il s'agit d'arriver à faire nos exercices *parce qu'on aime ça et que cela a du sens.*

À court terme, la pratique nous aide à être *moins* anxieux et elle rend notre sommeil *moins* superficiel. Mais à long terme, on devient *plus* serein et notre sommeil est *plus* profond; au début, on est *moins* obsédé par nos malaises mais, peu à peu, on s'intéresse *davantage* à la santé. Non seulement devient-on *moins* angoissé, mais on est *plus* calme, on n'est pas seulement *moins* coupé du monde spirituel, mais on *augmente* le contact avec notre nature profonde. Pratiquer longtemps ne nous guérit pas toujours complètement d'un *moins*, mais cela nous guide souvent vers un *plus*.

Un enfant ne joue pas *pour* se développer ou *pour* combler toute l'ignorance qu'il reconnaît en lui! Il joue pour jouer, parce qu'il aime ça. Ce faisant, il se développe. Il va vers *plus*. C'est un second niveau de motivation, seul vrai gage de continuité dans toute pratique. On passe d'une motivation de déficience – on veut combler un manque – à une motivation d'«être», celle de donner sa juste mesure et de se sentir heureux de vivre.

La première motivation, le désir de guérir, n'est pas «mauvaise». Beaucoup de gens ont trouvé dans les techniques de relaxation des moyens efficaces de soulager leur souffrance. Pour vivre plus en paix, il faut cependant développer des attitudes et une pratique à *long* terme, conciliables avec nos activités quotidiennes.

Le retour d'une certaine paix durable nécessite qu'on y travaille au jour le jour, et non uniquement qu'on s'adonne à une pratique technique, même si cet aspect des méthodes de relaxation y contribue grandement. Ce travail ne peut se poursuivre longtemps si la volonté de guérir est la seule motivation.

Se développer

Le développement personnel est un besoin fondamental, et non un caprice ou un luxe. Si on le laisse trop longtemps de côté, on ressent une grande tension intérieure: on se sent vide, on ne sait plus qui on est ou on ne se reconnaît plus, on se sent anxieux «sans raison», on n'arrive pas à trouver un sens à notre vie.

Sans être les seuls moyens de se développer, la relaxation et la méditation en sont toutefois d'excellents, car elles permettent de rester en contact avec soi. La pratique aide en outre à mobiliser nos mécanismes de santé, favorise la créativité, apaise, crée une oasis où venir se reposer, jour après jour, durant toute notre vie. Elle permet d'apprendre à laisser passer nos vagues émotionnelles, l'une après l'autre, et de devenir plus paisible, plus à même de faire les bons choix. Le calme intérieur donne un certain recul et permet de prendre nos décisions autrement que sur le coup de l'émotion du moment.

Les gens que nous rencontrons en clinique sont souvent des *gens de devoir,* très soumis à leurs obligations et à celles qu'ils imposent aux autres. Ils s'aiment peu et uniquement quand ils se sont montrés à la hauteur, n'ont jamais beaucoup de temps pour approfondir ce qu'ils savent ou ressentent à propos de ce qu'ils sont et du sens de leur vie, restent accrochés à des relations ou à des emplois qui leur font beaucoup de mal, veulent à tout prix montrer qu'ils sont capables de remplir toutes les tâches qu'on leur donne, ont un code de valeurs rigide, basé sur le jugement, et s'efforcent de vivre une vie normale… c'est-à-dire terriblement compliquée. Souvent, ils viennent apprendre à relaxer pour mieux résister à toutes ces agressions qui ne peuvent faire autrement que de jaillir à tout moment quand on se plie à ce qui est attendu de nous dans cette société axée sur l'extérieur, sur «faire» et «avoir», et si peu sur «être». La majorité de ces personnes stressées sont intelligentes et elles ont du cœur: elles ont simplement besoin de se retrouver et de se donner des ailes. Elles n'ont pas besoin de mieux résister en se «bottant le derrière», mais de *changer en se prenant par la main.*

Pour passer au deuxième niveau de motivation

Notre motivation à pratiquer s'approfondit au fur et à mesure qu'on se transforme. La pratique favorise cette transformation. Ce n'est pas la technique qui compte: c'est la personne. La technique est un outil de développement de la personne, un moyen qui permet le mûrissement par l'intérieur.

Dans notre culture, le développement personnel passe après tout le reste: le travail, le conjoint, les enfants, les tâches ménagères, la paperasse, l'information, la belle-famille, l'automobile, la télévision, les loisirs, les modes et bien d'autres choses souvent très accessoires. En fait, le temps qu'on s'accorde pour mieux savoir qui on est et pour réfléchir vraiment au sens de notre vie est minime.

Parfois, la souffrance nous ramène à ce besoin de développement. Mais pas toujours, car ce qui nous importe, trop souvent, c'est d'être soulagé... pour pouvoir poursuivre sur notre lancée, sans changer cette façon de vivre qui nous a rendu anxieux, déprimé ou malade. Si on prend davantage le temps de s'arrêter, chaque jour, on pourra mieux voir à quel point bon nombre des choses qui nous stressent sont secondaires; on pourra alors consacrer davantage de temps et d'énergie aux choses vraiment importantes.

Il est cependant rare qu'on soit encouragé à s'intéresser au sens de notre vie. S'il paraît raisonnable de suivre un cours de relaxation pour se débarrasser de nos migraines, il semble plus suspect de s'engager à mieux se connaître: cela suscite encore bien des jugements.

Mais la motivation suit son cours. Au départ, c'est la santé qui nous intéresse: on veut guérir. On comprend cependant, un jour ou l'autre, que la santé est aussi affaire de stress. On pratique alors la relaxation, mais le travail sur le stress mène aussi à la vie psychologique, qui touche au sens de la vie: alors, on s'intéresse à la spiritualité. Ces changements se sont aussi produits sur le plan social: le stress intense qui caractérise notre société depuis des années a tout naturellement mené au retour de la spiritualité. Dans les années 70, on nous recommandait de relaxer; maintenant, on ne compte plus les livres, les conférences et les cours qui montrent comment méditer.

Après des années de pratique, on cherche cependant autre chose que guérir. La motivation s'est approfondie. La pratique offre évidemment un environnement intérieur propice à la régulation de l'organisme, autant sur le plan physique que sur le plan psychologique. Mais ce n'est plus la motivation centrale.

On ne ressent cependant pas tout cela du jour au lendemain. D'où l'importance de savoir s'occuper de notre motivation actuelle avec attention et bienveillance, sans sauter les étapes. Laissons notre motivation être ce qu'elle est, nourrissons-là et donnons-lui de bonnes conditions de développement: *elle saura bien grandir d'elle-même.*

8. Entretenir notre motivation

Une motivation qui n'est pas alimentée finit par s'éteindre. Personne ne s'intéresserait, par exemple, au sport professionnel s'il n'y trouvait une certaine forme de plaisir, s'il ne partageait son engouement avec d'autres, si cela contrariait indûment son besoin de faire quelque chose d'autre et s'il n'y avait qu'un match par année. De plus, l'amateur de sport ne se contente pas de regarder les rencontres: il connaît les règlements, il lit les commentaires des spécialistes dans les journaux, il apprend à connaître les joueurs et, en règle générale, il s'intéresse à plusieurs sports. Il n'a pas d'efforts à faire pour regarder jouer ses favoris, pas plus qu'il ne se sent marginal quand il s'assoit devant son téléviseur ou qu'il se rend au stade: les matchs sont des moments agréables qui s'intègrent dans sa vie, des moments qu'il attend avec joie et qu'il partage souvent avec d'autres.

On a besoin du même genre de «climat» si on veut utiliser régulièrement des stratégies d'harmonisation intérieure toute notre vie. Suivre un seul cours de relaxation, de yoga ou de méditation ne suffit généralement pas à maintenir notre pratique longtemps. On a besoin de beaucoup plus de connaissances et de plaisir, sur une base presque quotidienne. On a aussi besoin d'un minimum de soutien de la part des autres.

Insérer notre pratique dans le quotidien

Il y a quelques décennies, la messe du dimanche ainsi que les prières du matin et du soir étaient des pratiques intégrées dans le quotidien. Elles faisaient partie de la vie.

Si on arrive à en faire autant avec les stratégies d'harmonisation intérieure, on pourra pratiquer longtemps. On voit trop souvent ces pratiques comme des activités qui nous volent un temps précieux et nécessitent un retrait stratégique hors du quotidien.

On croit souvent qu'il faut pratiquer la relaxation dans un environnement privilégié ou qu'on a besoin d'accessoires spéciaux. Or, au contraire, on a constamment à notre disposition tout ce qu'il nous faut pour pratiquer. Si on ne fait que les exercices réguliers de l'anti-gymnastique, du training autogène, de la relaxation progressive ou d'une autre technique spécialisée, il est certain qu'on réduit passablement nos occasions de pratiquer. Mais, dès qu'on pense aux clés plutôt qu'aux méthodes, chaque moment peut devenir une occasion de pratique.

On peut, par exemple, observer notre respiration ou l'approfondir en tout temps, développer la qualité de notre présence à nos sensations visuelles, auditives, olfactives, proprioceptives et gustatives, toucher avec attention, bouger en toute conscience, détendre volontairement les muscles qu'on sent tendus, prendre conscience de notre tendance à juger, observer nos pensées et nos émotions, se donner un environnement plus doux. Rien de tout cela ne nécessite qu'on se replie hors du monde.

On peut trouver deux grands avantages à intégrer de nombreux petits exercices dans la vie quotidienne. D'abord, quand on revient au présent, on profite beaucoup plus de la vie que lorsqu'on pense constamment à ce qui est arrivé hier, à ce qui se passera peut-être demain ou à ce qui se produit maintenant ailleurs. Même si la caféine est un excitant, il est en soi apaisant de boire notre café lentement, consciemment, plutôt que de l'avaler en vitesse en pensant à tout ce qui nous attend au travail. On vit aussi plus calmement si on examine une à une les choses non réglées et si on travaille à faire avancer celle qu'on choisit, plutôt que si on tente de se débarrasser au plus vite des trois tâches qu'on n'a pas terminées en pensant à tout ce qui s'en vient. «Être présent» est une attitude saine, qui n'est pas séparée du quotidien. Prendre le temps d'observer notre respiration, de l'approfondir et de détendre notre front et notre mâchoire quand on arrive au feu rouge au lieu de pester contre cette autre journée d'enfer où on est bloqué à chaque coin de rue, c'est aussi faire un pas vers la sérénité; on peut y arriver sans devoir contrôler notre environnement, et cela ne nécessite pas d'accessoires. Ces petits gestes ne deviennent pas naturels du jour au lendemain, mais, si on veut bien prendre le temps nécessaire, ils finissent par devenir une sorte de réflexe, une habitude.

De plus, tous ces petits exercices incitent à réserver des moments privilégiés à la pratique d'exercices plus formels. Quand on prend souvent le temps d'observer ou d'approfondir notre respiration dans notre vie de tous les jours, on développe le goût de le faire plus longtemps, à certains moments qu'on réserve avec plaisir pour ce faire. On ne considère plus les exercices plus longs comme des activités inusitées ou isolées, mais comme des moyens de poursuivre la démarche de santé et de développement dans laquelle on est engagé, et à laquelle on consacre de nombreux petits moments chaque jour. Il nous sera d'autant plus facile de poser tous ces gestes qu'on lira de temps à autre un ouvrage sur le sujet, ou qu'on suivra des cours qui nous inciteront à le faire.

Nourrir notre motivation

Si vous aimez cuisiner, vous avez probablement plus d'un livre de recettes; vous vous intéressez à la section culinaire des magazines, vous tentez à l'occasion de nouvelles expériences, vous prenez des notes quand on invite un chef à la télévision, vous êtes peut-être même abonné à des revues spécialisées. Vous nourrissez votre motivation (et votre famille!).

Il en va de même pour la paix intérieure et le développement personnel. On trouve des livres, des cours, des «chefs invités». On découvre régulièrement de nouvelles voies à explorer, et il y a bien sûr «ces bons vieux plats» auxquels on revient toujours. On peut prendre toutes sortes de collations, faire la cuisine de tous les jours ou se préparer des repas gastronomiques.

On trouve différents livres sur chacune des approches, dont certaines sont plus techniques, d'autres plus philosophiques. Quelques lectures sont très accessibles, alors que d'autres viennent parfaire ou nuancer des connaissances déjà avancées. On peut s'inscrire à des écoles qui se veulent sérieuses ou se laisser gagner par d'autres, plus portées vers la «romance». Des nouveautés amusantes jaillissent çà et là, alors que des traditions profondes perdurent. Certains auteurs savent nous faire rêver, d'autres sont plus terre à terre. Certains livres sont remplis de trucs, alors que d'autres nous invitent à consacrer des heures à la contemplation. Des approches plus poétiques nous touchent tandis que d'autres, plus prosaïques, éclairent notre raison. Certains livres font appel au vécu, d'autres restent surtout théoriques. Certaines approches ont fait leurs preuves, d'autres constituent des voies d'exploration. Des auteurs abordent le sujet par la science, par la psychologie ou encore par la spiritualité, alors que d'autres combinent les points de vue. Bref, il y en a pour tous les goûts et toutes les motivations.

Lire et relire les fondements des pratiques et se rappeler les bienfaits qui en découlent, s'intéresser à diverses approches spirituelles ou approfondir celle qui nous touche le plus, explorer des hypothèses scientifiques sur la biologie ou la psychologie humaines, suivre des cours, aller à des conférences, pratiquer, tout cela entretient une motivation qui, autrement, risque de s'éteindre. L'univers des stratégies d'harmonisation intérieure est un monde fascinant, composé de diverses sagesses et de multiples pratiques, tant orientales qu'occidentales, et qui vous parle de *vous*. Un monde qui rappelle qu'on peut faire quelque chose pour se détendre, pour se soulager de notre souffrance ou pour se développer, peu importe qu'on soit un jeune sportif, un entrepreneur affairé, un parent qui assume de lourdes charges familiales ou encore un vieillard en perte d'autonomie. On peut tous faire quelque chose, mais pas forcément la *même* chose.

La croyance aux supposés effets «magiques» des stratégies d'harmonisation intérieure, promis dans bien des livres qui présentent une méthode particulière comme miraculeuse, peut nous démotiver: on se sent incompétent parce que toute notre vie n'a pas encore changé après quelques semaines de pratique. Il vaut mieux accepter que les transformations intérieures s'opèrent plutôt lentement, non pas comme quelques coups de scie transforment une grande planche en deux petites, mais comme le jeu du pianiste finit par *transformer* sa main. La relation de cause à effet entre le moyen utilisé et le changement produit est moins directement perceptible que dans le monde physique. L'univers intérieur ne subit pas de mutation: il se transforme peu à peu. Cela n'empêche évidemment pas qu'on puisse ressentir un allégement de notre tension au moment même où on pratique, mais cela peut aussi nous inviter à être patient, à accepter que la tension que l'on ressent ne soit pas uniquement un désordre mécanique à réparer, mais aussi la manifestation d'un besoin de changement plus profond.

Il est important d'aborder l'univers de la relaxation par ce qui nous convient maintenant, autant d'un point de vue théorique que pratique. Explorer des hypothèses scientifiques avec le Dr Luthe si on s'intéresse aux théories, ou aller vers la poésie des Rilke ou des Kabir si cela nous séduit. Chanter «Le Seigneur est mon berger» avec le roi psalmiste, ou «Across the Universe» avec les Beatles. Rire avec Alan Watts, ou se laisser captiver par l'expérience initiatique de la percée de l'Être avec Dürckheim. Se mouvoir avec la méthode Feldenkrais ou rester parfaitement immobile avec le training autogène. Suivre «les chemins de la sagesse» avec Arnaud Desjardins ou rester tout à fait prosaïque avec le Dr Jacobson. Faire une retraite d'une semaine avec Sogyal Rinpoché ou suivre les conseils du «One minute stress manager[1]». Chacun de ces auteurs a suivi *sa* voie, *ses* intuitions.

Ni la technique ni la théorie ne comptent en elles-mêmes; ce qui importe, c'est la *concordance harmonieuse* entre la personne qu'on est maintenant et les aspects pratiques et théoriques des stratégies qu'on choisit. Si ce qu'on comprend, ce qu'on ressent et ce qu'on fait *maintenant* en relaxation a du sens pour nous, alors la pratique devient naturelle. Plus tard, quand on aura appris des choses nouvelles et que nos idées auront changé, quand nos émotions et nos intuitions seront différentes, d'autres pratiques nous conviendront peut-être mieux. On en

1. Voir Johnson (1985) et Nathan *et al.* (1987) dans la bibliographie.

changera alors naturellement, sans forcer, en poursuivant *notre* chemin, ce qui est finalement le meilleur moyen de vivre en harmonie avec soi-même.

Suivre ainsi notre chemin constitue l'esprit même de la paix intérieure: on choisit ce dans quoi on est bien maintenant. Plus tard, en fonction de notre développement, on pourra se diriger vers autre chose; ce ne sera pas «mieux», mais «différent». Ce qui est le mieux, c'est ce qui nous convient à chaque étape de notre vie. L'harmonie n'est pas à l'extérieur de soi, cachée dans un objet prédéterminé qu'il faudrait acquérir ou dans une technique qu'il faudrait pratiquer: *l'harmonie est une forme de relation avec soi et avec le monde.*

En choisissant ce qui nous convient sur les plans technique et théorique, en donnant à la relaxation l'importance qu'on veut lui accorder (séances formelles, exercices intégrés aux activités quotidiennes ou même uniquement quelques applications pratiques des clés), en allouant à la pratique le temps qu'on veut bien lui consacrer (en durée et en fréquence), on explore le monde des stratégies d'harmonisation intérieure à partir de soi: c'est déjà là une forme d'harmonie. On construit peu à peu une banque intéressante d'outils de toutes sortes, et on en choisit quelques-uns au gré des jours, des mois et des années. On ajoute périodiquement de nouveaux éléments et de nouvelles techniques à notre éventail, on trouve d'autres façons d'intégrer les clés de la relaxation à nos activités quotidiennes, on s'intéresse à différents champs d'investigation scientifique, on va à la découverte d'horizons psychologiques inconnus, on s'ouvre à diverses traditions spirituelles.

Peu à peu, on développe ainsi une base solide et on peut s'y appuyer pour explorer davantage ce monde fascinant, le monde de ce que nous sommes.

9. «Garder la scie aiguisée»

Pour garder la scie aiguisée:

- On se méfiera de l'emballement du début qui mène souvent à l'encontre de l'objectif à plus long terme.
- On conciliera la pratique avec les autres exigences intérieures et extérieures de notre vie: s'y opposer ne donnera rien d'autre qu'un combat épuisant, perdu d'avance.
- On trichera un peu à l'occasion sur les protocoles précis de certaines méthodes, pour mieux concilier notre vie et notre pratique, «faire un peu» valant beaucoup mieux que «ne rien faire».
- On fera des exercices qu'on aime, seule façon de développer une habitude.
- On s'associera avec d'autres personnes qui poursuivent les mêmes objectifs avec des moyens semblables.
- On passera doucement d'une motivation centrée sur un manque (guérir) à une motivation dirigée vers un «plus» (vivre et se développer), et, éventuellement, on ressentira le lien unique qui nous fond dans «plus grand que nous».
- On nourrira notre motivation avec des ouvrages et des cours, en commençant par ce qui nous plaît, par ce dans quoi on se reconnaît.

Pratiquer deviendra une habitude, une *bonne* habitude.

Intégration des méthodes

Voici quelques autres sujets à explorer pour terminer notre travail d'intégration de ces stratégies dans notre vie.

Ma principale motivation actuelle à pratiquer des stratégies d'harmonisation intérieure est:

___

___

___

Mes autres motivations sont:

___

___

___

Mes principales difficultés à pratiquer régulièrement sont:

___

___

___

Comment concilier ces difficultés avec la pratique (voir exemples, p. 300-305)?

___

___

___

Compte tenu de mes motivations, les méthodes les plus efficaces me semblent être:

___

___

___

Compte tenu du plaisir que j'ai à pratiquer, les méthodes qui me conviennent le plus seraient:

___

___

___

Compte tenu du temps dont je dispose, *après avoir revu mon horaire à la lumière de cette nouvelle priorité*, je pourrais pratiquer à ce ou ces moments de la journée ou de la semaine (penser notamment au coucher):

____

____

____

Compte tenu de mon sens de la discipline, je pourrais m'organiser ainsi, aujourd'hui et dans les jours ou semaines à venir:

____

____

____

Me joindre à d'autres m'aiderait-il? Si oui, à quelle personne, à quel groupe?

____

____

____

Combiner lecture et pratique m'aiderait-il? Si oui, quelles lectures, où trouver les livres?

____

____

____

Combiner quelques séquences d'exercices différents m'aiderait-il? Par exemple, 15 minutes de yoga, cinq ou six minutes d'attention à la respiration, quelques préalables d'anti-gymnastique suivis d'une détente des muscles. Autre exemple:

____

____

____

Suivre des cours m'aiderait-il? Si oui, quels cours, où les suivre?

____

____

____

Voici quelques autres dimensions que vous avez évaluées au chapitre 7 et dont il vous sera utile de tenir compte.

Je me concentre plus facilement sur:

( ) Des images internes (imaginer un coucher de soleil).
( ) Des images externes (regarder une fleur).
( ) Des sons internes (répéter intérieurement un mantra, une prière, un son).
( ) Des sons externes (cassette audio de relaxation, musique de détente).
( ) Des sensations (étirements, massages).
( ) Des mouvements (rotations de tête, d'épaules).
( ) J'ai besoin de bouger, rester tranquille m'énerve.
( ) J'aime rester tranquille.
( ) J'ai besoin de faire des choses, mais je peux aussi rester tranquille pendant ___ minutes.
( ) Je cherche des méthodes pour détendre uniquement certains muscles.
( ) Je cherche des méthodes pour me détendre.
( ) Je cherche des méthodes qu'on peut apprendre rapidement.
( ) Je cherche des méthodes dont l'apprentissage est progressif.
( ) Je veux faire _____ minutes par jour de pratique régulière.
( ) Je veux me réserver de longues périodes de relaxation pendant les journées de congé.
( ) Je veux intégrer de très courts exercices (30 secondes et moins) dans ma vie quotidienne.

( ) J'ai besoin de sentir les effets des exercices au moment même où je les pratique.
( ) J'ai besoin de résultats à court terme.
( ) Je peux m'inscrire dans une démarche à long terme.
( ) J'aime être soutenu par un professeur.
( ) J'aime être soutenu par des directives sur cassette.
( ) J'aime choisir *mon* rythme.
( ) J'aime les méthodes très rigoureuses.
( ) J'aime les méthodes souples.
( ) J'aime les méthodes qui peuvent être adaptées à mes réactions.
( ) J'aime le travail en groupe.
( ) J'aime apprendre seul.
( ) Je cherche des trucs de détente immédiate.
( ) Je cherche des méthodes spécifiques pour ______________________________.
( ) Je cherche à diminuer mon niveau de stress.
( ) Les périodes de plateau me découragent.
( ) Je supporte bien les périodes de plateau.

Attention: n'allez pas chercher un ordinateur pour compiler vos réponses et choisir enfin la méthode parfaite! Ici, maintenant, quand vous regardez tout cela, qu'est-ce qui vous paraît motivant et plaisant et qu'est-ce qu'il vous est possible d'intégrer dans *votre* vie?

____

____

____

____

Il est temps de sortir l'agenda…
On peut:

- Y réserver des moments de pratique formelle.
  - relaxation ______________________________
  - méditation ______________________________
- Y noter des clés à utiliser çà et là chaque jour. Par exemple:
  - 10 avril: respirer;
  - 11 avril: être présent aux aliments;
  - 12 avril: aller dehors au moins une demi-heure;
  - autre: ______________________________.
- Y inscrire des activités durant lesquelles on pourrait utiliser une clé ou l'autre. Par exemple:
  - repas du matin: diminuer le bruit;
  - déplacement en métro: respirer profondément;
  - courses à l'épicerie: s'y rendre à pied et porter attention au ciel et aux nuages;
  - autre: ______________________________.

… ou bien on procède de façon moins systématique, en installant simplement des signes mnémotechniques à des endroits stratégiques, pour commencer.

Conclusion

Que l'on s'assoie dans la position du lotus pour faire notre heure de méditation quotidienne ou que l'on pense à respirer profondément en attendant qu'un collègue de travail termine son appel téléphonique, on pose un geste de santé: on suspend l'action, on tourne notre conscience vers l'intérieur et on relâche la tension. Dans cet espace temporairement libéré de la pression d'agir, notre organisme trouve des conditions propices pour rétablir son équilibre. Le stress, c'est-à-dire les fonctions d'adaptation aux exigences extérieures (ou à ce que l'on perçoit comme tel) cède partiellement la place aux mécanismes innés de régulation physique et psychologique.

Mais attention: il est certain que la pratique d'exercices de relaxation appropriés permet de diminuer la tension musculaire et d'apaiser au moins un peu la «folle du logis», toujours en action et si prompte à dramatiser. Mais on ne peut pas lui demander de nous «faire tomber» dans une détente et une paix profondes chaque fois qu'on lui consacre un moment. Le relâchement que procure un exercice très court peut, par exemple, être si minime qu'on ne le ressent pas vraiment, et si on fait des exercices plus longs dans le but de nous rendre insensible à ce qui nous bouleverse, on fait sûrement fausse route: on ne se libère pas de notre tension en étouffant nos émotions sous une carapace de pseudo-indifférence! Il faut au contraire accepter de s'ouvrir à notre monde intérieur. La relaxation aide à *ressentir* davantage ce qui se passe en nous, et non à mieux le fuir ou à mieux le «contrôler».

Les attitudes qui prévalent dans la pratique nous permettent cependant d'aborder *calmement* ce qui nous habite. Si on est ouvert, si on «laisse être», si on ne juge pas, alors nos pensées, nos sensations, nos émotions, nos intuitions, nos aversions ou nos désirs perdent une bonne partie de ce pouvoir déstabilisateur qu'on leur donne quand on les laisse nous envahir. En voyant mieux nos propres contradictions, en étant à même de constater à quel point l'intensité de nos désirs varie selon les heures ou, encore, comment un même événement suscite des émotions bien différentes selon les jours et parfois même d'instant en instant, on dégage mieux notre propre personne de nos pensées, de nos mouvements émotionnels, de nos désirs et de nos peurs du moment: beaucoup de choses auxquelles on se contraignait par habitude ou par peur deviennent moins urgentes, et on se consacre davantage à ce qui est important, tout en se permettant davantage d'être qui on est et de vivre même si tout n'est pas encore parfait.

Ces changements ne se produisent pas par magie: ils sont le résultat d'un intérêt pour la santé et pour le bien-être psychologique, auxquels on consacre enfin du temps. D'un côté, en relaxant, on diminue cette tension qui rend malade et on prend mieux conscience de tout ce qui nous habite; de l'autre, on s'occupe activement de notre vie, davantage en accord avec ce qu'on ressent à l'intérieur de nous comme étant notre direction, plutôt qu'en continuant à faire comme tout le monde, c'est-à-dire comme tous ces gens de bonne volonté, mais combien tristes, anxieux, pressés et fatigués, que l'on voit chaque jour dans la rue et qu'on risque fort de rencontrer chez le médecin.

C'est donc moins en trouvant enfin le meilleur mantra ou la meilleure technique de respiration qu'on retrouve l'équilibre et l'harmonie qu'en se détendant et en changeant peu à peu des attitudes et un mode de vie qui ne peuvent faire autrement que de nous perturber. *Toutes* les techniques de relaxation peuvent nous aider à nous «déstresser» et à nous retrouver, pour peu qu'elles nous conviennent.

Apprendre à reconnaître la tension

Même quand on ne dispose que de la moitié de notre énergie vitale, on peut facilement être considéré comme bien portant. L'ankylose de nos articulations et la raideur de notre corps plus ou moins voûté par des tensions musculaires chroniques ne se verront pas affublées d'un nom savant par le médecin, pas plus que le manque d'éclat de notre peau, la froideur ou la moiteur de nos mains, notre front tendu révélant l'incessante préoccupation de notre esprit, ou encore la contracture de nos muscles respiratoires qui comprime notre cage thoracique et empêche toute respiration abdominale. Il semble apparemment normal de vivre sans grande vitalité… du moins aussi longtemps qu'on est capable d'être raisonnable et qu'on reste fonctionnel. Ces tensions accumulées ne deviendront officiellement des maladies répertoriées que des années plus tard, quand, ayant jour après jour porté de durs coups à nos déficiences héréditaires tout en multipliant les effets de nos mauvaises habitudes de santé et des produits toxiques auxquels on a été exposé, elles auront finalement mérité le nom d'arthrite rhumatoïde, d'hypertension artérielle, d'asthénie chronique, de trouble panique, de dépression, d'insomnie, de cancer, etc.

Vivant constamment sous l'effet du stress, on ne sait plus vraiment ce que sont la tension et la détente. Il n'y a plus que les très grandes raideurs, celles qui font mal, que l'on reconnaît comme des tensions, et on confond la relaxation avec la sensation que l'on ressent quand on se change les idées en allant au cinéma ou autrement. C'est pourquoi, quand on fait nos premiers exercices de relaxation, il arrive souvent qu'on découvre une sensation qui nous est étrangère et avec laquelle on n'est pas très à l'aise: c'est… celle que procure la détente, quand elle s'approfondit quelque peu!

Il est difficile d'arriver à relaxer profondément quand on est très crispé ou très fatigué; c'est pourquoi il importe d'apprendre à reconnaître les sensations qui révèlent l'augmentation de nos tensions musculaires bien avant que n'apparaissent des points ou d'autres formes de douleur. On peut alors mieux prendre conscience de notre niveau de stress et, dans la mesure où on le veut vraiment, faire des choix qui nous permettent de garder notre tension à un niveau qui favorise la santé, à un niveau où on se sent énergique.

Pour mieux se rendre compte de l'état de tension de nos muscles, on gagne à s'y intéresser régulièrement et à affiner notre capacité d'en percevoir la variation. Pour ce faire, on peut apprendre à reconnaître directement les sensations de tension et de détente musculaires en les faisant alterner (voir les expériences proposées aux chapitres 5 et 6, ou la méthode du Dr Jacobson, au chapitre 4). On peut aussi faire quelques étirements d'un seul côté de notre corps pour ressentir la tension et la détente simultanément, à des endroits différents (voir les exercices proposés aux chapitres 5 et 6, ou les préalables d'antigymnastique 2, 3 et 4, décrits au chapitre 4).

Tout comme notre tension musculaire, notre tension psychologique habituelle est elle aussi relativement grande. Mais, alors même qu'on est constamment préoccupé par un million de choses, cette bourdonnante activité de notre cerveau nous paraît «normale». On ne prend plus conscience de notre tension psychologique que lorsqu'elle atteint un seuil très élevé. Encore ici, il est profitable de consacrer un peu de temps chaque jour à développer la concentration passive (tous les exercices sont utiles en ce sens) et à observer calmement ce qui se passe dans notre tête (voir l'exercice 31), et ce, bien avant que nos pensées ne deviennent obsédantes ou qu'on ne s'affole pour des riens. On prendra également mieux conscience de la variation de notre niveau de stress si on remplit régulièrement les questionnaires où sont répertoriés les signes de tension musculaire et psychologique (voir les «observations personnelles», chapitre 5).

La pratique peut être beaucoup plus que technique

Il est tout à fait possible de tirer profit de la relaxation et de la méditation en les utilisant uniquement pour diminuer notre tension. De plus en plus d'études scientifiques démontrent en effet qu'en consacrant du temps à la pratique, on diminue notre niveau de stress et on est soulagé des symptômes qui étaient apparus avec l'augmentation de la tension musculaire, organique et psychologique. Utilisée comme traitement ou comme partie d'un traitement, la relaxation donne donc de bons résultats. Si on apprend à utiliser les clés de la relaxation dans notre vie de tous les jours, on peut même diminuer notre tension sans devoir consacrer de temps à une pratique formelle.

Par ailleurs, si on pratique uniquement pour se soulager de nos symptômes de stress, si on s'applique à diminuer les *manifestations* de notre tension intérieure sans en aborder les *causes* – et même parfois *pour* éviter de voir en face les sources de notre souffrance et de changer ce qu'on doit changer pour y remédier – on court un grand danger: celui de passer à côté de notre vie. En plus d'engendrer des tensions dans notre corps et de nous donner des tonnes de préoccupations, notre mode de vie nous écarte du silence qui permet de se retrouver soi-même; coupé de ce contact avec soi, on se stresse pour atteindre des objectifs qui n'ont souvent pas beaucoup d'importance, tout en négligeant ceux qui pourraient vraiment donner du sens à *notre* vie.

Si on veut vivre avec moins de stress, on doit comprendre que ce dernier n'est pas tant une épidémie à vaincre qu'un *mécanisme d'adaptation*. Toute tension signale un danger ou révèle que certains besoins d'ordre physique, psychologique ou spirituel sont restés sans réponse satisfaisante.

En plus de se détendre, on peut donc chercher à savoir pourquoi on est stressé. C'est une tout autre démarche que celle qui consiste à «combattre» le stress et à chercher uniquement à faire taire les divers symptômes par lesquels il s'exprime.

L'intérêt pour la relaxation peut permettre une ouverture sur soi et sur le sens de notre vie; l'objectif est alors de maintenir la tension à un niveau où elle permet de mieux répondre à nos besoins, dont celui d'apporter notre contribution au monde. Une juste tension aide en effet à réaliser avec énergie des projets féconds et à entretenir des relations saines avec soi et avec les autres, tout en étant plus aimant.

Mais on distingue mal nos besoins profonds de nos désirs plus superficiels, et on investit par conséquent une grande partie de notre énergie dans nombre de projets qui, somme toute, sont assez futiles. Notre style de vie reste beaucoup trop axé sur l'extérieur. Le conditionnement constant auquel on est exposé nous amène à considérer tout objet de désir comme essentiel au bonheur et parfois même à l'estime de soi, si bien qu'on est constamment stressé par le «besoin» d'acquérir ce qui nous «manque» et par la peur de perdre ce que l'on a. On devient des consommateurs en toute chose, on essaie de profiter davantage de tout «ce que la vie offre», mais on se demande rarement en quoi cela nous fait vivre. On se retrouve tendu et parfois même épuisé, après avoir investi la majeure partie de notre énergie dans des projets qui n'apportent pas de satisfaction profonde. Non seulement est-on épuisé, mais on éprouve aussi une sensation de vide. Souvent, d'ailleurs, c'est pour ne pas ressentir ce vide qu'on évite si soigneusement la solitude et le silence: on s'occupe!

Ce n'est évidemment pas en se fuyant ainsi qu'on apprendra à se connaître…

Et puis, si on reste trop éloigné de soi-même, on peut s'épuiser à lutter constamment pour assurer la survie de projets ou de relations qui, de nourrissants qu'ils étaient lorsqu'on s'y est engagé, sont peu à peu devenus destructeurs ou ont perdu leur sens. À court terme, il est souvent plus douloureux de voir la réalité en face que de continuer à l'ignorer, tout en consacrant notre énergie à essayer de réparer les dégâts pour rester à flot. Mais on peut difficilement être malhonnête avec soi longtemps sans en payer le prix: peu à peu, la perte d'enthousiasme, l'augmentation de la fatigue, de l'irritabilité et de l'anxiété ou l'arrivée de sentiments dépressifs nous ramènent au besoin de changer.

Il est très difficile de vivre en paix tant qu'on reste à la merci de nos idées fixes, des événements, des décisions des autres ou de leur jugement. Le travail psychologique qui consiste à exprimer ce qui est en soi et à agir plus librement constitue un élément essentiel du processus d'harmonisation. Ce travail exige bien davantage que la seule détente, mais il peut grandement être soutenu par la relaxation: les réponses aux questions les plus importantes se trouvent en effet en nous et on les entend mieux dans le silence.

Il s'agit ici du silence que l'on crée nous-même et dans lequel, temporairement, on écoute. Attentivement, mais sans tension excessive, on laisse se dérouler ce qui nous habite, sans s'y engouffrer et sans intention de se juger. Se limitant à des consignes on ne peut plus simples, comme respirer, se placer, détendre, étirer/masser, être présent, laisser être, suggérer ou adoucir son environnement, on se rend disponible à notre monde intérieur durant quelques secondes, quelques minutes, parfois davantage. Ne cherchant plus à contrôler, on s'apaise. Ne nous laissant plus étourdir par tout ce qui nous entoure, par les idées qui ne cessent de nous tirer vers l'extérieur ou encore par un désir parfois malsain d'être «normal» plutôt que d'être nous-même, on se retrouve enfin un peu mieux, tel que l'on est, maintenant.

Dans cette intimité de soi à soi, on ressent plus intensément tantôt les peurs qui nous enchaînent, tantôt les forces qui se réveillent. Progressivement, on sait plus profondément qui on est: c'est la base la plus fiable pour faire nos choix de vie. On ne trouvera évidemment jamais l'harmonie *dans* une technique de relaxation, serait-elle la meilleure au monde. Mais on peut sûrement apprendre à se connaître et à vivre davantage en accord avec nous-même. En cela, les méthodes de relaxation et de méditation peuvent grandement nous aider.

Vivre *notre* vie

S'il peut sembler plus profitable, voire plus «correct», de s'engager dans les formes de pratique «avancées», il est cependant bon de se rappeler que tout arbre majestueux a d'abord été une tige fragile au bout de laquelle deux petites feuilles ont vu le jour. L'harmonie de l'enfant n'est pas celle de l'adulte, la stabilité du débutant est moins grande que celle de l'expert, et la vie de l'apprenti est bien différente de celle du maître.

Quand, à la lecture d'un livre ou d'un autre, vous ressentirez une grande envie de consacrer une heure de chacune de vos journées à relaxer ou à méditer, et ce, pour le reste de votre vie, *sachez que c'est un élan comme un autre.* Laissez-le être, bien sûr, mais ne cédez pas trop vite à ce qu'il implique comme action dans l'immédiat. Prenez le temps de regarder ce pourquoi vous voulez vous engager dans une pratique aussi exigeante, plutôt que dans une autre qui pourrait l'être moins tout en donnant de bons résultats; explorez ce mouvement intérieur, voyez ce que ce désir intense de trouver le salut vous révèle de vous et de votre vie. Puis, quand cette impulsion sera passée, quand le quotidien aura repris le dessus, ne perdez pas totalement de vue votre aspiration à une vie meilleure: voyez ce que vous pouvez faire concrètement, au jour le jour, pour réaliser ce désir de vous sentir mieux dans votre peau.

Plus conscient de ce qui vous importe, trouvez plusieurs moyens d'atteindre vos objectifs plutôt que de ne compter que sur la seule pratique des stratégies d'harmonisation intérieure. Insérez votre pratique de la relaxation à l'intérieur d'une démarche de santé plus globale. Davantage conscient de votre personne, découvrez comment vous pourriez faire des choix quotidiens qui vous permettraient de vivre plus en accord avec vous-même. Ne voyez pas uniquement les méthodes de relaxation comme des procédés qui aident à se retirer du monde pendant quelques instants, mais aussi comme des moyens concrets que vous pourriez utiliser pour vous aider à y vivre mieux. Essayez d'inscrire votre pratique dans votre vie actuelle en respectant ce que vous êtes maintenant, plutôt qu'en vous basant sur ce que vous pensez que vous «devriez» être. C'est dans ce respect de vous-même que vous trouverez la juste tension que vous recherchez. Plutôt que de vous stresser à rester dans le chemin que d'autres ont tracé pour arriver à la destination idéale qu'ils ont déterminée, vous verrez alors où ce plus grand respect de *votre* route vous conduira.

C'est *votre* motivation qui compte, *votre* désir de mieux vivre *votre* vie. Que vous décidiez d'utiliser l'une ou l'autre des clés de la relaxation pendant vos activités, de consacrer du temps à la pratique pour diminuer les symptômes que la tension engendre, ou encore de relaxer ou de méditer pour aller à la rencontre de ce qu'il y a de plus profond en vous, vous trouverez dans les stratégies d'harmonisation intérieure des outils à la fois simples et efficaces pour vivre au jour le jour avec moins de ce stress qui tue la joie de vivre.

Comme toutes les époques qui l'ont précédée, celle que l'on vit maintenant est exigeante: on n'est pas stressé pour rien! Mais, pour peu que l'on se décide à changer nos façons limitatives de voir la vie, on peut vivre beaucoup plus sereinement, beaucoup plus joyeusement. Les stratégies d'harmonisation intérieure sont des outils privilégiés pour s'aider à se retrouver et à changer, pour vivre davantage en accord avec soi-même. Elles s'associent très bien à d'autres outils de santé physique et psychologique, que je vous invite tout autant à explorer et à utiliser. À votre rythme, vous pourrez ainsi mieux faire vivre la personne que vous êtes.

Cette personne, donnez-vous un peu de temps pour la rencontrer chaque jour, pour mieux la connaître. Puis, prenez-en bien soin. C'est en apprenant à l'aimer et en lui donnant la chance de vivre selon sa nature que vous retrouverez cette harmonie que vous cherchez. Vous pourrez alors mieux partager ce que vous avez de plus précieux: vous-même.

Pour en savoir plus

Pour de plus amples informations, on peut joindre l'auteur et ses collègues massothérapeutes, médecins et psychologues à la Clinique de réduction de stress d'Anjou, un organisme qui a pour mission de promouvoir la participation active des personnes à leur santé, par la consultation individuelle et en petit groupe.

Clinique de réduction de stress d'Anjou
8641, rue Chaumont
Anjou (Québec)
H1K 1N4
Téléphone: (514) 353-4906

Remerciements

Je suis très reconnaissant à Gérald Lafleur et à Jacques Lalanne du travail qu'ils ont généreusement accompli pour m'aider à clarifier et à structurer le contenu de cet ouvrage. Leur concours m'a été *très* précieux.

Bianca Côté, chez LOGIQUES, a supervisé la révision du manuscrit et sa métamorphose en livre. Je la remercie pour l'immense travail qu'elle a accompli et pour l'ouverture et la disponibilité qu'elle a montrées tout au long des différentes étapes du processus.

Un grand merci à Suzanne Bélanger, éditrice chez LOGIQUES, qui accepte de publier ce second ouvrage. Je suis heureux de l'ouverture et de la souplesse qui marquent notre collaboration.

Je suis très honoré que monsieur Languirand ait accepté de se joindre à nous en préfaçant cet ouvrage. Je profite de l'occasion pour le remercier de la façon unique avec laquelle il nous rappelle depuis plus de vingt-cinq ans l'importance primordiale de la vie intérieure.

Bibliographie

BALASKAS, Arthur. *Bien vivre avec son corps*, Paris, Belfond, 1979.

BANDLER, Richard et GRINDER, John. *Transe-formation*, Real People Press, Moal, Utah, USA, 1981.

BENSON, Herbert. *Beyond the Relaxation Response*, Times Books, New York, 1984.

BENSON, Herbert. «The Relaxation Response», In *Mind/Body Medecine, How to Use Your Mind for Better Health*, Consumer Reports Books, New York, 1993, p. 233-257.

BENSON, Herbert et KLIPPER, Miriam. *Réagir par la détente*, Tchou, Paris, 1976.

BERTHERAT, Thérèse. *Le corps a ses raisons*, Seuil, Paris, 1976.

BERTHERAT, Thérèse. *Courrier du corps*, Seuil, Paris, 1980.

BERTHERAT, Thérèse. *Les saisons du corps*, Albin Michel, Paris, 1985.

BERTHERAT, Thérèse. *Le repaire du tigre*, Seuil, Paris, 1989.

BOHM, David. *La plénitude de l'univers*, Éditions du Rocher, Monaco, 1987.

BOORSTEIN, Sylvia. *Don't Just Do Something, Sit There. A Mindfulness Retreat*, Harper Collins, San Francisco, 1995.

BORGEAT, François. «Comparaison des effets subjectifs de quatre méthodes de relaxation», *Union médicale du Canada, Tome III*, octobre 1982, p. 889-895.

BRUNEL, Henri. *Guide de relaxation pour ceux qui n'ont pas le temps*, Seuil, Paris, 1996.

CAMPBELL, Peter et MCMAHON, Edwin. *Bio-spirituality. Focusing as a Way to Grow*, Loyola University Press, Chicago, 1985.

CAPRA, Fritjof. *Le temps du changement*, Éditions du Rocher, Monaco, 1983.

CHÉNARD, Jean-René. *Les relaxations. Théories et pratiques de quelques solutions de rechange aux médications*, Presses de l'Université du Québec, Sillery, Québec, 1987.

COVEY, Stephen R. *Les sept habitudes des gens qui réussissent tout ce qu'ils entreprennent*, First, Paris, 1993.

COVEY, Stephen R. *Priorité aux priorités. Vivre, aimer, apprendre et transmettre*, First, Paris, 1995.

CRUM, Thomas F. *The Magic of Conflict*, Toughstone, New York, 1987.

DESJARDINS, Arnaud. *Approches de la méditation*, La Table ronde, Paris, 1989.

DESJARDINS, Arnaud et FARCET, Gilles. *Confidences impersonnelles*, Criterion, Paris, 1991.

DHIRAVAMSA, V.R. *L'attention, source de plénitude,* Dangles, collection «Horizons spirituels», Saint-Jean-de-Braye, France, 1983.

DOSSEY, Larry. *L'espace, le temps et la santé*, Québec/Amérique, Montréal, 1990.

DÜRCKHEIM, Karlfried Graf. *Méditer. Pourquoi et comment,* Courrier du Livre, Paris, 1978.

DÜRCKHEIM, Karlfried Graf. *Pratique de l'expérience spirituelle*, Éditions du Rocher, Monaco, 1985.

EBERLEIN, Gisela. *Guide pratique du training autogène*, Retz, Paris, 1980.

EPSTEIN, Mark. *Pensées sans penseur*, Calmann-Lévy, Paris, 1995.

FELDENKRAIS, Moshe. *La puissance du moi*, Robert Laffont, Paris, 1990.

FIELDS, RICK *et al. Couper du bois, porter de l'eau: comment donner une dimension spirituelle à sa vie de tous les jours*, Le Jour Éditeur, Montréal, 1990.

FRIEDMAN, Meyer et ROSENMAN, Ray H. *Type A Behavior and your Heart*, A.A. Knopf, New York, 1974.

GEISSMANN, Pierre et DURAND DE BOUSINGEN, Robert. *Les méthodes de relaxation*, Charles Dessart, Bruxelles, 1968.

GENDLIN, Eugene T. *Focusing: au centre de soi*, Le Jour Éditeur, Actualisation, Montréal, 1978.

GIONO, Jean, *Les terrasses de l'île d'Elbe*, Gallimard, Paris, 1976.

GLASSER, William. *Les drogues positives*, Éditions LOGIQUES, Montréal, 1997.

GREELEY, A. *The Sociology of the Paranormal* – A Reconnaissance, Sage Research Papus, Beverly Hills/London, 1975.

GUYONNAUD, Jean-Paul. *Méthodes faciles d'autohypnose*, Jacques Grancher éditeur, Paris, 1989.

HANH, Thich Nhat. *La plénitude de l'instant,* Éditions Dangles, Saint-Jean-de-Braye, France, 1994.

HANH, Thich Nhat. *The Blooming of a Lotus. Guided Meditation Exercices for Healing and Transformation*, Beacon Press, Boston, mars 1993.

HÉTU, Jean-Luc. *Psychologie de l'expérience intérieure*, Le Méridien, Montréal, 1983.

HUTCHISON, Michael. *Les bains flottants: décuplez vos facultés mentales, apportez détente et bien-être à votre corps*, Le Jour, Montréal, 1985.

JACOBSON, Edmund. *Savoir relaxer pour combattre le stress*, Éditions de l'Homme, Montréal, 1980.

JOHNSON, Spencer M.D. *One Minute for Myself*, Acon Becks, New York, 1985

KABAT-ZINN, Jon. *Full Catastrophe Living*, Delacorte Press, New York, 1990.

KABAT-ZINN, Jon. *Où tu vas, tu es. Apprendre à méditer en tous lieux et en toutes circonstances,* J.-C. Lattès, Paris, 1996.

KABAT-ZINN, Jon. «Three-Year Follow-up and Clinical Implications of Mindfulness Meditation-Based Stress Reduction Intervention in the Treatment of Anxiety Disorders», *General Hospital Psychiatry 17*, p. 192-200, Elsevier Science Inc, 1995.

LABONTÉ, Marie Lise. *L'antigymnastique*, Québec/Amérique, Montréal, 1990.

LAFLEUR, Jacques et BÉLIVEAU, Robert. *Les quatre clés de l'équilibre personnel. (Quand il faut soigner sa vie)*, Éditions LOGIQUES, Montréal, 1994.

LERÈDE, Jean. *Qu'est-ce que la suggestologie?*, Privat, Toulourse, 1980.

LUTHE, Wolfgang et SCHULTZ, Johannes. H. *Les techniques autogènes*, Décarie, Montréal, 1983.

LUTHE, Wolfgang. «La thérapie autogène», *Le médecin du Québec*, Montréal, avril 1979.

MAIN, John. *La méditation chrétienne. Conférences de Géthsemani*, Communitas, Montréal, 1985.

MAIN, John. *Un mot dans le silence, un mot pour méditer*, Le Jour Éditeur, Montréal, 1995.

MILLER, Thimothy. *How to Want what you Have. Discovering the Magic and Grandeur of Ordinary Existence*, Henry Holt, New York, 1995.

MOODY, Raymond. *Lumières nouvelles sur la vie après la vie*, Robert Laffont, S.A., Paris, 1978.

MOODY, Raymond. *La lumière de l'au-delà*, Robert Laffont, S.A., Paris, 1988.

NATHAN, Ronald, Ph.D., STAATS, Thomans, Ph.D. et ROSCH, Paul, Ph.D. *The Doctor's Guide to Instant Stress Relief,* G.P. Putnam's Sons, New York, 1987.

ORNISH, Dean. *Program for Reversing Heart Disease*, Balantine Books, New York, 1990.

PERTERSON, Christopher et BOSSIO, Lisa M. «Healthy Attitudes: Optimism, Hope and Control», dans *Mind/Body Medecine*, édité par Goleman, Daniel et Gurin, Joel, Consumer Reports Books, New York, 1993.

RILKE, Rainer Maria. *Les élégies de Duino: les sonnets à Orphée*, Seuil, Paris, 1974.

RINPOCHÉ, Sogyal. *Le livre tibétain de la vie et de la mort*, La Table ronde, Paris, 1993.

S.I.R.I.M. (Société internationale de recherche interdisciplinaire sur la maladie). *Alors survient la maladie. La vie quotidienne vue à la lumière du fonctionnement du cerveau*, Empirika/Boréal Express, Montréal, 1984.

TOBIAS, Maxine et STEWART, Mary. *Relaxation et stretching*, Éditions Solar, Paris, 1986.

VIAU, Serge. «La suggestion, une affaire d'abandon», *Châtelaine,* vol. 23, nº 1, janvier 1982.

WALDENFELS, Hans. *La méditation en Orient et en Occident*, Seuil, Paris, 1981.

WALLIS, Claudia. «Faith and Healing», *Time Magazine*, juin 1996.

WALSH, Roger N. et VAUGHAN, Frances E. *Au-delà de l'ego*, La Table ronde, Paris, 1984.

WATTS, Alan. *L'envers du néant*, Denoël/Gonthier, Paris, 1979.

WATZLAWICK, Paul, WEAKLAND, John et FISCH, Richard. *Changements: paradoxes et psychothérapie*, Seuil, Paris, 1975.

WETERING, Janwillem van de. *Le miroir vide*, Seuil, Paris, 1978.

Cassettes audio

SABOURIN, Michel. Techniques de relaxation #RCAKPK1 0054

BORGEAT, François. La détente subliminale, vol. III, KD4 612

Liste des exercices

Pour partager vos trouvailles

Vous voulez partager les méthodes et les trucs de relaxation que ce livre vous aura permis de créer?

Veuillez en faire une description écrite et nous la faire parvenir à l'adresse ci-dessous, en nous indiquant vos nom et adresse.

Si vous souhaitez que vos commentaires soient publiés, veuillez remplir l'annexe 1.

Envoyez à
Éditions Logiques
a/s Jacques Lafleur
C.P. 10. Succ. D, Montréal (Québec)
H3K 3B9

Annexe 1

Par la présente, j'accepte que certains éléments de cette description puissent servir à des fins de conférence ou d'écriture d'un prochain livre. (Si vous ne le voulez pas, vous ne signez pas. Vous serez quand même lu.)

____

Signature

IMPRIMÉ AU CANADA